U0467190

新时代高校教师队伍建设研究

任升　史春蕾　编著

北方文艺出版社

哈尔滨

图书在版编目（CIP）数据

新时代高校教师队伍建设研究 / 任升，史春蕾编著.
哈尔滨 ：北方文艺出版社, 2024. 9. -- ISBN 978-7
-5317-6437-3

Ⅰ. G645.12

中国国家版本馆 CIP 数据核字第 2024DG3678号

新时代高校教师队伍建设研究
XINSHIDAI GAOXIAO JIAOSHI DUIWU JIANSHE YANJIU

作　者 / 任 升　史春蕾
责任编辑 / 白 天 佑
封面设计 / 文　轩

出版发行 / 北方文艺出版社
邮　编 / 150008
发行电话 / (0451) 86825533
经　销 / 新华书店
地　址 / 哈尔滨市南岗区宣庆小区 1 号楼
网　址 / www.bfwy.com

印　刷 / 廊坊市瀚源印刷有限公司
开　本 / 710mm × 1000mm　1/16
字　数 / 320千
印　张 / 13
版　次 / 2025 年 3 月第 1 版
印　次 / 2025 年 3 月第 1 次印刷

书　号 / ISBN 978-7-5317-6437-3
定　价 /70.00 元

前 言

当我们置身于新时代的大潮之中，高等教育的航船也在波涛汹涌中奋勇前行。高校教师队伍作为这艘航船上的重要舵手，其素质和能力的高低直接关系到航船能否顺利抵达理想的彼岸。因此，在新时代背景下，加强高校教师队伍建设，不仅是一项紧迫而重要的任务，更是推动高等教育内涵式发展的必由之路。

随着社会的快速发展和科技的日新月异，教育领域正面临着前所未有的机遇和挑战。新时代的到来，对高校教师队伍提出了新的更高要求。这不仅要求高校教师必须具备深厚的专业知识、精湛的教学技艺，还要求他们具备创新精神、国际视野和终身学习的能力。只有这样，才能培养出适应新时代需求的高素质人才，为实现中华民族伟大复兴的中国梦提供坚实的人才支撑。

当前，我国高校教师队伍建设虽然取得了一定的成绩，但也存在着不少问题。从整体上看，高校教师队伍的整体素质有了显著提升，但结构性问题仍然突出，如学科分布不均、年龄结构不合理、高水平人才匮乏等。同时，一些教师在教学、科研和社会服务等方面还存在能力不足、创新不够等问题。这些问题不仅制约了高等教育的发展，也影响了人才的培养质量。因此，我们必须正视这些问题，加强高校教师队伍建设，不断提高教师队伍的整体素质和能力水平。

在新时代背景下，高校教师队伍建设的理念与目标应当体现时代特征和发展要求。首先，要坚持以人为本的教育理念，把促进教师的全面发展作为根本任务。其次，要明确教师队伍建设的总体目标，即建设一支数量充足、结构优化、素质优良、充满活力的专业化教师队伍。同时，还要制定具体的目标和指标体系，为教师队伍建设提供明确的方向和标准。最后，要探索理念与目标的实践路径，通过有效的政策措施和制度保障，推动教师队伍建设的不断深入。

在理论探索的基础上，我们需要通过实践创新来推动高校教师队伍建设。首先，要加强教师的选拔与引进工作，制定科学合理的选拔标准和程序，拓宽引进渠道和方式，吸引更多优秀人才加入高校教师队伍。其次，要加强教师的培养与发展工作，构建完善的教师培训体系，提供多样化的学术研究和交流机会，促进教师的专业成长和职业发展。同时，还要加强教师的评价与激励工作，建立科学的绩效评价体系和激励机制，激发教师的工作积极性和创造力。此外，还要加强师德师风建设，提高教师的职业道德水平和教育教学能力。

在全球化的时代背景下，高校教师队伍建设必须具有国际化视野。国际化不仅是高校教师队伍建设的重要方向，也是提高高等教育质量和水平的重要途径。因此，我们要加强国际化教师队伍的建设，吸引和培养具有国际视野和竞争力的高层次人才。同时，还要积极开展国际交流与合作项目，促进国内外教育资源的共享和交流。通过这些措施，我们可以不断提高高校教师队伍的国际化水平，为培养具有国际竞争力的高素质人才提供有力保障。

制度建设是高校教师队伍建设的关键环节。只有建立完善的制度保障体系，才能确保教师队伍建设的顺利进行和可持续发展。首先，要制定科学合理的政策环境，为教师队伍建设提供有力的政策支持和保障。其次，要加强制度设计与实施工作，制定符合实际、具有可操作性的制度和规范。同时，还要加强政策与制度的评估与改进工作，及时发现和解决问题，确保制度的科学性和有效性。

在实践探索中，我们积累了许多成功的经验和做法。这些实践案例不仅为我们提供了宝贵的借鉴和启示，也为我们今后的工作提供了重要的参考和依据。因此，我们要认真总结和分析这些实践案例，提炼出其中的成功经验和教训，为高校教师队伍建设提供有力的指导和支持。

展望未来，高校教师队伍建设将继续朝着专业化、国际化和多元化的方向发展。我们将以更高的标准和要求加强教师队伍建设，努力培养一支适应新时代需求的高素质教师队伍。同时，我们也将积极应对各种挑战和困难，不断探索和创新高校教师队伍建设的新路径和新方法。我们相信，在全体教育工作者的共同努力下，高校教师队伍建设的明天一定会更加美好！

目 录

第一章　新时代高校教师队伍建设的时代背景

第一节　新时代的教育改革与发展

一、教育改革的方向与目标

（一）素质教育与全面发展的要求

1. 强调学生的全面发展

在新时代背景下，教育改革的核心目标之一是实现学生的素质教育与全面发展。这不仅仅是对学生知识积累的单一要求，更是对学生能力培养、道德品质、情感态度等多方面综合素质的全面提升。为了实现这一目标，我们必须对传统教育体系进行创新和完善。

素质教育首要强调的是学生的全面发展。这意味着，教育内容不应仅局限于传统的学科知识，而应更加广泛和多元。除了数学、语文、英语等基础学科外，艺术、体育、科学实践等领域也应纳入教育体系，以培养学生的审美情趣、身体素质和实践能力。通过多样化的课程和活动，学生能够在各个领域得到均衡发展，从而培养出更为全面的人才。

此外，全面发展还要求学生具备创新思维和批判性思考能力。在传统的教育模式中，学生往往只是被动地接受知识，而缺乏主动思考和探索的机会。然而，在素质教育中，我们鼓励学生发挥主观能动性，积极参与课堂讨论和实践活动，通过独立思考和团队合作来解决问题。这种教育方式不仅有助于提高学生的思维能力，还能培养他们的创新精神和团队协作能力。

2. 注重学生的个性化发展

每个学生都是独一无二的个体，他们有着不同的兴趣、天赋和潜力。因此，教育改革应尊重并关注学生的个性化发展。在传统的教育体系中，学生往往被要求按照统一的标准和进度进行学习，这在一定程度上抑制了学生的个性和创造力。而在素质教育的理念下，我们应提供多样化的课程和活动，让学生能够根据自己的兴趣和特长进行选择，从而更好地实现自我价值。

为了实现学生的个性化发展，教育者需要充分了解每个学生的特点和需求，为他们量身定制合适的教育方案。例如，对于对艺术有浓厚兴趣的学生，可以提供更多的艺术课程和实践机会；对于擅长理科的学生，可以引导他们参与科学研究和实验活动。通过这种方式，每个学生都能在自己擅长的领域得到更好的发展，同时也能培养他们的自信心和成就感。

3. 关注学生的心理健康和人际交往能力

在快节奏、高压力的社会环境中，学生的心理健康问题日益受到关注。教育改革应将心理健康教育纳入重要内容，帮助学生建立积极的心态和良好的人际关系。通过开设心理健康教育课程、设立心理咨询室等方式，为学生提供必要的心理支持和辅导。

同时，教育者还应注重培养学生的人际交往能力。在现代社会中，良好的人际交往能力对于个人的成功至关重要。通过组织各种团队活动、社交场合等实践机会，帮助学生学会与人沟通、合作和解决问题。这不仅有助于提高学生的社交能力，还能培养他们的团队合作精神和领导力。

（二）教育公平与普及化的推进

1. 加大政府投入与优化资源配置

教育公平是社会公平的重要基石，也是新时代教育改革的关键目标之一。为了实现这一目标，政府需要持续加大对教育的投入，并确保教育资源的合理配置。这意味着政府应优化学校布局，特别是在偏远地区和贫困地区增加学校数量，提高教育质量。同时，改善教学设施、提升师资水平也是确保教育公平的重要环节。通过这些措施，我们可以逐步缩小地区间、城乡间以及学校间的教育差距。

除了硬件设施的投入外，政府还应关注软件资源的建设。例如，建立完善的奖学金和助学金体系，以确保每个经济困难的学生都能获得接受教育的机会。同时，通过制定和执行相关法律法规，保护学生的受教育权利不受侵犯。

2. 推进教育信息化与扩大优质资源覆盖

在信息化时代背景下，教育信息化成为推进教育公平与普及化的有力手段。利用现代信息技术手段如互联网、大数据和人工智能等，可以突破地域限制，让优质教育资源得以更广泛地传播和应用。例如，通过远程教育平台，偏远地区的学生也能接触到城市优质学校的教育资源；在线教育课程则为学生提供了更加灵活多样的学习方式。

为了充分发挥教育信息化的潜力，政府需要加大对相关基础设施建设的投入，如提升网络覆盖率和带宽、优化教育软件和应用等。同时，还应加强对教师和学生的信息技术培训，提高他们的信息素养和应用能力。通过这些措施，我们可以有效地扩大优质教育资源的覆盖范围，推动教育公平与普及化的实现。

（三）终身教育体系的构建

1. 完善职业教育与继续教育体系

随着社会的快速发展和技术的不断进步，人们对终身学习的需求日益增长。为了满足这一需求，构建终身教育体系成为新时代教育改革的重要任务之一。其中，完善职业教育和继续教育体系是关键一环。

职业教育在培养技能型人才方面发挥着重要作用。通过扩大职业教育规模、提高教育质量以及与产业界的紧密合作，我们可以为更多人提供实用的职业技能培训。这不仅有助于缓解就业压力，还能促进经济社会的发展。

同时，继续教育也是终身教育体系的重要组成部分。针对成年人的学习需求，我们应提供多样化的课程和学习模式，如在线课程、工作坊、研讨会等。这些灵活多样的学习方式可以让成年人在不影响工作和生活的前提下持续学习、提升自己的能力和素质。

2. 推动学历教育与非学历教育的融合发展

在构建终身教育体系的过程中，我们还需要推动学历教育与非学历教育的融合发展。学历教育为人们提供了系统的知识体系和学习经历，但往往更侧重于理论知识和学术能力。而非学历教育则更加灵活多样，侧重于实践技能和职业素养的培养。

通过学历教育与非学历教育的融合，我们可以形成更加完善的教育生态。例如，在高等教育阶段引入更多的实践课程和实习机会，让学生在学习理论知识的同时积累实践经验；同时，为非学历教育提供更多的学术支持和资源共享，以提高其教育质量和认可度。这种融合发展的模式有助于满足人们在不同阶段、不同领域的学习需求，促进个人的持续发展和社会的进步。

二、新时代教育发展的特点

（一）注重学生的主体性与创造性

1. 学生主体性的凸显

在新时代的教育发展中，学生的主体性得到了前所未有的重视。这一变化是教育理念进步的体现，也是社会对教育提出的新要求。学生的主体性不仅体现在他们主动学习的态度上，更在于他们能够在学习过程中发挥主导作用，自主选择学习内容、方式和进度。

为了培养学生的主体性，教育者需要转变传统的教学观念，从以教师为中心转向以学生为中心。这意味着教育者要放下身段，倾听学生的声音，了解他们的需求和兴趣，进而调整教学策略，使之更加符合学生的认知规律和个性特点。例如，在课堂上，教师可以采用讨论式、互动式的教学方法，鼓励学生发表自己的观点和见解，激发他们的思维活力。

2. 创造性的培养

创造性是新时代人才必备的核心素养之一。在知识更新迅速、竞争激烈的今天，只有具备创新精神和实践能力的人才能在变革中站稳脚跟，引领时代的发展。因此，新时代的教育不仅要求学生掌握知识，更要求他们学会运用知识去创造新事物、解决新问题。

为了培养学生的创造性，教育者需要为学生营造一个宽松、自由的学习环境，允许他们试错、探索和创新。同时，教育者还可以通过开展各种创新实践活动，如科技制作、创意设计、社会实践等，让学生在亲身参与中体验创新的乐趣和挑战。这些活动不仅能够锻炼学生的实践能力，还能激发他们的创新思维和想象力。

3. 自主学习能力的培养

新时代的教育还强调学生自主学习能力的培养。自主学习不仅是一种学习方式，更是一种学习态度和学习习惯。它要求学生能够独立地确定学习目标、制定学习计划、选择学习方法并监控学习过程。这种能力的培养有助于学生形成终身学习的意识，为他们的未来发展奠定坚实的基础。

为了培养学生的自主学习能力，教育者需要教会学生如何学习，引导他们掌握有效的学习策略和方法。同时，教育者还可以通过设置问题情境、提供学习资源等方式，激发学生的学习兴趣和探究欲望，促使他们主动地投入到学习中去。

（二）强调教育的实践性与应用性

1. 理论与实践的结合

新时代的教育发展强调理论与实践的结合，鼓励学生将所学知识应用于实际生活中。这种教育理念旨在打破传统教育模式下理论与实践的隔阂，让学生在实践中深化对理论知识的理解，并学会运用所学知识解决实际问题。

为了实现这一目标，教育者需要在教学过程中融入更多的实践环节，如实验操作、社会调查、项目研究等。这些实践活动不仅能够帮助学生巩固所学知识，还能培养他们的动手能力和团队协作精神。同时，教育者还应鼓励学生积极参与社会实践活动，如志愿服务、实习实训等，让他们在实践中感受社会的需求和挑战，提升自己的综合素质。

2. 应用技能的培养

随着科技的飞速发展和社会的不断进步，新时代对人才的需求也在不断变化。除了扎实的专业知识外，良好的应用技能也成为衡量人才的重要标准之一。因此，新时代的教育需要更加注重学生应用技能的培养。

为了提高学生的应用技能，教育者需要关注行业发展的最新动态和技术趋势，及时调整教学内容和方法。同时，教育者还应加强与企业的合作与交流，了解企业对人才的需求和标准，以便更好地指导学生进行职业规划和发展。此外，学校还可以开设相关的技能培训课程或实践活动，帮助学生掌握一技之长，为他们的未来发展奠定坚实的基础。

3. 创新实践活动的推广

创新实践活动是新时代教育发展的重要组成部分。通过参与创新实践活动，学生可以锻炼自己的创新思维和实践能力，提高自己的综合素质和竞争力。同时，这些活动还能激发学生的创造力和探索精神，为他们的未来发展注入源源不断的动力。

为了推广创新实践活动，学校可以定期举办各类科技竞赛、创意设计大赛等活动，鼓励学生积极参与并取得优异成绩。此外，学校还可以加强与企业和科研机构的合作与交流，为学生提供更多的实践机会和资源支持。通过这些措施的实施，我们可以期待在新时代的教育背景下培养出更多具有创新精神和实践能力的人才。

（三）多元化与个性化的教育需求

1. 教育内容的多元化

在新时代，学生对教育内容的需求呈现出多元化的趋势。他们不再满足于传统的学科知识，而是希望接触到更广泛、更丰富的教育内容。这包括艺术、体育、科技、社会实践等多个领域的知识和技能。为了满足学生的多元化需求，教育体系需要不断拓展和更新教育内容，提供多样化的课程和活动。

为了实现教育内容的多元化，学校可以引入更多的选修课程和拓展课程，让学生根据自己的兴趣和需求进行选择。同时，教育者还可以结合时事热点和社会发展趋势，设计具有时代性和前瞻性的教育内容，引导学生关注社会、关注未来。

2. 教育方式的个性化

每个学生都有自己独特的学习方式和节奏。在新时代，教育需要更加关注学生的个性化需求，为他们提供量身定制的学习方式和方法。这包括个性化的学习计划、学习资源和学习环境等。通过个性化的教育方式，学生可以更加高效地掌握知识，提高学习效果。

为了实现教育方式的个性化，教育者需要深入了解每个学生的学习特点和需求，为他们制定合适的学习计划。同时，学校还可以利用信息技术手段，如智能教学系统、在线教育平台等，为学生提供个性化的学习资源和辅导。这些措施有助于满足学生的个性化需求，提升他们的学习体验。

3. 教育路径的多样化

在新时代，学生的发展方向和职业规划也呈现出多样化的趋势。因此，教育需要提供多样化的教育路径，以满足学生不同的发展需求。这包括普通教育、职业教育、继续教育等多种教育形式。通过多样化的教育路径，学生可以更加灵活地选择自己的发展方向，实现个人价值的最大化。

为了满足学生多样化的教育需求，教育体系需要不断完善和调整。政府和社会各界也应加大对教育的投入和支持，共同推动新时代教育的创新和发展。同时，教育者还需要不断更新教育观念和方法，以适应新时代的教育需求，培养出更多具有创新精神和实践能力的人才。

三、教育改革对高校教师的要求

（一）更新教育观念，提升教育素养

1. 转变教育理念

在新时代的教育改革中，高校教师首要的任务是更新教育观念。传统的教育观念往往侧重于知识的单向传授，而新时代的教育则更加注重学生的主体地位和教师的主导作用。因此，教师需要从“以教师为中心”转向“以学生为中心”，真正将学生作为学习的主体，充分发挥学生的主观能动性，培养他们的自主学习能力和创新思维。

这种教育观念的转变，不仅要求教师在教学方法上做出调整，更要在思想上进行根本的转变。教师要认识到，教育不仅仅是传授知识，更重要的是培养学生的综合素质和能力，帮助他们成为具有社会责任感、创新精神和实践能力的新时代人才。

2. 提升教育素养

随着教育观念的更新，高校教师还需要不断提升自己的教育素养。这包括教育教学理论素养、学科专业素养和教育技术能力等方面。

教师需要深入学习和理解新时代的教育教学理论，掌握先进的教育理念和教学方法。通过参加教育培训、阅读教育类书籍和文章等方式，不断充实自己的教育理论储备，提高自己的教育理论水平。

教师需要不断提升自己的学科专业素养。随着学科知识的不断更新和发展，教师需要时刻保持对学科前沿动态的关注，不断更新自己的知识储备，以保证教学内容的科学性和前瞻性。

教师需要提高教育技术能力。随着信息技术的快速发展，现代教育技术已经成为新时代教育的重要组成部分。教师需要掌握多媒体教学、网络教学等现代教育技术，将其

融入课堂教学中，提高教学效果和学生的学习兴趣。

3. 关注学生需求与发展

更新教育观念、提升教育素养的最终目的是为了更好地满足学生的发展需求。因此，教师需要时刻关注学生的成长动态和学习需求，了解他们的兴趣和特长，为他们提供个性化的指导和支持。

在教学过程中，教师要注重与学生的沟通和交流，及时了解学生的学习情况和思想动态。同时，教师还要根据学生的实际情况和需求，灵活调整教学策略和方法，以确保教学的针对性和实效性。

（二）掌握现代教育技术，创新教学方法

1. 熟练掌握现代教育技术

随着科技的进步和教育信息化的发展，现代教育技术在教学中的应用越来越广泛。高校教师需要熟练掌握现代教育技术，如多媒体教学、网络教学、虚拟仿真技术等，以提高教学效果和学生的学习兴趣。

通过运用现代教育技术，教师可以创设更加生动、形象的教学情境，激发学生的学习兴趣和积极性。同时，现代教育技术还可以帮助学生更好地理解和掌握知识，提高他们的学习效果。

2. 创新教学方法与手段

除了掌握现代教育技术外，高校教师还需要不断创新教学方法和手段。传统的教学方法往往注重知识的灌输和记忆，而忽视了学生的主体地位和实践能力的培养。因此，教师需要尝试采用新的教学方法和手段，如项目式学习、探究式学习、案例教学等，以激发学生的学习兴趣和创造力。

这些新的教学方法强调学生的主体性和实践性，能够让学生在实践中发现问题、解决问题，从而培养他们的实践能力和创新思维。同时，这些教学方法还可以帮助学生更好地理解和运用知识，提高他们的综合素质和能力。

3. 整合教学资源，优化课程设计

为了更好地运用现代教育技术和创新教学方法，教师还需要整合各种教学资源，优化课程设计。这包括教材的选择与更新、教学课件的制作与完善、网络资源的开发与利用等方面。

通过整合教学资源，教师可以为学生提供更加丰富、多样的学习内容和学习方式。同时，优化课程设计还可以帮助教师更好地组织教学活动和安排教学进度，确保教学的连贯性和有效性。

（三）关注学生的全面发展，提供个性化指导

1. 关注学生的全面发展

新时代的教育改革强调学生的全面发展，要求高校教师不仅关注学生的知识水平，还要关注他们的能力、情感态度和价值观等方面的发展。因此，教师需要全面了解每个学生的特点和需求，为他们提供个性化的指导和支持。

在教学过程中，教师要注重培养学生的创新精神和实践能力，提高他们的综合素质。同时，教师还要关注学生的心理健康和人际交往能力等方面的发展，帮助他们形成积极、健康的人格特质。

2. 提供个性化指导与支持

为了满足学生的个性化需求和发展目标，教师需要提供个性化的指导与支持。这包括学业指导、职业规划、心理辅导等方面。

在学业指导方面，教师要根据学生的实际情况和学习需求，为他们提供有针对性的学习建议和资源支持。同时，教师还要关注学生的作业完成情况和考试成绩等方面的问题，及时给予反馈和指导。

在职业规划方面，教师要帮助学生了解自己的兴趣、特长和优势等方面的信息，为他们提供适合的职业发展建议和机会。同时，教师还要关注学生的就业情况和职业发展动态等方面的问题，及时给予帮助和支持。

在心理辅导方面，教师要关注学生的心理健康状况和情感需求等方面的问题。对于存在心理困扰或情感问题的学生，教师要及时给予关注、倾听和支持，帮助他们走出困境、建立积极的心态和情感状态。

3. 搭建多元化发展平台

为了更好地促进学生的全面发展，教师还需要搭建多元化的发展平台。这包括课外活动、社团组织、实践项目等方面的平台。

通过参与课外活动和社团组织等方面的活动，学生可以拓展自己的视野和经验、锻炼自己的组织能力和团队协作精神等方面的能力。同时，这些活动还可以帮助学生发现自己的兴趣和特长、培养他们的创造力和创新精神等方面的能力。因此，教师需要积极引导学生参与这些活动、为他们提供必要的支持和指导。

第二节　高等教育国际化的趋势

一、高等教育国际化的内涵与意义

（一）国际化教育的概念界定

1. 高等教育国际化的定义

高等教育国际化是在经济全球化、贸易自由化的大背景下，高等教育资源在世界范围内流动和配置的过程。它意味着不同国家和地区的高等教育机构通过交流与合作，共同推动全球教育事业的进步。这种国际化进程旨在打破地域界限，实现教育资源的优化配置，提升全球高等教育的整体水平。

2. 高等教育国际化的内涵

高等教育国际化的内涵十分丰富，涵盖了多个层面。首先，它体现在教育资源的国际化上，包括师资交流、学生互换、科研合作等多种形式，这些都有助于实现教育资源的全球共享。其次，教育理念的国际化也是其重要组成部分，通过借鉴和吸收世界各地的先进教育理念，可以丰富和完善自身的教育体系。再者，教育方法的国际化有助于推动教育手段和教学模式的创新，提高教学效果。最后，教育评价的国际化则能够促进各国高等教育之间的比较与借鉴，共同提升教育质量。

3. 高等教育国际化的核心理念

高等教育国际化的核心理念是开放与包容。开放意味着高等教育机构要勇于走出去，与世界各地的教育机构进行交流与合作，共同探索教育的未来发展方向。包容则要求高等教育机构在国际化过程中，要尊重和理解不同文化背景下的教育理念和教育模式，寻求共性与差异之间的平衡，以实现真正的教育国际化。

（二）国际化对高等教育发展的推动作用

1. 提升高等教育质量和水平

高等教育国际化对提升教育的质量和水平具有显著作用。通过引进国外优质的教育资源和先进的教育理念，国内高等教育机构可以不断完善自身的教育体系，提高教育教学的专业性和前沿性。同时，与国际同行的交流与合作也有助于推动高等教育机构进行教育教学改革，以适应全球化时代的需求。这些举措不仅能够提升高等教育的整体质量，还能够培养出更多具有国际竞争力的高素质人才。

2. 培养具有国际视野的人才

在全球化日益深入的今天，具有国际视野的人才需求越来越迫切。高等教育国际化为学生提供了更广阔的视野和更丰富的知识体验。通过与来自不同文化背景的同学交流学习，学生可以更好地了解世界各地的文化、历史和社会制度，从而培养出更加开放和包容的心态。此外，国际化教育还为学生提供了更多的实践机会和职业发展资源，帮助他们更好地适应全球化时代的挑战。因此，高等教育国际化对于培养具有国际视野的人才具有重要意义。

3. 推动高等教育的创新发展

高等教育国际化有助于推动教育的创新发展。在国际化过程中，高等教育机构可以接触到更多的教育理念和教育模式，这些新鲜的元素为教育的创新发展提供了源源不断的动力。通过与国外高等教育机构的合作与交流，可以共同研发新的教育技术和教学方法，推动高等教育的变革与进步。同时，国际化教育还能够促进学术研究的国际化合作，拓展研究领域和深度，提升学术研究的全球影响力。因此，高等教育国际化对于推动教育的创新发展具有不可替代的作用。

二、高等教育国际化的主要表现

（一）国际交流与合作项目的增多

1. 师资交流项目的增加

随着高等教育国际化的推进，师资交流项目逐渐增多。这些项目为国内外教师提供了相互学习、交流的平台。通过师资交流，国内教师可以接触到国外先进的教育理念、教学方法，从而提升自身的教学水平和国际视野。同时，国外教师的到来也为国内学生带来了不同的学习体验，促进了教育的多元化发展。

2. 学生交流项目的丰富

学生交流项目是高等教育国际化的另一重要体现。这些项目包括学生互换、短期访学、实习实践等多种形式。通过这些交流项目，学生有机会亲身体验不同国家的文化、教育环境，拓宽国际视野，增强跨文化交流能力。此外，学生交流项目还促进了全球范围内的人才培养合作，为培养具有国际竞争力的人才奠定了基础。

3. 科研合作项目的拓展

科研合作是高等教育国际化的又一重要领域。随着全球化的深入，国内外高校在科研方面的合作日益紧密。这些合作项目涉及多个学科领域，旨在共同探索科学前沿问题，推动学术进步。通过科研合作，国内外学者可以共享资源、互通有无，共同提升科研水平。同时，科研合作项目也为学生提供了更多的科研实践机会，培养了他们的创新能力和团队合作精神。

（二）留学生教育的蓬勃发展

1. 留学生规模的不断扩大

随着我国经济的快速发展和国际影响力的提升，越来越多的外国学生选择来我国留学。留学生规模的不断扩大是高等教育国际化的重要标志之一。这些留学生来自世界各地，他们的到来为校园带来了多元文化氛围，促进了中外学生的交流与融合。

2. 留学生教育质量的提升

为了提高留学生教育质量，我国政府和高校采取了一系列措施。例如，加强留学生预科教育、提供丰富的课程设置、优化教学管理等。这些举措旨在帮助留学生更好地适应我国的教育环境，提高他们的学习效果和满意度。同时，高校还积极与国外高校开展合作与交流，引进优质教育资源，为留学生提供更广阔的发展空间。

3. 留学生对我国文化的传播作用

留学生不仅是文化交流的使者，还是我国文化传播的重要渠道。他们在学习期间，深入了解我国的文化、历史和社会制度，并将这些见闻带回自己的国家。通过这种方式，留学生促进了中外文化的交流与融合，增进了国际社会对我国的了解和认知。

（三）国际课程与教材的引进与开发

1. 国际课程的引进与本土化改造

为了适应全球化时代的需求，越来越多的高校开始引进国际课程。这些课程通常具有国际视野和前沿性，有助于学生了解国际社会的发展动态和前沿技术。然而，单纯地引进国际课程并不足以满足我国高等教育的需求。因此，高校在引进国际课程的同时，还需要进行本土化改造和创新发展，以确保课程内容与我国的实际情况相契合。

2. 教材的开发与国际化合作

教材是高等教育的重要组成部分。随着高等教育国际化的推进，教材的开发也呈现出国际化趋势。高校通过与国外出版机构合作、引进国外优秀教材等方式，不断丰富和完善教材体系。同时，高校还积极组织专家学者编写具有国际化特色的教材，以满足不同专业、不同层次学生的需求。这些举措有助于提高我国高等教育的质量和水平，培养具有国际竞争力的人才。

3. 国际课程与教材对学生能力的影响

国际课程与教材的引进与开发对学生能力产生了积极影响。首先，这些课程和教材拓宽了学生的国际视野，使他们能够更好地了解不同文化背景下的思维方式和行为习惯。

其次，国际课程和教材中的前沿知识和实践案例激发了学生的创新思维和实践能力。最后，通过学习国际课程和教材，学生的跨文化交流能力和团队协作能力也得到了提升。这些能力的提升有助于学生在全球化时代更好地适应社会发展需求，实现个人价值。

三、高校教师应对国际化的策略

（一）提高外语水平与跨文化交流能力

1. 增强外语应用能力

在高等教育国际化的进程中，高校教师提高外语水平至关重要。教师应努力提升外语听、说、读、写各方面的能力，以确保能够无障碍地进行国际学术交流。熟练的外语应用能力不仅有助于教师阅读和理解国际学术文献，还能使他们在国际会议上更自信地表达自己的观点和研究成果。为此，教师可以利用业余时间参加外语培训班、语言学习小组或通过网络资源进行自主学习，不断提高自己的外语应用能力。

2. 培养跨文化交流技巧

除了外语水平，跨文化交流能力也是高校教师应对国际化的关键。在与来自不同文化背景的学者和学生交流时，教师需要了解并尊重他们的文化习俗和沟通方式。通过参加跨文化交流培训、阅读相关书籍和文章，以及实际与外国人交流，教师可以逐步提高自己的跨文化敏感度和交流技巧。这将有助于他们在国际学术环境中建立更好的人际关系，促进有效的学术合作。

3. 实践应用与持续改进

提高外语水平和跨文化交流能力是一个持续不断的过程。高校教师应抓住一切机会，如参加国际会议、访问学者、合作研究等，将所学外语和跨文化交流技巧应用于实践中。通过不断的实践，教师可以发现自己的不足，及时调整学习策略，实现持续改进和提升。

（二）关注国际学术前沿，拓宽国际视野

1. 追踪国际学术动态

高校教师应定期关注国际学术期刊、会议和研究成果，以便及时了解国际学术前沿的最新动态。通过订阅国际知名学术期刊、参加在线研讨会和讲座，教师可以获取最新的研究信息和学术观点，从而保持自己在专业领域内的领先地位。

2. 拓宽学术视野与思维方式

了解国际学术前沿不仅有助于教师提升专业素养，还能拓宽他们的学术视野和思维方式。通过接触不同国家、不同文化背景下的学术观点和研究方法，教师可以从中汲取灵感，丰富自己的研究思路和教学手段。这将有助于教师培养出更具创新精神和国际视

野的学生。

3. 促进学术交流与合作

关注国际学术前沿还能为教师提供更多的学术交流与合作机会。通过与国际同行建立联系、分享研究成果和经验，教师可以拓展自己的学术影响力，同时为未来的国际合作奠定基础。这种跨国界的学术交流与合作将有助于推动整个学术领域的进步与发展。

（三）参与国际科研合作与教学交流

1. 积极寻求国际科研合作机会

高校教师应主动寻求与国际同行进行科研合作的机会。通过参与国际科研项目、联合申请研究资金、共同发表学术论文等方式，教师可以与国际同行建立紧密的合作关系，共同推动相关领域的研究进展。这种合作不仅有助于提升教师的科研水平，还能为他们带来更多的学术资源和发展机会。

2. 深入开展教学交流与研讨

除了科研合作外，高校教师还应积极参与国际教学交流与研讨活动。通过参加国际教育研讨会、访问学者项目等，教师可以了解不同国家的教育理念和教学方法，从而拓宽自己的教学视野。同时，教师还可以与国际同行分享自己的教学经验，共同探讨如何提高教学质量和效果。这种教学交流与研讨将有助于推动高等教育国际化的深入发展。

3. 借鉴与创新相结合

在参与国际科研合作与教学交流的过程中，高校教师应注重借鉴与创新相结合。一方面，教师要积极学习国际先进的科研方法和教学理念，将其融入到自己的工作和研究中；另一方面，教师也要结合自身的实际情况和特色，进行有针对性的创新实践。通过借鉴与创新相结合，教师可以更好地应对高等教育国际化的挑战，实现个人和专业的持续发展。

第三节　新质生产力对于高等教育的影响

随着科技的飞速发展和社会的不断进步，新质生产力逐渐成为推动社会发展的重要力量。新质生产力，主要是指以信息技术、人工智能、大数据等为代表的新型生产力形态，它们不仅改变了传统产业的生产方式，也对高等教育产生了深远的影响。

一、教育资源的优化配置

（一）跨地域资源共享的实现

1. 突破地理限制

随着信息技术的迅猛发展，高等教育资源不再受地理位置的束缚。传统的教育模式往往要求学生身处校园内，接受面对面的授课。然而，网络技术的进步打破了这一限制，使得教育资源能够通过网络平台实现全球范围内的共享。学生无论身处何地，只要有稳定的网络连接，便能接触到世界各地的优质教育资源。

2. 多元化学习选择

跨地域资源共享为学生提供了更为多元化的学习选择。在线教育平台的兴起，让学生可以根据自身兴趣和需求，选择适合自己的课程和教师。这种个性化的学习方式，不仅满足了学生的不同学习需求，还激发了他们的学习兴趣和动力。

3. 国内外知名高校资源的整合

通过在线教育平台，国内外知名高校的优质课程得以整合在一起，供广大学生选择。这意味着，学生无需走出国门，便能学习到国际一流的课程内容，与全球顶尖的教师进行互动交流。这种资源的整合，极大地丰富了高等教育的内涵，提升了教育的国际化和开放性。

4. 促进教育创新

跨地域资源共享的实现，还促进了教育创新。不同地域、不同文化背景的教师和学生，通过在线教育平台进行交流与合作，共同探索新的教育模式和方法。这种跨文化的交流，有助于拓宽教育视野，推动高等教育的创新与发展。

（二）教育资源的精准匹配

1. 数据分析技术的应用

大数据技术的应用，使得高等教育机构能够对学生的学习行为、成绩等数据进行深入分析。通过对这些数据的挖掘和分析，教育机构可以更准确地了解学生的学习状况、兴趣点和需求，从而为每个学生提供个性化的学习方案和资源推荐。

2. 课程设置与教学安排的优化

基于大数据的精准分析，高等教育机构可以对课程设置和教学安排进行优化。根据学生的学习需求和兴趣点，调整课程内容和教学方式，以提高教学效果和学生的学习满意度。这种精准化的教育资源配置方式，有助于实现因材施教的教育理念，让每个学生都能得到最适合自己的教育。

3. 教学效率的提升

通过精准匹配教育资源，高等教育机构可以提高教学效率。教师能够根据学生的实际情况，制定更具针对性的教学计划，避免了一刀切的教学模式。同时，学生也能在更短的时间内找到适合自己的学习资源和路径，减少了无效的学习时间。

4. 学生学习体验的优化

精准匹配教育资源还有助于优化学生的学习体验。每个学生都能获得与自己学习风格和需求相匹配的教学资源和支持，从而在学习过程中保持更高的积极性和参与度。这种个性化的学习方式，让学生感受到教育的温暖和关怀，提高了他们的学习动力和自信心。

（三）教育公平性的提升

1. 缩小地域教育差距

新质生产力通过互联网和在线教育平台，使得优质教育资源得以广泛传播和共享。这意味着，即使身处偏远地区或经济欠发达地区的学生，也能接触到与城市中心学生相同的高质量教育资源。这种资源的均衡分配，有助于缩小地域间的教育差距，促进教育公平。

2. 打破社会阶层壁垒

在传统教育模式下，优质教育资源往往被少数社会阶层所垄断。然而，新质生产力的发展打破了这一壁垒，使得更多来自不同社会背景的学生有机会接触到优质教育资源。这种机会的均等化，有助于减少社会阶层对教育的影响，提升教育的公平性。

3. 提升弱势群体教育机会

新质生产力还为弱势群体提供了更多接受高等教育的机会。在线教育平台的灵活性和便捷性，使得那些因身体原因、经济原因或其他特殊情况无法进入传统校园的学生，也能通过网络学习获得高等教育资源。这种教育机会的扩大，有助于减少社会不公和贫富差距对教育的影响。

4. 激发教育活力与创新

当教育资源能够更加公平地分配时，整个教育系统也会焕发出新的活力和创新精神。不同地区、不同背景的学生和教师有了更多交流和合作的机会，共同推动高等教育的进步与发展。这种多元化和包容性的教育环境，有助于培养具有全球视野和创新精神的人才，为社会的进步和发展做出贡献。

二、教学方法的创新与变革

（一）以学生为中心的教学模式

1. 学生主动学习的重要性

在新质生产力的推动下，高等教育教学模式正逐渐从以教师为中心转变为以学生为中心。这种转变的核心在于认识到学生主动学习的重要性。传统的教学方式往往注重教师的讲授，而学生则处于被动接受的状态。然而，以学生为中心的教学模式强调学生的主动参与和探究，鼓励他们通过自主学习、思考和实践来构建自己的知识体系。

2. 实践能力的培养

以学生为中心的教学模式还注重实践能力的培养。通过参与实践活动，如实验、社会调查、项目研究等，学生可以亲身体验知识的应用过程，加深对知识的理解和掌握。同时，实践活动还能帮助学生培养解决问题的能力、团队协作的能力以及创新思维，为他们未来的职业发展奠定坚实基础。

3. 自主学习与合作探究的结合

在以学生为中心的教学模式中，自主学习与合作探究是相辅相成的。自主学习要求学生能够独立思考、自我驱动地寻找答案，而合作探究则鼓励学生与他人共同解决问题、分享知识和经验。这种学习方式不仅能够提高学生的学术水平，还能培养他们的团队协作能力和沟通技巧。

4. 教师角色的转变

以学生为中心的教学模式也对教师的角色提出了新的要求。教师不再仅仅是知识的传授者，而是成为学生学习的引导者和支持者。他们需要关注学生的学习需求，提供个性化的指导和帮助，同时还要创设有利于学生学习的环境和资源。

（二）新型教学方法的应用

1. 翻转课堂的实施与效果

翻转课堂作为新型教学方法的代表之一，在高等教育中得到了广泛应用。通过让学生在课前通过在线视频等学习资源自主学习新知识，翻转课堂将传统课堂中的讲授部分移至课外进行。这样，在课堂时间内，教师可以组织学生进行更深入的讨论和实践活动，从而提高学生的理解能力和应用能力。翻转课堂的实施不仅提高了学生的自主学习能力，还加强了师生之间的互动和沟通，使教学更加高效和有趣。

2. 项目式学习的特点与优势

项目式学习是另一种备受推崇的新型教学方法。它以学生为中心，通过让学生参与实际项目的开发和实施过程来培养他们的实践能力和创新思维。项目式学习强调学生的主体性和实践性，鼓励他们在真实的环境中解决问题、完成任务。这种教学方法不仅能够提高学生的专业技能和综合素质，还能培养他们的团队协作精神和领导能力。

3. 新型教学方法与传统方法的结合

虽然新型教学方法具有诸多优势，但并不意味着要完全摒弃传统的教学方法。在实际教学中，教师应根据课程内容和学生的实际情况选择合适的教学方法进行组合使用。例如，在某些理论性较强的课程中，可以采用传统讲授与新型教学方法相结合的方式来进行教学；而在实践性较强的课程中，则可以更多地运用项目式学习等方法来培养学生的实践能力。

4. 新型教学方法的挑战与对策

尽管新型教学方法带来了很多益处，但在实施过程中也面临着一些挑战。例如，学生可能需要适应新的学习方式、教师需要掌握新的教学技能等。为了克服这些挑战，教育机构和教师需要共同努力提供必要的培训和支持措施来帮助师生更好地适应新型教学方法的要求。

（三）技术手段的引入

1. 虚拟现实（VR）技术在高等教育中的应用

虚拟现实技术为高等教育带来了革命性的变革。通过模拟真实的环境和场景，虚拟现实技术使学生能够身临其境地进行学习和实践。例如，在医学教育中，学生可以利用虚拟现实技术进行手术模拟训练；在工程教育中，学生可以通过虚拟现实技术模拟复杂的机械操作等。这种直观、生动的学习方式不仅提高了学生的学习兴趣和积极性，还加强了他们对知识的理解和掌握程度。

2. 增强现实（AR）技术对教学的辅助作用

增强现实技术通过将虚拟信息与真实世界相结合来提供更丰富的学习体验。在教育领域中，增强现实技术可以用于辅助课堂教学、实验演示以及实践操作等环节。例如，教师可以利用增强现实技术展示三维模型或动画来帮助学生更好地理解抽象概念；学生则可以通过手机或平板电脑等设备实时查看和操作这些虚拟对象来加深理解并提高学习效果。

3. 技术手段与传统教学方法的结合策略

虽然技术手段为高等教育带来了诸多便利和创新可能性，但并不意味着要完全依赖技术手段进行教学。在实际应用中，教师应根据课程内容和学生的实际情况将技术手段与传统教学方法相结合以发挥最大效用。例如，在某些理论性较强的课程中可以采用多媒体演示与传统板书相结合的方式来进行教学；而在实验课程中则可以更多地运用虚拟现实和增强现实等技术手段来提高学生的实践能力。

4. 应对技术挑战的措施与建议

引入技术手段进行教学也面临着一些挑战，如设备成本高昂、技术更新迅速以及师生对新技术的接受程度不一等。为了克服这些挑战并充分发挥技术手段在高等教育中的优势作用，教育机构和教师需要采取一系列措施来加以应对。例如，加大资金投入以购置先进设备、定期组织技术培训以提高师生对新技术的掌握程度以及积极开展教学研究以探索更适合当前教育需求的教学模式和方法等。

三、人才培养模式的转变

（一）跨学科知识的融合

1. 跨学科知识的重要性

在新质生产力的推动下，社会问题和实际需求越来越复杂化，单一学科的知识往往难以解决。因此，具备跨学科知识的人才显得尤为重要。跨学科知识的融合不仅可以帮助学生更全面地理解问题，还能提供多角度、多层次的解决方案。这种全面的知识体系和综合的解决问题能力，是新时代人才所必备的。

2. 学科交叉融合的实践

为了培养学生的跨学科知识和综合能力，高等教育机构正在打破传统的学科壁垒。一方面，通过开设跨学科课程，鼓励学生选修不同领域的课程，以拓宽知识面；另一方面，加强不同学科教师之间的合作与交流，共同开发综合性课程和项目，促进学科之间的深度融合。

3. 创新精神的培养

跨学科知识的融合还有助于培养学生的创新精神。在多元化的知识背景下，学生更容易产生新的想法和观点，从而推动学术和科技的进步。高等教育机构通过举办创新创业大赛、设立创新实验室等方式，为学生提供实践创新的平台，激发他们的创新思维和创造力。

4. 提高综合素质和竞争力

具备跨学科知识的学生在就业市场上具有更高的竞争力。他们不仅能够胜任多种类型的工作，还能更好地适应不断变化的工作环境。这种全面的知识体系和综合能力，使学生在职业生涯中具有更多的发展机会和晋升空间。

（二）实践与创新能力的培养

1. 加强校企合作的意义

为了提高学生的实践能力和创新意识，高等教育机构正在加强与企业、行业的合作与交流。这种校企合作模式不仅可以帮助学生更好地了解市场需求和行业动态，还能为他们提供实践机会和职业发展资源。通过参与企业的实际项目，学生能够将理论知识与实践相结合，提高自身的专业素养和实际操作能力。

2. 实践教学的实施方式

高等教育机构通过多种方式开展实践教学活动。例如，建立实习基地、开展实习实训课程、组织学生参与企业的实际项目等。这些活动旨在帮助学生熟悉工作流程、掌握实际操作技能，并培养他们的团队协作和沟通能力。同时，实践教学还能使学生更好地认识自己的职业兴趣和发展方向，为未来的职业规划提供有力支持。

3. 科研与创业活动的推动

除了实践教学外，高等教育机构还鼓励学生参与科研项目和创业活动。通过参与科研项目，学生可以接触到前沿的科学技术和研究方法，提高自身的科研能力和创新意识。而创业活动则能帮助学生将创新想法转化为实际成果，培养他们的创业精神和市场洞察力。这些经历不仅能提升学生的综合素质，还能为他们的职业发展奠定坚实基础。

4. 提升就业竞争力

通过加强实践与创新能力的培养，高等教育机构旨在提高学生的就业竞争力。具备实践经验和创新能力的学生在求职过程中更具优势，他们能够快速适应工作环境、解决实际问题，并为企业创造更大的价值。因此，高等教育机构应继续深化校企合作、完善实践教学体系，并鼓励学生积极参与科研与创业活动，以提升他们的就业竞争力。

（三）终身学习理念的推广

1. 终身学习的必要性

随着科技的飞速发展和社会的不断进步，知识更新的速度越来越快。为了适应这种变化并保持竞争力，人们需要不断学习新知识、新技能。因此，高等教育机构开始推广终身学习的理念，鼓励学生养成自主学习的习惯并持续更新自己的知识体系。

2. 自主学习能力的培养

终身学习理念的核心是培养学生的自主学习能力。高等教育机构通过改革教学方法和评价机制来激发学生的主动学习意识。例如，采用项目式学习、探究式学习等方式让学生主动参与知识构建过程；同时建立多元化的评价体系以全面评估学生的综合素质和能力水平。这些措施有助于培养学生的自主学习能力并为他们的终身学习打下基础。

3. 持续学习意识的建立

除了自主学习能力外，持续学习意识也是终身学习理念的重要组成部分。高等教育机构通过举办讲座、研讨会等活动来拓宽学生的视野并激发他们的求知欲望；同时建立学习社群、提供在线学习资源等方式以便学生随时随地获取新知识并保持学习的连续性。这些措施有助于帮助学生建立持续学习的意识并养成终身学习的习惯。

4. 对未来职业生涯的影响

推广终身学习理念对学生的未来职业生涯具有深远影响。具备自主学习能力和持续学习意识的学生能够更好地适应职场变化并不断提升自己的专业素养；同时他们还能在职业生涯中不断探索新领域、新技能以保持竞争力并实现个人价值最大化。因此高等教育机构应继续加强终身学习理念的推广工作并为学生提供更多的学习资源和支持服务。

四、教育国际化进程的加速

（一）国际合作与交流的增加

1. 互联网与在线教育平台的推动作用

新质生产力，特别是互联网技术的迅猛发展，为高等教育机构之间的国际合作与交流提供了前所未有的便利。通过互联网和在线教育平台，国内外高校可以轻松地分享各自的教育资源，共同开展合作项目，这种新型的合作模式极大地提高了高等教育的国际影响力。例如，许多高校开始提供在线课程，使得全球各地的学生都能接受到优质的教育资源。

2. 国际合作课程与国际学术会议的重要性

为了增进国际间的学术交流与合作，高等教育机构纷纷开设国际合作课程，这些课程通常由来自不同国家的教师共同授课，内容涉及多个学科领域，旨在培养学生的国际视野和跨文化交流能力。此外，举办国际学术会议也是推动国际合作与交流的重要途径。这些会议为学者们提供了一个分享研究成果、交流学术观点的平台，有助于推动全球学术研究的进步。

3. 提高学生的学习机会与发展空间

国际合作与交流的增加为学生提供了更多的学习机会和更广阔的发展空间。通过与国外高校的交流，学生可以接触到不同的教育理念、教学方法和学术氛围，从而拓宽自己的知识面和视野。同时，这种合作与交流也为学生提供了更多的实习和就业机会，帮助他们更好地融入全球化的工作环境。

（二）学生国际视野的拓展

1. 出国交流与学习的机会增多

随着全球化的不断深入发展，高等教育机构越来越重视培养学生的国际视野。新质生产力为学生提供了更多出国交流、学习的机会，使他们能够亲身体验不同国家的文化、教育和社会环境。这种经历不仅可以帮助学生了解世界各国的风土人情和历史文化，还能培养他们的跨文化交流能力和全球意识。

2. 跨文化交流能力的培养

在出国交流与学习的过程中，学生需要与来自不同文化背景的人进行交流和合作。这要求他们具备跨文化交流的能力，包括语言能力、文化敏感性和沟通技巧等。通过不断的实践和学习，学生可以逐渐提高自己的跨文化交流能力，从而更好地适应全球化的工作环境和多元文化的社会环境。

3. 对学生个人成长和职业发展的意义

拓展学生的国际视野对于他们的个人成长和职业发展具有重要意义。具备国际视野的学生通常具有更强的创新能力和适应能力，能够更好地应对全球化带来的挑战和机遇。同时，他们在求职过程中也更具竞争力，容易受到跨国企业和国际组织的青睐。因此，高等教育机构应继续加强学生的国际视野拓展工作，为他们提供更多的出国交流与学习机会。

（三）教育评价体系的国际化

1. 引入国际通行的教育质量标准和评价体系

为了适应全球化的趋势和提高教育质量，高等教育机构开始引入国际通行的教育质量标准和评价体系。这些标准和体系通常具有较高的权威性和公信力，能够客观评估学校的教学水平和科研实力。通过与国际接轨的评价方式和方法来评估学校的教育质量，有助于推动教育的国际化和标准化进程，提高高等教育的整体水平。

2. 提高教育质量和国际竞争力

引入国际通行的教育质量标准和评价体系不仅有助于高等教育机构提高教育质量，还能提升其国际竞争力。这些标准和体系通常注重学生的全面发展、创新能力和实践能力等方面的培养，与高等教育机构的教育理念和目标相契合。通过实施这些标准和体系，高等教育机构可以不断完善自身的教育体系和教学方法，提高教育质量和学生的综合素质。同时，这种国际化的教育评价体系也有助于国内外高校之间的合作与交流，促进教育资源的共享和优化配置。

3. 促进国内外高校合作与交流

教育评价体系的国际化还为国内外高校之间的合作与交流提供了更加便捷的途径。通过共同采用国际通行的教育质量标准和评价体系，不同国家的高校可以更加容易地找到合作点和切入点，开展深度的学术交流与合作。这种合作与交流不仅可以促进教育资源的共享和优化配置，还能推动全球教育事业的共同进步和发展。同时，这也为学生提供了更多的学习机会和发展空间，帮助他们更好地融入全球化的教育环境。

第二章　新时代高校教师队伍的现状分析

第一节　教师队伍的整体情况

一、教师队伍规模与增长趋势

（一）教师总数及近年来增长情况

1. 教师总数的稳步增长

近年来，随着国家对高等教育的持续投入和大力支持，以及社会对高等教育需求的不断增加，高校教师队伍规模呈现出稳步增长的趋势。这种增长不仅是数量上的扩张，更是质的提升，反映了高等教育事业的蓬勃发展和教师队伍整体素质的提高。

据权威统计数据显示，过去几年里，高校教师总数以稳定的增长率逐年攀升。这一增长趋势与高校扩招、新建高校增多以及国家对教育事业的重视密不可分。同时，随着教师队伍的不断壮大，高校在人才培养、科学研究、社会服务等方面的能力也得到了显著提升。

2. 增长背后的动因分析

高校教师总数的增长并非偶然，其背后有多重动因共同推动。首先，国家对高等教育的重视和投入增加，为高校教师队伍的扩张提供了有力的政策支持和资金保障。其次，随着社会对高等教育的需求不断增长，高校为了满足这种需求，不断扩大招生规模，进而需要更多的教师资源来支撑教学工作的开展。此外，高校教师职业的吸引力也逐渐增强，越来越多的优秀人才选择加入教育行业，为高校教师队伍的壮大注入了新的活力。

3. 增长带来的挑战与机遇

高校教师总数的增长虽然为高等教育事业带来了更多的发展机遇，但同时也伴随着一系列挑战。随着教师队伍的扩大，如何保证教学质量、提高教师素质、优化教师队伍结构等问题逐渐凸显出来。此外，高校之间的竞争也日益激烈，如何吸引和留住优秀人才成为高校面临的重要课题。因此，在享受教师队伍增长带来的红利的同时，高校也需要积极应对各种挑战，努力实现教师队伍的可持续发展。

（二）专任教师与非专任教师比例

1. 专任教师的主导地位

在高校教师队伍中，专任教师扮演着举足轻重的角色。他们是高校教学和科研工作的主力军，承担着培养学生、开展科学研究、推动学科发展等重要任务。由于专任教师全职从事教学科研工作，他们能够更深入地研究学科知识，更全面地了解学生需求，从而提供更有针对性的教学和指导。因此，专任教师在高校教育中占据着主导地位。

2. 非专任教师的补充作用

虽然专任教师是高校教师队伍的核心力量，但非专任教师同样发挥着不可或缺的补充作用。非专任教师包括兼职教师、客座教授等，他们通常具有丰富的实践经验和专业知识，能够为高校教学提供新鲜的视角和思路。同时，非专任教师还能够缓解专任教师的工作压力，为高校提供更加灵活多样的教学资源。因此，在构建多元化、开放性的教学体系中，非专任教师发挥着重要的补充作用。

3. 专任教师与非专任教师比例的合理性探讨

专任教师与非专任教师的比例是衡量高校教师队伍结构是否合理的重要指标之一。合理的比例有助于实现教学资源的优化配置，提高教学质量和科研水平。然而，目前关于专任教师与非专任教师比例的标准并无定论，不同高校根据实际情况和需求进行灵活调整。在探讨合理比例时，应综合考虑学科特点、教学资源、学生需求等多方面因素，以实现教学效益的最大化。

二、教师队伍的学历与学术背景

（一）教师学历分布（博士、硕士、本科等）

1. 高学历化趋势及其意义

新时代高校教师队伍的学历分布正逐渐高学历化，这主要得益于国家对高等教育的持续投入和教师队伍建设的不断加强。越来越多的高校教师具备博士或硕士学位，这不仅提升了教师队伍的整体素质，也为高校的教学和科研工作提供了更坚实的人才基础。高学历教师通常具备更深厚的专业知识和更强的研究能力，能够为学生提供更优质的教学服务，推动高校的学科发展和科研创新。

2. 学历分布的具体数据与变化

根据最新统计数据，高校教师中拥有博士学位的比例已经达到了一个相当高的水平，而硕士学位的比例也呈现出稳步增长的趋势。与此同时，本科学历的教师在高校教师队伍中的比例逐渐降低。这一变化反映了高校对教师队伍学历要求的提升，也体现了高校在选拔和引进人才时更加注重学术背景和专业知识。

3. 学历提升的路径与机制

为了实现教师队伍的高学历化，高校需要建立完善的学历提升路径与机制。一方面，高校可以通过设立奖学金、提供进修机会等措施，鼓励和支持在职教师攻读更高层次的学位；另一方面，高校也可以加大引进力度，吸引更多具有博士学位的优秀人才加入教师队伍。同时，高校还应注重学历与能力的双重考核，确保教师队伍的整体素质得到有效提升。

（二）海外留学或访学经历的教师比例

1. 海外经历对教师队伍的积极影响

拥有海外留学或访学经历的教师通常具备更宽广的学术视野和更丰富的国际交流经验。他们能够将国际先进的教学理念和研究方法引入高校，为教学和科研工作带来新的思路和方法。同时，他们的加入也有利于推动高校的国际化进程，提升高校在国际上的知名度和影响力。

2. 海外经历教师的比例变化与趋势

近年来，随着高校对国际化人才需求的增加，拥有海外留学或访学经历的教师比例呈现出逐年上升的趋势。这一变化不仅体现了高校对国际化人才的重视和引进力度，也反映了教师队伍结构的不断优化和完善。未来，随着高等教育国际化的深入推进，这一比例有望进一步提升。

3. 如何吸引和留住具有海外经历的人才

为了吸引和留住具有海外留学或访学经历的人才，高校需要采取一系列有效措施。首先，高校可以设立专门的引进计划，为这类人才提供更具竞争力的薪酬待遇和职业发展机会；其次，高校应为他们提供良好的工作环境和科研条件，确保他们能够充分发挥自己的才华；最后，高校还应注重对他们的关怀和支持，帮助他们更好地融入新的工作环境和团队。通过这些措施的实施，高校可以进一步优化教师队伍结构，提升教学和科研水平。

三、教师队伍的科研与教学成果

（一）近年来的科研成果统计

1. 科研成果的显著增长

近年来，随着国家对科研投入的持续增加和高校教师科研能力的提升，高校教师队伍在科研方面取得了令人瞩目的成果。学术论文发表数量大幅增长，且论文质量也显著提高，不少论文发表在国内外知名学术期刊上。此外，教师们还积极参与各类科研项目，包括国家级、省级以及校企合作项目，取得了一系列重要的科研成果。

2. 科研成果的影响力

高校教师的科研成果不仅在学术界产生了广泛影响，还为国家的科技创新和社会发展做出了积极贡献。一些重大科研成果已经成功转化为实际应用，推动了相关行业的发展和进步。同时，这些成果也提升了高校的学术声誉和地位，为高校吸引了更多的优秀人才和资源。

3. 科研团队建设与协作

在取得丰硕科研成果的过程中，高校教师的科研团队建设也发挥了重要作用。越来越多的教师加入到科研团队中，通过团队协作和资源共享，提高了科研效率和成果质量。此外，高校还积极与企业、研究所等外部机构开展合作，共同推进科研项目的实施和成果转化。

（二）教学质量评估与反馈

1. 教学质量评估体系的建立与完善

为了提高教学质量，各高校普遍建立了完善的教学质量评估体系。这一体系包括学生评价、同行评价和专家评价等多种评价方式，旨在对教师的教学质量进行全面、客观的评估。通过定期的评估活动，高校能够及时了解教师的教学情况，发现问题并采取相应措施进行改进。

2. 学生反馈与教学调整

学生是教学活动的直接受益者，他们的反馈意见对于教学改进具有重要意义。高校注重收集学生的反馈意见，通过问卷调查、座谈会等方式了解学生对教学内容、教学方法和教学效果的看法。根据学生的反馈，高校及时调整教学策略和方法，以满足学生的学习需求和提高教学效果。这种以学生为中心的教学理念和实践有效提升了学生的满意度和学习效果。

3. 教师教学能力的提升与培训

为了提高教师的教学能力，高校还定期组织教师培训活动。这些培训活动包括教学方法研讨、教育技术应用、课程设计等方面的内容，旨在帮助教师更新教育观念、提高教学技能。通过参加培训活动，教师们不仅能够提升自己的教学水平，还能够与其他教师交流经验、共享资源，共同推动教学质量的提升。同时，高校还鼓励教师参加国内外学术会议和研讨会，拓宽学术视野，提高学术素养。这些措施共同促进了高校教师队伍教学能力的提升和发展。

第二节　教师队伍的结构特点

一、年龄结构

（一）不同年龄段教师的分布

1. 年轻教师的活力注入

在新时代高校教师队伍中，30 岁以下的年轻教师大多为新近加入教育行业的毕业生，他们充满活力、富有朝气，为高校教育带来了新的气息。年轻教师通常具有较强的学习能力和适应能力，能够快速融入新的教学环境，与学生建立良好的师生关系。他们的加入，不仅为高校注入了新鲜血液，还为教育教学工作带来了更多的创新思维和方法。

2. 中青年教师的主力担当

30—45 岁的中青年教师在高校教师队伍中占比最高。这一年龄段的教师已经积累了一定的教学和科研经验，正处于职业生涯的黄金时期。他们既是教学工作的主要承担者，也是科研工作的骨干力量。中青年教师具有较强的专业素养和实践能力，能够为学生提供优质的教学服务，同时也在科研方面取得了不俗的成绩。他们的存在，确保了高校教学和科研工作的稳定推进。

3. 资深教师的传承与引领

45 岁以上的资深教师通常具有丰富的教学经验和深厚的学术造诣，是高校学术传承的重要力量。他们在教学和科研上取得了显著的成果，为高校的发展做出了重要贡献。资深教师不仅承担着教学任务，还肩负着指导年轻教师、传承学术精神的重任。他们的经验和智慧，对于高校教育的长远发展具有重要意义。

（二）年轻教师与资深教师的比例

1. 教师队伍的年轻化趋势

新时代高校教师队伍正逐渐实现年轻化，这从年轻教师与资深教师的比例中可见一斑。年轻教师的占比逐年提升，为高校带来了更多的活力和创新力。他们思维活跃、勇于创新，善于接受新事物和新观念，为高校教育的改革与发展提供了有力支持。同时，年轻化的教师队伍也更有利于与学生的沟通交流，提高教学效果和满意度。

2. 资深教师的引领作用

尽管教师队伍呈现年轻化趋势，但资深教师在高校中的地位和作用仍然不可忽视。他们以丰富的教学经验和深厚的学术底蕴，为年轻教师树立了榜样，提供了宝贵的指导和帮助。资深教师不仅是教学工作的佼佼者，也是科研工作的领军人物。他们的存在为高校教师队伍的稳定性和学术传承提供了坚实保障。

3. 年龄结构的优化与搭配

新时代高校教师队伍的年龄结构正逐渐实现优化与合理搭配。通过引进和培养年轻教师、发挥资深教师的引领作用等措施，高校教师队伍在保持活力的同时，也确保了教学和科研工作的稳定性和连续性。这种年龄结构的优化不仅有利于高校教育的长远发展，也为提高教育质量、培养优秀人才奠定了坚实基础。同时，这种搭配还有助于形成良好的学术氛围和团队协作精神，推动高校整体水平的提升。

二、学科结构

（一）各学科教师分布情况

1. 学科分布的广泛性

新时代高校教师队伍的学科结构日益丰富和完善，这主要体现在教师队伍涵盖了广泛的学科领域。随着高等教育的不断发展和社会对多元化人才的需求增加，各高校积极开设新的学科专业，从而吸引了来自不同学科背景的教师。目前，高校教师队伍已经涵盖了文学、理学、工学、农学、医学等多个学科领域，形成了全方位的学科布局。

2. 学科教师数量的均衡性

在各学科的教师分布中，一个显著的特点是各学科教师数量的相对均衡。高校在招聘教师时，注重保持各学科教师队伍的合理规模，以确保每个学科都能得到足够的教学支持。这种均衡的学科教师分布不仅有助于高校提供全面的课程设置，还能确保学生在各个学科领域都能获得优质的教学资源。

3. 教学支持的全面性

由于教师队伍学科分布的广泛性和均衡性，高校能够为学生提供全面的教学支持。无论是基础学科还是应用学科，无论是理论研究还是实践操作，高校都有相应的专业教师来承担教学任务。这种全面的教学支持有助于提升学生的综合素质，培养他们的跨学科思维和解决问题的能力。

（二）跨学科教学与研究情况

1. 跨学科教学与研究的兴起

随着科学技术的迅猛发展和知识体系的不断融合，跨学科教学与研究已成为新时代高校教师队伍的重要特征之一。越来越多的教师意识到，单一学科的知识和方法已经无法满足复杂问题的解决需求，因此他们开始积极探索跨学科的教学与研究模式。

2. 教师跨学科能力的提升

为了适应跨学科教学与研究的需求，高校教师们不断提升自己的跨学科能力。他们通过参加跨学科培训、研讨会等活动，拓宽自己的知识视野，学习其他学科的理论和方法。同时，高校也积极为教师提供跨学科合作的平台和机会，鼓励他们组建跨学科研究团队，共同开展创新性的研究工作。

3. 跨学科教学与研究的意义

跨学科教学与研究对于培养学生的综合素质和创新能力具有重要意义。通过整合不同学科的知识和方法，教师可以为学生提供更加全面、深入的教学内容，激发他们的创新思维和实践能力。同时，跨学科的研究也有助于推动学科之间的交流与融合，促进高校整体学术水平的提升。这种教学模式和研究方法不仅有助于学生的个人发展，还能为社会的进步和发展做出贡献。

三、职称结构

（一）教授、副教授、讲师等职称分布

1. 教授的学术领军地位

在新时代高校教师队伍中，教授作为学术领军人物，虽然占比相对较低，但他们的存在对于学术研究和学科建设有着不可或缺的作用。教授们通常具有深厚的学术造诣和丰富的研究经验，在各自的研究领域内享有较高的声誉。他们不仅引领着学科的发展方向，还承担着培养高层次人才和进行原创性研究的重任。教授的学术影响力，往往能够吸引更多的研究资源和优秀学子，从而推动整个学科的持续发展。

2. 副教授与讲师的中坚力量

副教授和讲师在高校教师队伍中占据了主体地位，他们是推动高校教学和科研工作的中坚力量。副教授通常已经具备了一定的学术积累和教学经验，能够独立承担科研项目和教学任务。而讲师则是高校教学工作的基础力量，他们承担着大量的基础课程教学任务，同时也在科研方面展现出积极的态势。副教授和讲师的辛勤工作，确保了高校教学和科研工作的正常运转，也为学生的全面发展提供了坚实的支撑。

3. 初级职称人员的辅助作用

除了教授、副教授和讲师外，高校教师队伍中还有一定数量的助教、实习教师等初级职称人员。他们虽然学术地位和影响力相对较低，但在高校教学工作中发挥着重要的辅助作用。初级职称人员通常负责课程辅导、实验指导、学生咨询等基础工作，他们的存在有效分担了高级教师的工作负担，使得高校教学工作能够更加细致和全面地开展。

（二）职称晋升的机制与现状

1. 完善的职称晋升机制

新时代高校普遍建立了完善的职称晋升机制，这是保持教师队伍稳定性和发展动力的重要保障。这些机制通常包括定期评审、绩效考核、学术成果评价等多个环节，旨在全面、客观地评估教师的学术水平和工作业绩。通过这样一套科学、公正的评审体系，高校能够及时发现并肯定那些在教学和科研方面做出突出贡献的教师，为他们提供应有的职业发展机会。

2. 职业发展机会与平台

除了完善的评审机制外，高校还注重为教师提供丰富的职业发展机会和平台。例如，设立各类科研项目，鼓励教师积极参与学术研究；提供进修培训、学术交流等活动，帮助教师拓宽视野、提升能力。这些举措不仅有助于激发教师的创新活力和职业发展动力，还能够为高校吸引和留住更多的优秀人才。

3. 良性竞争与整体水平提升

在完善的职称晋升机制和丰富的职业发展机会共同作用下，高校教师队伍的职称晋升呈现出良性竞争的局面。教师们在教学和科研方面不断追求卓越，努力提升自己的学术水平和工作业绩。这种良性竞争的氛围有利于优秀人才的脱颖而出，同时也推动了高校整体教学水平的提升。在这样的环境下，高校教师队伍不断壮大和优化，为培养更多高素质人才和推动社会进步做出了重要贡献。

第三节　存在的问题与挑战

一、师资力量不均衡

（一）学科间师资力量的差异

1. 热门与重点学科师资的优势

在新时代高校教育体系中，热门或重点学科由于与社会需求紧密相连，常常受到更多的关注和资源投入。这些学科往往因为资金充足、研究前景广阔，能够吸引到大量的优秀教师。这些教师不仅学术水平高，而且教学经验丰富，能够为学生提供优质的教育服务。因此，这些学科的师资力量雄厚，教学质量和科研成果都相对突出。

2. 传统与冷门学科师资的困境

相对于热门或重点学科，传统或冷门学科在吸引师资力量方面则面临诸多困难。这些学科可能由于研究内容相对陈旧、就业前景不明朗或者资金匮乏等原因，难以吸引和留住优秀的教师资源。长此以往，这些学科的师资力量逐渐薄弱，教学质量和科研水平也难以得到提升。这种局面不仅影响了学生的学习效果和职业发展，也制约了相关学科的进一步发展。

3. 学科间不均衡的影响

学科间师资力量的不均衡对高校的整体发展产生了深远影响。首先，这种不均衡会导致教学质量参差不齐，热门学科的教学质量可能远高于冷门学科，从而影响学生的全面发展。其次，师资力量的不均衡也会加剧学科之间的鸿沟，使得一些学科难以获得应有的关注和支持。最后，这种不均衡还可能引发教师之间的不公平感，影响教师的工作积极性和职业满意度。

（二）地区间高校师资力量的差异

1. 经济发达地区高校师资的优势

在经济发达的地区，由于教育资源丰富、薪酬待遇优厚以及发展机会多样，高校往往能够吸引到更多的优秀教师。这些教师通常具有较高的学术水平和丰富的教学经验，能够为高校的教学质量和科研水平提供有力保障。同时，经济发达地区的高校也更有能力为教师提供良好的工作环境和先进的科研设施，从而进一步提升教师的科研能力和教学质量。

2. 经济欠发达地区高校师资的困境

相比之下，经济欠发达地区的高校在师资力量方面则面临诸多挑战。由于教育资源有限、薪酬待遇相对较低以及发展机会有限，这些地区的高校往往难以吸引和留住优秀的教师资源。这种情况导致欠发达地区高校的教学质量参差不齐，科研水平也难以提升。同时，由于师资力量不足，这些高校可能无法开设一些前沿或热门的课程，从而限制了学生的知识面和职业发展。

3. 地区间不均衡的影响

地区间高校师资力量的不均衡不仅加剧了教育资源的不平等分布，也制约了欠发达地区高校的发展。首先，这种不均衡会导致教育质量的地域性差异，使得不同地区的学生接受到的教育质量存在显著差异。其次，师资力量不均衡也会影响高校的科研水平和创新能力，从而制约了一些地区高校的学术发展和技术进步。最后，这种不均衡还可能引发地区间的教育不公问题，加剧社会阶层分化和社会不平等现象。因此，解决地区间高校师资力量的不均衡问题对于促进教育公平和社会和谐发展具有重要意义。

二、教师队伍稳定性问题

（一）教师流动率与离职原因分析

1. 教师流动率的现状

新时代背景下，高校教师流动率逐年上升，这一现象已经引起了广泛关注。教师流动不仅包括教师在不同高校之间的跳槽，还包括教师离开教育行业转向其他行业的情况。这种流动性在一定程度上影响了教师队伍的稳定性，给高校的教学和管理工作带来了一定的挑战。

2. 离职原因的多样性

造成高校教师流动和离职的原因多种多样。首先，薪酬待遇不满意是教师离职的重要原因之一。随着物价上涨和生活成本的增加，一些教师认为自己的收入无法满足生活需求，从而选择离职寻求更好的薪资待遇。其次，职业发展受限也是导致教师离职的关键因素。如果教师在高校内部无法获得更多的晋升机会和发展空间，他们可能会选择离开以寻求更好的职业发展。此外，工作压力过大、工作环境不佳以及个人原因等也可能导致教师离职。

3. 高校人才引进与培养的短板

除了上述个人原因外，一些高校在人才引进和培养方面存在的短板也是导致教师流失的重要原因。例如，一些高校在招聘过程中过于注重学术成果和科研能力，而忽视了教师的教学能力和团队协作精神。这可能导致新引进的教师难以融入团队，进而产生离职的念头。此外，一些高校在教师培训和发展方面的投入不足，使得教师难以提升自身能力，从而影响其职业发展和工作满意度。

为了解决教师流动率上升的问题，高校需要深入了解教师的离职原因，并采取相应的措施加以改进。例如，提高教师的薪酬待遇、优化工作环境、提供更多的职业发展机会等。同时，高校还应加强人才引进和培养工作，注重教师的全面发展，从而增强教师队伍的稳定性。

（二）教师工作满意度调查

1. 教师工作满意度的意义

教师工作满意度是衡量教师队伍稳定性的重要指标之一，它反映了教师对工作环境、待遇、职业发展等方面的满意程度。一个高度满意的工作环境能够激发教师的工作热情和创造力，提高教学效果和科研质量。因此，关注并提升教师的工作满意度对于维护教师队伍的稳定性至关重要。

2. 影响工作满意度的因素

近年来的一些调查显示，部分高校教师对工作的满意度并不高。这一现象可能与多种因素有关。首先，工作压力过大是影响教师工作满意度的重要原因之一。随着高校竞争的加剧和科研任务的增多，教师需要承担更多的教学和科研压力。其次，薪酬待遇也是影响教师工作满意度的关键因素。如果教师的收入无法满足其生活和发展需求，他们可能会对工作产生不满情绪。此外，职业发展机会、工作环境和条件等方面也可能影响教师的工作满意度。

3. 提高教师工作满意度的措施

为了提高教师的工作满意度，高校需要采取一系列措施。首先，关注教师的实际需求，了解他们在工作和生活中遇到的困难和挑战，并尽力提供帮助和支持。其次，改善工作环境和条件，为教师创造一个舒适、安全、便捷的工作环境。同时，提供更多的职业发展机会，鼓励教师参加培训、进修和学术交流活动，提升他们的专业素养和综合能力。最后，建立完善的激励机制，通过合理的薪酬待遇和晋升机会来激发教师的工作积极性和创造力。这些措施的实施将有助于提高教师的工作满意度，进而增强教师队伍的稳定性。

三、教学与科研压力

（一）教师教学工作量与科研任务的平衡

1. 教学与科研的双重压力

在新时代，高校教师不仅肩负着传授知识的使命，还需不断推进学术研究，这使他们常常面临教学与科研的双重压力。教学任务要求教师投入大量时间备课、授课和辅导学生，确保学生掌握所学知识；而科研任务则需要教师进行深入的研究、实验和论文撰写，以提升学术水平和影响力。这两方面的任务都极为重要，但时间和精力似乎总是有限的。

2. 时间与精力的分配困境

教师在教学和科研之间的时间和精力分配上常常感到力不从心。教学任务繁重，需要花费大量时间来准备和执行；而科研工作同样需要长时间的投入，包括文献调研、实验设计和数据分析等。两者之间的冲突使得很多教师感到难以平衡，甚至可能影响到他们的工作效率和身心健康。

3. 高校的任务安排与平衡策略

为了解决这一问题，高校需要合理安排教师的教学和科研任务。首先，高校应根据教师的专业背景和研究方向，合理分配教学任务，避免让教师在不熟悉或与其研究方向不符的课程上花费过多时间。其次，高校应给予教师足够的科研时间，鼓励他们进行深入研究，并提供必要的支持和资源。最后，高校还可以考虑实施灵活的工作安排，如调整教学时间表或提供科研假期等，以帮助教师更好地平衡教学与科研任务。

（二）科研成果与教学质量之间的权衡

1. 科研成果与教学质量的关系

对于高校教师而言，科研成果和教学质量都是其职业生涯中的重要评价指标。科研成果能够体现教师的学术水平和创新能力，而教学质量则直接关系到学生的学习效果和未来发展。然而，在实际工作中，这两者之间往往存在一定的冲突和权衡。

2. 追求科研成果与保障教学质量的挑战

一些教师为了追求科研成果的数量和质量，可能会将更多的时间和精力投入到科研工作中，从而忽视了教学工作的重要性。这种做法虽然可能在短期内提升教师的学术声誉和影响力，但长期来看可能会对教学质量产生负面影响，进而影响学生的学习效果和职业发展。

另一方面，一些教师可能过于注重教学质量而忽视科研工作的重要性。他们可能花费大量时间备课、授课和辅导学生，以确保学生能够全面掌握所学知识。然而，这种做法可能会限制他们在学术研究方面的发展和创新能力的提升。

3. 高校的评价机制与激励政策

为了解决科研成果与教学质量之间的权衡问题，高校需要建立完善的评价机制并制定相应的激励政策。首先，高校应明确教学和科研的权重比例，并在评价过程中给予两者合理的考虑。其次，高校可以通过设立教学奖励和科研奖励来激励教师在两个方面都能取得优异成绩。最后，高校还可以提供必要的培训和支持以帮助教师提升教学和科研能力从而实现两者的平衡发展。

此外，高校还可以鼓励教师之间的合作与交流，促进教学与科研的相互融合。通过搭建跨学科、跨领域的合作平台，教师可以共享资源、互相学习并共同进步，从而更好地实现科研成果与教学质量的双赢局面。

四、教师培训与发展机会

（一）教师继续教育与培训的现状

1. 教师继续教育与培训的重要性

在新时代，随着知识的不断更新和教育技术的飞速发展，高校教师亟需通过继续教育与培训来提升自己的专业素养和教学能力。这不仅是教师个人发展的需要，也是提高教育质量、培养优秀人才的关键。因此，高校应高度重视教师的继续教育与培训工作，为教师提供充足的学习和发展机会。

2. 当前存在的问题与不足

然而，目前一些高校在教师继续教育与培训方面仍存在不少问题。首先，培训内容与实际需求脱节，缺乏针对性和实用性，导致教师参与培训的积极性不高。其次，培训方式单一，缺乏创新和多样性，难以满足教师个性化的学习需求。最后，培训效果不佳，很多培训流于形式，未能真正提升教师的专业素养和教学能力。

3. 改进措施与建议

为了解决上述问题，高校需要采取一系列改进措施。首先，加强对教师培训的需求分析，深入了解教师的实际需求和期望，制定个性化的培训计划。其次，丰富培训内容和形式，引入先进的教育理念和教学方法，提高培训的吸引力和实效性。最后，建立完善的培训评估机制，定期对培训效果进行评估和反馈，以便及时调整和优化培训方案。

（二）教师职业发展规划与支持

1. 教师职业发展规划的重要性

高校教师作为知识分子和专业人才，对于自己的职业发展有着较高的期望和要求。一个明确的职业发展规划能够帮助教师更好地认识自己、定位自己，并为自己设定合理的职业目标和发展路径。这不仅有利于提升教师的职业素养和能力水平，还能激发其工作积极性和创新精神。

2. 高校在职业发展规划与支持方面的不足

然而，目前一些高校在教师的职业发展规划与支持方面仍存在不足。首先，缺乏完善的职业发展规划体系，导致教师对自己的职业发展缺乏清晰的认识和规划。其次，高校在提供职业发展支持方面力度不够，如缺乏专业的职业指导和咨询服务、缺少必要的资源和平台等。最后，高校对教师职业发展的重视程度不够，未能为教师创造良好的职业发展环境和氛围。

3. 加强职业发展规划与支持的措施

为了解决上述问题，高校需要采取一系列措施来加强教师的职业发展规划与支持工作。首先，建立完善的职业发展规划体系，为教师提供个性化的职业指导和咨询服务。其次，加大对教师职业发展支持的投入力度，提供更多的资源和平台支持教师的职业发展。最后，营造良好的职业发展环境和氛围，鼓励教师积极参与各种学术交流活动、教学研讨活动等，拓宽自己的视野和知识面。同时，高校还应建立完善的激励机制和晋升机制，为教师提供更多的晋升机会和发展空间。通过这些措施的实施，可以有效地提升教师的职业素养和能力水平，激发其工作积极性和创新精神，推动高校教育事业的持续发展。

五、国际化水平有待提高

（一）教师国际交流与合作的机会

1. 国际化背景下的教师需求

在全球化日益加深的当下，高等教育也逐渐走向国际化。这不仅要求学生具备国际视野，更要求教师队伍能够跟上这一趋势，具备跨文化交流和合作的能力。新时代的高校教师，不再仅仅局限于本国的教学与科研，更需要参与到国际学术交流与合作中，以推动学术进步和教育创新。

2. 当前国际交流与合作的瓶颈

然而，目前许多高校在教师国际交流与合作方面还存在明显不足。首先，国际交流项目有限，很多教师缺乏走出国门、与世界接轨的机会。这在一定程度上限制了教师的国际视野和学术合作的可能性。其次，现有的合作机会多集中在少数顶尖高校或特定学科领域，广大教师群体受益有限。再者，一些高校在国际交流方面的投入不足，难以为教师提供充足的资源和支持。

3. 拓展国际交流与合作的路径

为了突破这些瓶颈，高校需要积极拓展国际交流渠道和合作项目。一是与海外高校或研究机构建立稳定的合作关系，定期开展学术交流、教师互访等活动。二是利用现代信息技术，如远程视频会议、在线教育平台等，降低国际交流的物理门槛，让更多的教师能够参与其中。三是加大对国际交流项目的投入，设立专项资金，鼓励和支持教师参与国际学术活动。通过这些举措，可以为教师创造更多的国际交流与合作机会，进而提升其国际化素养和教学能力。

（二）提高教师队伍国际化水平的措施

1. 加强国际人才引进与本土教师的国际化培养

要提高教师队伍的国际化水平，首先应从源头上加强国际人才的引进。高校可以通过设置更具吸引力的待遇和条件，吸引海外优秀学者来华任教或开展研究。同时，对于本土教师，高校也应注重其国际化培养。这包括提供海外访学、进修的机会，让教师能够直接接触国际前沿的学术动态和教育理念。

2. 推动教师海外访学与进修

海外访学与进修是教师国际化培养的重要途径。高校应建立完善的选派机制，确保优秀的教师能够获得这样的机会。同时，访学与进修的内容应紧密结合教师的专业发展和教学需求，确保学习效果的最大化。此外，高校还可以通过与海外机构的合作，为教师提供定制化的学习计划和资源支持。

3. 鼓励教师参与国际学术会议与项目合作

参与国际学术会议和项目合作是教师拓宽国际视野、增强跨文化交流能力的重要方式。高校应鼓励并支持教师积极参与这些活动，如提供经费补贴、协助办理出国手续等。同时，高校还可以利用自身的国际影响力，为教师搭建更多的国际合作平台，促进其与国际同行的深度交流与合作。

4. 注重培养教师的跨文化沟通能力

在国际化背景下，教师的跨文化沟通能力显得尤为重要。高校应通过开设相关培训课程、组织模拟国际交流场景等活动，帮助教师提升这一能力。同时，鼓励教师在日常教学中融入跨文化元素，增强学生的国际视野和跨文化意识。这样不仅能提升教师的国际化素养，还能为高校培养出更多具有国际竞争力的人才。

第三章　新时代高校教师队伍建设的理念与目标

第一节　以人为本的教育理念

一、以人为本的教育理念内涵

以人为本的教育理念，是一种以学生为中心，同时高度重视教师地位和作用的教育理念。它不仅关注学生的全面发展，也强调教师的主体地位、全面发展和个性差异。

（一）强调教师的主体地位

1. 教师是教育活动的核心

在以人为本的教育理念中，教师不再是单纯的知识传授者，而是整个教育活动的核心和灵魂。他们不仅传授知识，更引导学生探索世界、认识自我，塑造学生的人生观和价值观。教师的主体地位，体现在他们对教育活动的深度参与和主导上，他们是教育过程的设计者、组织者和实施者。

2. 尊重教师的专业判断和教育创新

以人为本的教育理念倡导尊重教师的专业判断和教育创新。教师凭借自己的专业知识和教育经验，能够根据学生的实际情况和需求，灵活调整教学方式和内容。这种灵活性不仅有助于激发学生的学习兴趣，还能培养他们的创新思维和实践能力。同时，教师也应在教育改革的进程中发挥积极作用，勇于尝试新的教学方法和手段，推动教育质量和效果的提升。

3. 重视教师的职业发展

强调教师的主体地位，还要求高校和社会重视教师的职业发展。高校应为教师提供充足的职业发展机会和资源，如定期的培训、学术交流和研究项目等。这些举措有助于教师不断更新知识结构，提升专业素养和教育能力，从而更好地履行教书育人的职责。

（二）关注教师的全面发展

1. 提升教师的专业素养和教育教学能力

教师的专业素养和教育教学能力是其职业发展的基石。以人为本的教育理念强调，高校应关注并投入资源以提升教师的这些核心能力。通过系统的培训、实践锻炼和学术交流等方式，帮助教师掌握先进的教育理念、教学方法和评估手段，从而提高教学质量和效果。

2. 培养教师的科研能力

科研能力是衡量教师学术水平的重要标志。以人为本的教育理念鼓励教师积极参与科研工作，通过探索未知领域、解决实际问题来提升自己的学术素养和创新能力。高校应为教师提供必要的科研支持和资源，如实验室设备、研究经费和合作机会等，以激发他们的科研热情并推动学术成果的产出。

3. 增强教师的人际交往能力

教师的人际交往能力对于构建和谐的师生关系、促进教育教学效果具有重要意义。以人为本的教育理念注重培养教师的人际沟通能力、团队协作精神和领导力等方面的素质。通过相关培训和实践活动，帮助教师更好地与学生、家长、同事和社会各界进行有效沟通和合作。

4. 关怀教师的身心健康

教师的身心健康是其职业发展的基础保障。以人为本的教育理念要求高校关注并改善教师的工作环境和福利待遇，减轻他们的工作压力和生活负担。通过提供定期的健康检查、心理咨询服务和休闲娱乐设施等措施，保障教师的身心健康并激发他们的工作热情。

（三）尊重教师的个性与差异

1. 尊重教师的教学风格和特点

每个教师都有自己独特的教学风格和特点，这是他们个性和经验的体现。以人为本的教育理念倡导尊重并欣赏这些差异，鼓励教师在教学过程中发挥自己的特长和优势，形成独具特色的教学风格。这种个性化的教学方式有助于激发学生的学习兴趣和积极性，提高教学效果。

2. 鼓励教师进行教学创新和实践

教学创新和实践是教师职业发展的重要途径。以人为本的教育理念鼓励教师勇于尝试新的教学方法和手段，不断探索适合学生发展的教育模式。高校应为教师提供宽松的创新环境和必要的支持条件，如教学实验室、课程改革项目等，以激发他们的创新热情并推动教育教学的持续改进。

3. 实行人性化的管理和服务

尊重教师的个性与差异还要求高校在管理上更加人性化和灵活化。高校应根据教师的实际情况和需求进行个性化的管理和服务，如灵活安排工作时间、提供个性化的职业发展计划等。这些举措有助于增强教师的归属感和满意度，提高他们的工作积极性和创造力。同时，高校还应建立完善的反馈机制，及时了解并解决教师在工作和生活中遇到的问题和困难，为他们提供全方位的支持和帮助。

二、以人为本的教育理念实践意义

以人为本的教育理念在现代教育中扮演着至关重要的角色。它不仅关注学生的个性发展，同时也高度重视教师的地位和作用。在实践中，这一理念展现出深远的意义，对提升教师的教学积极性与创造力、构建和谐的校园教育环境以及促进学生的全面发展都起到了积极的推动作用。

（一）提升教师的教学积极性与创造力

1. 激发教师的教学热情

以人为本的教育理念首先体现在对教师主体地位的尊重上。当教师感受到自己的职业身份和专业知识被充分肯定，他们的教学热情会得到极大的激发。这种热情不仅源于外部的认可和鼓励，更源于内在的成就感和自我价值实现的渴望。在这种理念的指引下，教师会更加主动地投入到教学工作中，用心准备每一堂课，积极与学生互动，以提升教学质量。

2. 释放教师的创造力

传统教育模式往往限制了教师的创造力发挥，而以人为本的教育理念则鼓励教师进行教学创新。在这种环境下，教师有更多的自主权和决策权，可以根据学生的实际情况和需求灵活调整教学内容和方法。这种灵活性不仅有助于教师发挥个人特长和风格，还能促进教学的多样化和个性化。同时，高校也会为教师提供必要的资源和支持，如教学设备、研究经费等，以推动教学创新的实现。

3. 提升教师的职业发展动力

以人为本的教育理念还体现在对教师职业发展的重视上。高校会为教师提供丰富的培训和发展机会，帮助他们不断提升专业素养和教学能力。这种持续的职业成长让教师看到自己在教育事业中的未来和希望，从而更加积极地投入到教学工作中。同时，通过与同行之间的交流和合作，教师也能不断拓展自己的视野和思路，提升教学水平和效果。

（二）构建和谐的校园教育环境

1. 增强教师的归属感和忠诚度

以人为本的教育理念强调对教师的人文关怀和尊重。高校通过提供更加人性化的管理和服务，让教师感受到学校的温暖和支持。这种关怀不仅体现在薪资待遇、工作条件等硬件方面，更体现在对教师个人成长和职业发展的关注上。当教师感受到自己被重视和关心时，他们的归属感和忠诚度会大大增强，从而更加愿意为学校的教育事业贡献力量。

2. 促进教师之间的合作与交流

以人为本的教育理念还倡导教师之间的合作与交流。高校会积极搭建各种平台，如学术研讨会、教学经验分享会等，促进教师之间的沟通与互动。这种合作与交流不仅有助于提升教师的专业素养和教学能力，还能增进彼此之间的了解和友谊。在和谐的校园氛围中，教师们可以共同探讨教育问题、分享教学经验，共同推动学校教育事业的发展。

3. 营造积极向上的校园文化

以人为本的教育理念对校园文化的塑造也起到了积极的推动作用。在这种理念的引导下，高校会注重培养积极向上的校园文化氛围，鼓励师生追求卓越、勇于创新。同时，通过丰富多彩的校园文化活动和社团活动，让师生在轻松愉快的氛围中交流思想、碰撞智慧火花。这种积极向上的校园文化不仅有助于提升师生的文化素养和审美情趣，还能为学校的长远发展注入源源不断的活力。

（三）促进学生的全面发展

1. 提供个性化的教育服务

以人为本的教育理念强调关注学生的需求和特点，为教师提供了更加明确的教学方向。在这种理念的指导下，教师会更加注重了解学生的个体差异和兴趣爱好，为他们提供更加个性化和有针对性的教育服务。这种因材施教的教学方法有助于激发学生的学习兴趣和潜能，让他们在适合自己的学习路径上不断成长和进步。

2. 营造良好的学习氛围

和谐的校园教育环境为学生创造了更加良好的学习氛围。在这种环境中，学生会感受到来自老师和同学的关心和支持，从而更加积极地投入到学习中去。同时，丰富多彩的校园文化活动和社团活动也为学生提供了展示自我、锻炼能力的平台。在这种积极向上的学习氛围中，学生会更加自信、自立和自强，不断追求卓越和成长。

3. 培养学生的综合素质和能力

以人为本的教育理念最终目标是促进学生的全面发展。通过提供个性化的教育服务和营造良好的学习氛围，学生的知识、技能、情感态度和价值观都会得到全面的提升。他们会学会如何学习、如何合作、如何创新，从而培养出具备高度综合素质和能力的优秀人才。这种全面发展的人才不仅能够在学术上取得优异的成绩，更能在未来的职业生涯中脱颖而出，为社会的进步和发展做出贡献。

第二节　教师队伍建设的总体目标

一、构建高素质的教师队伍

（一）提高教师队伍的整体素质

1. 提升教师的教育教学能力

教育教学能力是教师的核心竞争力，也是评价一个教师是否优秀的关键指标。为了提高教师的教育教学能力，高校应定期组织教育教学培训，邀请教育专家、优秀教师进行授课和指导，帮助教师掌握先进的教育理念和教学方法。同时，高校还可以开展教学观摩、教学比赛等活动，激发教师提高教学水平的积极性。通过这些措施，教师可以不断提升自己的教育教学能力，为学生提供更优质的教育服务。

2. 增强教师的科研创新能力

科研创新能力是教师专业发展的重要体现，也是高校提升整体实力的重要途径。高校应鼓励教师积极参与科研项目申报和研究工作，为教师提供必要的科研支持和资源。同时，高校还可以设立科研奖励机制，对在科研方面取得突出成绩的教师进行表彰和奖励，以此激发教师的科研热情。通过这些措施，教师可以不断增强自己的科研创新能力，为高校的发展贡献更多的科研成果。

3. 培养教师的职业道德素养

职业道德素养是教师必备的基本素质之一，它关系到教师的教育行为和教育质量。高校应加强对教师的职业道德教育，引导教师树立正确的教育观、学生观和职业道德观。同时，高校还可以建立教师职业道德考核机制，将职业道德表现作为教师评价的重要指标之一。通过这些措施，教师可以不断提高自己的职业道德素养，为学生树立良好的道德榜样。

在提高教师队伍整体素质的过程中，高校还应注重教师的个性化和差异化发展。每位教师都有自己的特长和优势，高校应根据教师的实际情况和需求，为他们提供个性化的培训和发展机会。这样不仅可以更好地满足教师的个人发展需求，还能进一步提升教师队伍的整体素质。

（二）优化教师队伍的结构

1. 增加青年教师比例，注入新鲜血液

青年教师是教师队伍中的重要力量，他们具有旺盛的精力和强烈的进取心，能够为高校带来新的活力和创新力。为了优化教师队伍结构，高校应加大对青年教师的引进力度，提高他们的比例。同时，高校还应为青年教师提供必要的培训和支持，帮助他们迅速成长和进步。通过这些措施，可以为教师队伍注入新鲜血液，提高教师队伍的整体活力和创新力。

2. 重视中老年教师的专业发展

中老年教师是教师队伍中的宝贵财富，他们具有丰富的教学经验和深厚的学术底蕴。为了充分发挥中老年教师的作用，高校应重视他们的专业发展需求，为他们提供更多的培训和发展机会。同时，高校还应关注中老年教师的身心健康问题，为他们提供良好的工作环境和福利待遇。通过这些措施，可以进一步激发中老年教师的教学热情和科研动力，为高校的发展贡献更多的智慧和力量。

3. 合理配置专任教师与兼职教师、理论与实践型教师的比例

专任教师是高校教师队伍的主体力量，他们承担着主要的教学和科研任务。然而，为了丰富教学内容和方式以及加强实践教学环节的建设，高校还应合理配置一定数量的兼职教师和理论实践型教师。兼职教师可以为高校带来更多的行业经验和实用技能知识；而理论实践型教师则能够将理论知识与实践相结合，提高学生的实践能力和创新意识。通过这些措施的优化配置可以进一步提升教师队伍的全面性和专业性水平。

在优化教师队伍结构的过程中，高校还应注重教师队伍的多元化和包容性发展。不同背景、不同专业的教师能够为高校带来更多的思维碰撞和创新火花。因此，高校应积极引进和培养具有不同专业背景的教师人才，形成多元化的教师队伍结构。这样可以为高校的教学和科研工作带来更多的可能性和创新力。

二、建立高效的教师管理机制

（一）完善教师评价体系

1. 教师评价体系的重要性

一个完善的教师评价体系对于高校管理教师队伍至关重要。它不仅是衡量教师工作表现的标准，更是激励教师积极进取、提高教学质量和科研水平的重要手段。通过全面、客观、公正地评价教师的工作，高校可以更好地了解每位教师的优势和不足，为教师提供有针对性的培训和发展机会。

2. 制定科学的评价指标和标准

为了确保评价结果的准确性和公正性，高校需要制定一套科学的评价指标和标准。这些指标和标准应涵盖教师的教学水平、科研能力、社会服务等多个方面，以全面反映

教师的综合素质。同时，评价指标和标准应具有可操作性和可量化性，便于实际操作和执行。在制定过程中，高校可以借鉴国内外先进的教师评价理念和实践经验，结合自身实际情况进行创新和优化。

3. 采用定量与定性相结合的评价方法

在教师评价过程中，高校应采用定量与定性相结合的评价方法。定量评价可以通过具体的数据和指标来衡量教师的工作表现，如教学课时数、科研成果数量等。而定性评价则更注重对教师工作质量和潜力的评估，如教学态度、教学方法的创新性等。通过综合运用这两种评价方法，可以更全面地了解教师的工作状况和发展潜力，为高校制定更合理的教师管理策略提供依据。

4. 评价体系的激励作用

一个完善的教师评价体系还应具有激励作用。高校可以通过设立奖励机制，对在教学和科研方面取得突出成绩的教师进行表彰和奖励，从而激发教师的积极性和创造力。同时，评价体系还应为教师提供明确的职业发展路径和晋升机会，让他们看到自己在高校中的未来和发展空间。这样不仅可以增强教师的归属感和忠诚度，还有利于高校吸引和留住优秀人才。

（二）建立激励机制与约束机制

1. 激励机制的建立与实施

为了提高教师的工作积极性和效率，高校需要建立一套有效的激励机制。首先，可以通过设立多样化的奖励项目来表彰在教学、科研和社会服务等方面表现突出的教师。例如设立教学优秀奖、科研成果奖等，以鼓励教师在各自领域取得更好的成绩。其次，高校应为教师提供充足的职业发展机会和空间。通过定期的职业培训、学术交流等活动，帮助教师提升专业素养和综合能力，为他们的职业发展打下坚实基础。

2. 约束机制的重要性与制定原则

约束机制对于规范教师行为、维护教师队伍的整体形象和声誉具有重要意义。在制定约束机制时，高校应遵循以下原则：一是合法性原则，即约束机制的制定和实施必须符合国家法律法规和相关政策规定；二是公平性原则，即约束机制应适用于所有教师，不偏袒任何一方；三是可操作性原则，即约束机制应具有明确的执行标准和程序，便于实际操作和执行。通过这些原则的制定和实施，可以确保约束机制的有效性和公正性。

3. 约束机制的执行与监督

为了确保约束机制的有效执行，高校需要建立健全的执行和监督机制。首先，要明确各级管理部门和人员的职责和权限，确保约束机制能够得到有效实施。其次，要加强对教师行为的日常监督和管理，及时发现并纠正违规行为。同时，高校还应建立畅通的投诉和举报渠道，鼓励师生和社会各界对教师行为进行监督。对于违反约束机制的教师，高校应依法依规进行处理，以维护教育公平和正义。

4. 激励机制与约束机制的平衡与协调

激励机制和约束机制在教师管理中是相互补充、相互促进的关系。激励机制可以激发教师的积极性和创造力，提高他们的工作质量和效率；而约束机制则可以规范教师的行为、维护教育秩序和教师队伍的整体形象。因此，在实际操作中，高校需要平衡好激励机制与约束机制的关系，确保二者能够协调发展、共同作用于教师队伍的建设和管理中。通过不断完善和优化这两种机制，高校可以打造出一支高素质、专业化、富有活力的教师队伍，为培养优秀人才和推动社会进步做出更大贡献。

三、营造良好的教师发展环境

（一）提供充足的资源与支持

1. 优质硬件条件的提供

高校为了营造良好的教师发展环境，首要的任务就是提供充足的资源与支持。这其中，优质的硬件条件是基础。高校应着力改善教学设施，确保教室、实验室等场所的现代化与高效性。例如，更新教学设备，提供先进的多媒体教学工具，不仅可以提升教师的教学效果，还能增强学生的学习兴趣。实验室的设备和仪器也应保持与时俱进，以支持教师在科研方面的探索和创新。

此外，图书资料的丰富性和时效性也不容忽视。图书馆作为高校的知识宝库，应及时更新藏书，引进国内外最新的学术著作和研究资料，为教师提供广阔的知识视野和研究基础。

2. 软件支持的强化

除了硬件条件，软件支持同样关键。高校应构建完善的教学资源和科研平台，如数字化教学资源库、在线课程平台等，这些都能为教师提供便捷的教学辅助。同时，科研平台的搭建也至关重要，如提供高性能计算资源、科研数据库等，以帮助教师在科研道路上走得更远。

高校应通过校企合作、产学研结合等方式，为教师搭建实践和应用研究成果的桥梁。这样不仅能提升教师的实践能力，也有助于将科研成果转化为社会价值。

3. 科研项目的投入与鼓励

对教师科研项目的投入是营造良好发展环境的重要环节。高校应设立专项科研基金，鼓励教师申报和参与各级各类科研项目。对于具有创新性和实用价值的项目，应给予重点支持和资助。这不仅能激发教师的科研热情，还能提升学校的整体科研水平。

同时，高校应建立科研成果的评价和奖励机制，对取得突出成果的教师给予物质和精神上的双重奖励。这种正向激励机制能够形成良性循环，推动教师在科研道路上不断前行。

4. 培训与学习机会的提供

在知识更新迅速的时代，教师需要不断学习和进步才能跟上时代的步伐。因此，高校应为教师提供多样化的培训和学习机会。这包括组织定期的校内外学术交流活动、邀请专家学者进行讲座或工作坊、资助教师参加国内外学术会议等。

此外，高校还可以与国内外知名教育机构合作，为教师提供进修和深造的机会。通过这些举措，教师可以不断更新自己的知识结构，提升教育教学能力，从而更好地服务于学生和科研工作。

（二）创造公平、公正的竞争环境

1. 选拔任用机制的完善

为了营造一个公平、公正的竞争环境，高校首先需要建立健全的选拔任用机制。这一机制应确保优秀人才能够凭借自身的能力和贡献脱颖而出，而不是依赖于其他非专业因素。选拔过程应公开透明，遵循“能者上、庸者下”的原则，让每一位教师都有机会通过自己的努力获得更好的职业发展。

同时，选拔任用机制还应注重多元化和包容性，鼓励不同背景、不同专长的教师共同参与竞争。这样不仅可以丰富高校的师资队伍，还有助于形成百家争鸣、百花齐放的学术氛围。

2. 公开竞聘制度的实施

在职称晋升、岗位聘任等方面实行公开竞聘制度，是营造公平竞争环境的关键举措。通过公开竞聘，教师可以根据自己的能力和兴趣选择适合自己的岗位，而高校也能从中选拔出最适合的人选。这一制度不仅能激发教师的竞争意识，还能提升整个师资队伍的素质和能力。

在实施公开竞聘制度时，高校应确保竞聘流程的公开、公平、公正。从发布招聘公告到组织面试、评审等环节，都应遵循严格的标准和程序。同时，高校还应设立监督机制，对竞聘过程进行全程监督，确保结果的公正性和权威性。

3. 工作绩效考核与反馈机制的加强

为了维护教师队伍的纯洁性和战斗力，高校应加强对教师工作绩效的考核与反馈机制建设。通过定期对教师的工作绩效进行评估和反馈，可以及时发现并纠正不正之风，激励教师积极进取、争创佳绩。

在考核过程中，高校应注重量化指标与质性评价相结合的方法，全面、客观地评价教师的工作表现。同时，考核结果应及时向教师进行反馈，以便他们了解自己的优势和不足，从而调整自己的工作计划和发展方向。

4. 学术道德与诚信体系的建设

在营造公平竞争环境的过程中，学术道德与诚信体系的建设也至关重要。高校应加强对教师的学术道德教育，引导他们树立正确的学术价值观和职业操守。同时，建立健全的学术诚信体系，对学术不端行为进行严厉打击和惩处。

通过这些举措，可以营造一个风清气正、积极向上的学术氛围，为教师的专业发展和高校的长期发展奠定坚实基础。

第三节　具体目标与指标体系

一、具体目标

在新时代，高校教师队伍建设的具体目标应紧扣时代脉搏，以培养优秀人才为核心，努力提高教师的教育教学能力、科研创新能力，同时注重培养教师的团队合作精神与领导能力。这些目标不仅关乎教师个人的职业发展，更是提升高校整体教育质量和科研水平的关键。

（一）提高教师的教育教学能力

1. 更新教育理念，掌握现代教育技术

在新时代背景下，高校教师需要不断更新自己的教育理念，积极拥抱现代教育技术。这意味着教师需要关注教育领域的最新动态，了解并掌握先进的教学方法和手段。例如，通过参加教育培训、研讨会等活动，教师可以接触到最新的教育理念和教学技术，从而将其融入到自己的教学实践中。

同时，高校教师应熟练掌握并应用多媒体教学工具、网络教学平台等现代教育技术，以提高教学效果和效率。这些技术不仅可以丰富教学内容和形式，还能帮助学生更好地理解和掌握知识。

2. 灵活运用多种教学方法和手段

为了提高教育教学能力，高校教师需要学会灵活运用多种教学方法和手段。传统的教学方法如讲授法、讨论法等虽然经典，但在现代教育中可能显得单调乏味。因此，教师应结合课程内容和学生特点，创新教学方法，如采用案例分析法、角色扮演法、项目式学习等，以激发学生的学习兴趣和积极性。

此外，教师还可以借助现代教育技术手段，如虚拟现实（VR）、增强现实（AR）等，为学生创造更加生动、真实的学习环境。这些技术手段能够让学生更加直观地理解知识，提高学习效果。

3. 制定个性化的教学方案

每个学生都有其独特的学习方式和兴趣点，因此，高校教师需要根据学生的特点和需求，制定个性化的教学方案。这要求教师深入了解学生的学习习惯、兴趣爱好和学术背景，以便为他们量身定制合适的教学内容和方法。

个性化的教学方案不仅有助于提高学生的学习效果，还能培养他们的自主学习能力和创新思维。通过关注每个学生的发展需求，教师可以更好地引导他们走向成功。

（二）增强教师的科研创新能力

1. 培养创新意识，开展原创性研究

科研创新能力是高校教师的核心竞争力之一。为了增强这一能力，教师首先需要培养强烈的创新意识。这意味着教师要时刻保持对学术前沿的敏感度，勇于挑战传统观念，提出新的研究思路和方法。

在开展研究时，教师应注重原创性，避免重复他人的工作。通过深入挖掘问题的本质和内在联系，教师可以发现新的研究点，从而推动学科的发展。

2. 独立完成科研项目，发表高质量学术论文

高校教师应具备独立承担科研项目的能力，并能够发表高质量的学术论文。这要求教师具备扎实的专业基础、严谨的科研态度和出色的研究能力。

为了提升科研水平，教师可以积极参与各类科研项目申报和学术竞赛，积累研究经验。同时，教师还应注重学术论文的撰写和发表，通过与同行交流、分享研究成果，不断提升自己的学术影响力。

3. 推动科技成果的转化和应用

科研创新不仅仅停留在理论层面，更需要将研究成果转化为实际应用。高校教师应与企业、研究所等合作，共同推动科技成果的转化和应用。这不仅可以促进产学研结合，还能为社会进步和经济发展做出贡献。

在推动科技成果转化过程中，教师需要了解市场需求和行业发展趋势，以便将研究成果更好地应用于实际生产中。同时，教师还应关注知识产权保护问题，确保自己的研

究成果得到合理利用和保护。

（三）培养教师的团队合作精神与领导能力

1. 强化团队协作意识，共同完成教学与科研任务

团队合作精神是高校教师不可或缺的重要素质。为了培养这一精神，教师需要强化团队协作意识，与其他教师、学生和相关人员紧密合作，共同完成教学与科研任务。在团队中，教师应积极发挥自己的专业优势，为团队目标的实现贡献力量。

同时，教师还应注重与团队成员之间的沟通与协调，建立良好的工作关系。通过共同努力、互相支持，教师可以与团队一起取得更好的教学和科研成果。

2. 培养领导能力，带领团队开展创新性研究

除了团队合作精神外，高校教师还应具备一定的领导能力。这意味着教师需要具备带领团队开展创新性研究的能力，为团队指明研究方向、制定研究计划并协调团队成员的工作。

为了培养领导能力，教师可以参加相关的管理培训或领导力发展课程。同时，教师还可以在实践中不断积累经验，通过带领团队完成实际项目来提升自己的领导能力。具备领导能力的教师不仅可以更好地推动团队的发展和创新性研究，还能为高校培养更多优秀的人才做出贡献。

3. 发挥个人与团队优势，提升高校教育与科研水平

培养团队合作精神与领导能力的最终目的是为了更好地发挥个人与团队的优势，从而提升高校的教育与科研水平。教师应明确自己在团队中的角色和定位，充分发挥自己的专业特长和创新能力为团队做出贡献。

同时，教师还应关注团队的整体发展和成员之间的协作关系，努力营造一个积极向上、和谐共进的团队氛围。通过共同努力和持续发展，教师可以与团队一起推动高校教育与科研水平的提升为社会进步和人才培养做出更大的贡献。

二、指标体系

为了确保上述具体目标的实现，需要建立一套科学、合理的指标体系，对高校教师的教育教学能力、科研创新能力和团队合作能力进行全面、客观的评价。

（一）教学能力指标

1. 学生评价的重要性及其应用

学生评价是衡量教师教学水平的重要依据。学生是教学活动的直接参与者和受益者，他们对教师的教学效果有着最直观的感受。因此，通过收集学生对教师教学的反馈意见，

可以客观地了解教师的教学质量和水平。

在实施学生评价时，可以采用问卷调查、座谈会、在线评价系统等多种方式。问卷调查可以广泛地收集学生的意见，座谈会则可以深入地了解学生的需求和期望，而在线评价系统则可以提供即时的反馈。这些评价方式的综合运用，可以为教师提供全面的教学反馈，帮助他们了解自己的教学优点和不足，从而有针对性地改进教学方法和手段。

同时，学生评价的结果也可以作为高校教学管理的重要依据。通过对学生评价数据的分析，教学管理部门可以了解教师的教学效果，及时发现并解决教学中存在的问题。此外，学生评价还可以作为教师考核和晋升的重要参考，激励教师不断提高自己的教学水平。

2. 教学成果的评价与提升

教学成果是评价教师教学能力的重要指标之一。它包括教师的教学质量、教学改革成果、教材编写与出版等方面。这些成果不仅体现了教师的教学水平，也反映了教师对教学活动的投入和热情。

在教学质量方面，可以通过考察学生的学业成绩、学习态度和学习兴趣等来衡量。如果学生在教师的指导下取得了优异的成绩，对学习保持积极的态度和浓厚的兴趣，那么可以认为该教师的教学质量较高。

教学改革成果则体现在教师对教学方法、教学手段和教学内容的创新上。例如，教师是否尝试了新的教学方法，如翻转课堂、项目式学习等；是否运用了现代教育技术，如多媒体教学、网络教学等；是否对教学内容进行了更新和优化，以适应时代的需求和学生的特点。这些改革成果可以有效地提高教学效果，激发学生的学习兴趣和积极性。

教材编写与出版也是教学成果的重要组成部分。如果教师能够结合自己的教学实践和经验，编写出高质量的教材或教学辅导资料，那么这不仅可以提升教师的教学水平，还可以为高校的教学改革和发展做出贡献。

为了提升教学成果，高校可以为教师提供必要的支持和保障。例如，定期组织教学培训和交流活动，帮助教师了解最新的教育理念和教学技术；鼓励教师参与教学改革和教材编写工作，为他们提供必要的资源和指导；建立合理的教学评价机制，激励教师不断提高自己的教学水平。

（二）科研能力指标

1. 科研项目的重要性及其申报与管理

科研项目是衡量高校教师科研实力的重要标志之一。通过申报和承担科研项目，教师可以深入研究某一领域的问题，推动学科的发展和进步。同时，科研项目也是教师获取研究经费、提升学术地位和影响力的重要途径。

在申报科研项目时，教师需要充分了解项目申报的要求和流程，结合自己的研究方向和优势进行申报。高校科研管理部门可以为教师提供必要的指导和帮助，确保项目申报的质量和成功率。

在项目管理过程中，教师需要制定合理的研究计划和预算，确保项目的顺利进行。同时，教师还需要与项目组成员紧密合作，共同推动项目的进展和成果产出。通过科研项目的申报与管理，教师可以不断提升自己的科研能力和水平。

2. 论文发表的质量与数量要求

论文发表是反映高校教师科研成果的重要方式之一。通过统计教师在核心期刊、国际会议等发表的学术论文数量和质量来评估其科研能力具有一定的合理性。然而，我们也需要关注论文发表的质量和实际影响力而非仅仅追求数量上的增长。

为了提高论文发表的质量，教师需要选择具有创新性和实用性的研究课题进行深入探究；同时注重实验设计和数据分析的严谨性和科学性以确保研究结果的可信度和可靠性；在论文撰写过程中也需要注重文字表达的准确性和逻辑性以提升论文的整体质量水平。

（三）团队合作能力指标

1. 团队项目的完成情况评价

在评价高校教师的团队合作能力时，团队项目的完成情况是一个重要的指标。这个指标不仅反映了教师在团队合作中的贡献，也体现了其协调、沟通和解决问题的能力。

要评价团队项目的完成情况，可以从项目的进度、质量和成果三个方面进行考察。首先，项目进度是否按计划进行，是否存在延误或提前完成的情况；其次，项目完成的质量如何，是否达到预期的目标，是否存在需要改进的地方；最后，项目的成果是否显著，是否具有实际应用价值或学术意义。

为了提高团队项目的完成情况，教师需要积极参与团队讨论和决策，明确自己的任务和责任，按时完成分配给自己的工作。同时，教师还需要与团队成员保持良好的沟通和协作，及时解决出现的问题和困难，确保项目的顺利进行。

2. 团队协作的紧密度与效率评估

团队协作的紧密度和效率是衡量高校教师团队合作能力的重要指标。紧密度反映了团队成员之间的默契程度和协作精神，而效率则体现了团队在完成任务时的速度和准确性。

为了评估团队协作的紧密度和效率，可以观察团队成员在合作过程中的互动情况、信息共享程度以及任务分配和完成的效率。如果团队成员之间能够积极沟通、互相支持，共同解决问题，那么团队的紧密度就较高；如果团队能够在规定时间内高质量地完成任务，那么团队的效率就较高。

为了提高团队协作的紧密度和效率，教师需要增强团队意识，积极参与团队活动，加强与其他成员的交流和合作。同时，教师还需要不断提高自己的专业素养和技能水平，以便更好地为团队做出贡献。此外，高校也可以为教师提供必要的培训和支持，帮助他们提升团队合作能力。

第四节　理念与目标的实践路径

在新时代，高校教师队伍建设不仅是提升高等教育质量的关键，也是推动国家发展和社会进步的重要力量。为了实现高校教师队伍建设的理念与目标，需要探索有效的实践路径。

一、加强教师培训与发展

（一）定期举办教师培训活动

1. 教学技能培训的重要性与实施方式

教学技能培训是提升教师教学水平的关键环节。随着教育理念和教学方法的不断更新，教师需要不断学习和掌握新的教学技能，以适应现代教育的需求。通过定期的教学技能培训，教师可以了解最新的教学理论和实践，学习如何设计有效的教学活动，提高学生的学习兴趣和效果。

实施教学技能培训的方式可以多样化，如组织专题讲座、研讨会、工作坊等。这些活动可以邀请教育专家、优秀教师或学科带头人来分享他们的教学经验和技巧。同时，也可以结合具体的教学案例和实践操作，让教师亲身参与和体验，从而更深入地理解和掌握教学技能。

2. 教育心理学培训对教师工作的促进作用

教育心理学培训对于教师的工作具有重要的促进作用。了解学生的心理特点和学习规律，可以帮助教师更好地指导学生，提高教学效果。通过教育心理学培训，教师可以学习如何识别和解决学生的学习困难，如何激发学生的学习兴趣和动力，以及如何建立积极的师生关系。

在教育心理学培训中，可以通过讲座、案例分析、角色扮演等方式，让教师深入了解学生的心理需求和行为特点。同时，也可以引导教师反思自己的教学实践，探索如何更好地应用教育心理学原理来改进教学方法和手段。

3. 现代教育技术应用培训的必要性与内容设计

随着信息技术的快速发展，现代教育技术在教学中的应用越来越广泛。因此，对教师进行现代教育技术应用培训显得尤为重要。通过培训，教师可以了解和掌握各种现代教育技术工具和设备的使用方法，提高教学效果和效率。

现代教育技术应用培训的内容可以包括多媒体教学软件的使用、网络教学资源的搜索与利用、在线教学平台的操作等。在培训过程中，可以结合教师的实际需求和教学场景，设计具有针对性和实用性的培训内容。同时，也可以鼓励教师积极探索和创新，将现代教育技术与传统教学相结合，形成独具特色的教学模式和方法。

（二）提供个性化的职业发展指导与支持

1. 制定个性化的职业发展计划

为了促进教师的持续发展，高校需要为教师制定个性化的职业发展计划。这一计划应根据每位教师的专业背景、教学经验、个人兴趣和职业目标来量身定制。通过设定明确、可实现的短期和长期目标，教师可以有针对性地提升自己的教学、科研和团队合作能力。

在制定职业发展计划时，高校可以与教师进行一对一的咨询和讨论，确保计划既符合教师的个人需求，也与高校的整体发展战略相契合。此外，计划应具有灵活性，能够根据教师职业发展的实际情况进行调整和优化。

2. 提供职业咨询和辅导服务

教师在职业发展过程中可能会遇到各种困惑和挑战，因此，高校应提供专业的职业咨询和辅导服务。这些服务可以包括职业规划指导、职业心理咨询、教学技能提升辅导等，旨在帮助教师解决职业发展中的具体问题，增强职业满意度和成就感。

职业咨询和辅导服务应由经验丰富的专业人士提供，他们能够通过倾听、引导和反馈，帮助教师认清自己的职业定位和发展方向。同时，这些服务还应注重实效性，为教师提供具体可行的建议和解决方案。

3. 支持教师参与国内外学术交流与进修学习

为了拓宽教师的视野，提升其学术水平和专业素养，高校应积极支持教师参与国内外学术交流活动和进修学习。这不仅可以为教师提供与同行交流、学习的机会，还有助于他们了解最新的学术动态和教育理念。

高校可以为教师提供经费支持、时间安排等方面的便利，鼓励他们参加国内外学术会议、研讨会和短期培训课程。同时，也可以与国内外知名高校和研究机构建立合作关系，为教师提供长期的进修学习机会。通过这些措施，教师可以不断更新自己的知识体系和教学方法，为高校的教学质量提升和科研创新做出更大的贡献。

二、完善教师评价机制

科学的评价机制是激发教师工作积极性和创造力的重要手段。高校应完善教师评价机制，以全面、客观、公正地评价教师的工作绩效。

（一）建立多元化的评价体系

1. 教学评价的完善与创新

教学评价是教师评价体系中的重要组成部分。为了更全面地评估教师的教学水平，高校应完善教学评价的内容和方法。除了传统的课堂教学质量评价外，还可以引入学生对教师教学效果的反馈、教师同行的听课评价以及专家评审等多种方式。这样可以从多个角度获取对教师教学的全面评价，避免单一评价来源的主观性和片面性。

同时，教学评价还应注重创新。例如，可以利用现代教育技术手段，开展在线教学评价，通过大数据分析教师的教学行为和学生的学习效果，为教学评价提供更科学、客观的依据。

2. 科研评价的深化与拓展

科研评价是衡量教师科研能力和学术水平的重要指标。传统的科研评价主要关注论文发表、项目承担等方面，但这种方式容易忽视科研成果的实际应用价值和社会影响力。因此，高校应深化和拓展科研评价的内容，将科研成果的转化率、社会服务效果等纳入评价体系。

此外，科研评价还应注重团队合作和学科交叉。在评价教师的科研成果时，应充分考虑教师在团队中的贡献以及跨学科合作的成果，以鼓励教师积极参与团队合作，推动学科交叉融合。

3. 社会服务评价的引入与实施

社会服务是高校教师的重要职责之一，也是教师评价中不可忽视的方面。高校应引入社会服务评价，以衡量教师在社会服务方面的贡献。社会服务评价可以包括教师参与社会公益活动、提供专业技术支持、推动产学研合作等方面。

在实施社会服务评价时，高校应建立明确的评价标准和程序，确保评价的公正性和客观性。同时，还应为教师提供参与社会服务的机会和平台，激发他们的社会责任感和使命感。

（二）确保评价结果的公正性与有效性

1. 建立公开透明的评价程序和标准

为了确保评价结果的公正性，高校应建立公开透明的评价程序和标准。评价程序应明确各个环节的职责和要求，确保评价过程的规范性和可操作性。评价标准应具体、明确，能够全面反映教师的工作绩效和特点。

同时，高校还应将评价程序和标准向全体教师公开，接受教师的监督和反馈。这样可以增加评价的透明度，减少主观因素和人为干扰，确保评价结果的公正性。

2. 加强对评价数据的分析和利用

为了提高评价结果的有效性，高校应加强对评价数据的分析和利用。通过对评价数据进行深入挖掘和分析，可以发现教师在工作中的优势和不足，为教师提供个性化的职业发展建议和改进措施。

同时，高校还应将评价数据与教师的职称晋升、薪酬激励等挂钩，以体现评价结果的导向性和激励性。这样可以激发教师的工作积极性和创造力，推动他们不断提升自己的工作绩效。

3. 建立有效的反馈机制和改进措施

为了确保评价结果的公正性和有效性，高校还应建立有效的反馈机制和改进措施。在评价结束后，应及时向教师反馈评价结果，明确指出教师在工作中的优点和不足，并提供具体的改进建议。

同时，高校还应根据评价结果制定针对性的改进措施，帮助教师改进自己的工作方式和方法，提高工作效率和质量。这样可以形成良性的循环机制，推动教师评价体系的不断完善和优化。

三、营造良好的校园文化氛围

良好的校园文化氛围有助于激发教师的归属感和创造力，提升教师队伍的整体素质。

（一）倡导尊重、包容、合作的校园文化

1. 尊重每位教师的个性和差异

高校作为一个汇聚多元人才和知识的地方，应当充分尊重每位教师的个性和差异。每个教师都有自己独特的教学风格、学术观点和生活方式，这些都是他们个人魅力和价值的体现。高校应当建立一个公平、公正的环境，让每位教师都能够在这里找到属于自己的位置，发挥自己的长处。

尊重教师的个性和差异，也意味着要给予他们足够的自由和空间去发展自己的专长和兴趣。高校可以通过提供多样化的教学和研究资源，以及灵活的工作安排，来满足不同教师的需求。这样不仅能够激发教师的工作热情，还能够促进他们不断创新和进步。

2. 包容不同的学术观点和教学风格

学术自由是高校精神的重要组成部分，而包容不同的学术观点和教学风格则是实现学术自由的重要保障。高校应当鼓励教师提出新颖的、有创见的学术观点，允许他们在课堂上尝试不同的教学方法和手段。这种包容性不仅能够激发教师的创造力，还能够为学生提供更加多元、丰富的学习体验。

为了实现这种包容性，高校可以定期组织学术交流活动，让教师之间分享彼此的研究成果和教学经验。同时，也可以建立一种开放、透明的评价机制，让教师能够在一个公平、公正的环境中竞争和发展。

3. 鼓励教师之间的合作与交流

合作与交流是促进教师成长和发展的重要途径。高校应当鼓励教师之间开展多种形式的合作，如共同承担研究项目、联合开设课程等。这种合作不仅能够集思广益、提高研究水平，还能够增进教师之间的友谊和信任。

同时，高校也应当为教师提供充足的交流机会，如组织定期的学术研讨会、座谈会等。这些活动可以让教师及时了解最新的学术动态和教育理念，拓宽他们的视野和思路。通过交流与合作，教师可以相互学习、共同进步，为高校的发展贡献自己的力量。

（二）举办丰富多彩的校园文化活动，促进教师间的交流与合作

1. 学术讲座与研讨会：深化教师学术交流

高校可以定期举办各类学术讲座和研讨会，邀请校内外专家学者就前沿研究领域、教育教学方法等议题进行深入探讨。这类活动不仅能为教师们提供一个了解学术前沿、拓宽知识视野的平台，还能促进不同学科教师之间的交流与合作。通过学术讲座和研讨会，教师们可以分享自己的研究成果，汲取他人的研究经验，从而在学术上取得更大的进步。

2. 教学技能竞赛与展示：提升教师教学能力

为了激发教师们提升教学技能的积极性，高校可以组织教学技能竞赛和展示活动。这类活动可以包括教学设计、课堂组织、学生互动等多个环节，让教师们在实际操作中展示自己的教学才华。通过竞赛和展示，教师们可以相互学习、借鉴优秀的教学方法和手段，从而提高自己的教学水平。同时，这类活动还能增强教师之间的团队意识和协作精神，推动教师队伍整体素质的提升。

3. 文艺演出与体育活动：丰富教师业余生活，增进彼此情谊

除了学术和教学活动外，高校还可以组织各类文艺演出和体育活动，以丰富教师们的业余生活。这些活动可以为教师们提供一个放松身心、展示才艺的机会，同时也能增进彼此之间的了解和友谊。在文艺演出中，教师们可以通过歌舞、戏剧等形式表达自己的情感和才华；在体育活动中，教师们可以共同参与、团结协作，培养团队精神和合作意识。通过这些活动，高校可以营造一个积极向上、充满活力的校园文化氛围，进一步激发教师们的工作热情和创造力。

四、加强与外部的合作与交流

加强与外部的合作与交流是高校教师队伍建设的重要途径之一。通过与其他高校及研究机构的合作与交流，可以拓宽教师的视野，提高教师的专业素养和教学能力。

（一）积极寻求与国内外高校及研究机构的合作机会

1. 建立合作关系网络，拓宽合作渠道

高校应主动出击，与国内外知名高校及研究机构建立稳定的合作关系。这包括但不限于签订合作协议、共同设立研究机构、开展合作项目等。通过建立广泛的合作关系网络，高校可以为教师提供更多的学术资源和合作机会，进而促进教师队伍整体素质的提升。

2. 开展联合培养与教学研究项目

高校可以与其他高校及研究机构开展联合培养项目，共同培养学生，互派教师进行交流与学习。这不仅有助于学生获得更广阔的知识视野，也有助于教师之间互相学习、共同进步。同时，高校还可以联合开展教学研究项目，针对教育教学中的热点问题进行深入探讨，共同寻找解决方案，从而提升教师的教学水平和研究能力。

3. 资源共享，优势互补

每个高校和研究机构都有其独特的资源和优势，通过合作与交流，可以实现资源共享和优势互补。例如，一些高校可能在某个学科领域拥有强大的师资力量和研究基础，而其他高校可能在实践教学或国际交流方面有着丰富的经验。通过合作，双方可以充分利用各自的资源，共同提升教学质量和研究水平。

（二）鼓励教师参与国际学术交流与合作项目，拓宽国际视野

1. 提供国际学术交流平台与机会

高校应积极为教师提供国际学术交流的平台和机会。这包括组织教师参加国际会议、研讨会等活动，让他们能够直接与国际同行进行深入的学术交流和探讨。通过这些活动，

教师可以了解国际前沿的学术动态，拓宽自己的知识视野，同时也可以展示自己的研究成果，提升个人的学术影响力。

2. 支持教师参与国际合作研究项目

高校应支持教师参与国际合作研究项目，与国际同行共同开展科研工作。这不仅有助于提升教师的科研能力和水平，还可以促进国际间的科技成果共享和转化。通过参与国际合作研究项目，教师可以接触到更先进的科研理念和方法，拓展自己的研究思路，同时也可以为高校引进更多的国际先进科技成果。

3. 加强外语培训与跨文化交流能力培养

为了更好地参与国际学术交流与合作项目，教师需要具备良好的外语水平和跨文化交流能力。因此，高校应加强外语培训，提高教师的外语水平，使他们能够更顺畅地与国际同行进行交流。同时，高校还应注重培养教师的跨文化交流能力，让他们能够更好地理解和适应不同文化背景下的学术环境和工作方式。这将有助于教师在国际学术交流与合作中取得更好的成果。

第四章　新时代高校教师的选拔与引进

第一节　选拔标准与程序

一、选拔标准

（一）学术背景与专业能力要求

在新时代，高校教师的选拔首要关注的是候选人的学术背景与专业能力。这是因为高校教师的核心任务是传授知识和进行科学研究，因此他们必须具备扎实的学术基础和深厚的专业知识。

1. 学术背景

在新时代的高校教师选拔中，学术背景成为了衡量一个候选人是否适合担任教职的重要标准。学术背景不仅仅代表着一个人的教育经历，更体现了其在学术领域的积累、沉淀以及对专业知识的理解深度。

从教育程度来看，高校教师通常要求具备较高的学历，尤其是博士学位几乎成为了进入高校任教的门槛。博士学位不仅代表着一个人在某个专业领域内的学术水平和专业知识，还意味着其经过了严格的学术训练，具备了独立研究的能力。这种能力对于高校教师而言是至关重要的，因为他们不仅需要传授知识，更要能够引导学生进行科学研究，培养他们的创新思维和实践能力。

毕业学校的知名度成为了衡量候选人学术背景的一个重要方面。毕业于国内外知名高校往往意味着候选人接受了更为优质的教育资源和更为严谨的学术训练。这些高校通常拥有雄厚的师资力量和先进的实验设备，能够为学生提供更好的学习环境和更多的实践机会。因此，毕业于这些高校的候选人在学术上往往更具优势，也更容易受到选拔委员会的青睐。

学术成果是评价候选人学术背景的另一重要指标。发表学术论文、参与科研项目、获得学术奖项等都是衡量一个人学术水平的重要依据。在国内外权威期刊上发表学术论文，尤其是被高度引用的论文，不仅代表着候选人的研究成果得到了学术界的认可，还体现了其在该领域内的专业性和影响力。这种影响力对于提升高校的学术声誉和吸引优质生源具有重要意义。

2. 专业能力

专业能力是衡量一个高校教师是否胜任其职位的关键标准。在新时代，随着知识的不断更新和科学技术的飞速发展，高校教师需要具备扎实的专业基础知识和卓越的专业技能，以适应不断变化的教育环境和学术需求。

深厚的专业基础知识是高校教师专业能力的基石。这包括对所学专业的核心概念、理论和实践方法的全面理解和掌握。一个具备扎实专业基础知识的教师能够更准确地传授学科知识，帮助学生建立起完整的知识体系。同时，他们还能够根据学科发展的最新动态，不断更新和拓展自己的知识储备，保持与时俱进。

熟练掌握并运用各种专业技能和工具是高校教师必备的能力。这包括但不限于数据分析、实验研究、文献检索和论文撰写等方面的技能。一个技能全面的教师能够更高效地进行科学研究和教学工作，提高学生的实践能力和创新思维。此外，他们还能够利用现代科技手段，如多媒体教学和在线教育平台等，提升教学效果和学习体验。

除了专业知识和技能外，解决实际问题的能力是高校教师专业能力的重要组成部分。在教学过程中，教师可能会遇到各种突发情况和复杂问题，如学生的学习困难、实验设备的故障等。一个具备解决实际问题能力的教师能够迅速应对这些情况，确保教学活动的顺利进行。同时，他们还能够引导学生面对并解决问题，培养学生的批判性思维和创新能力。

在选拔过程中，评估候选人的专业能力至关重要。通过设置专业测试或要求候选人展示其专业成果等方式，选拔委员会可以更全面地了解候选人的专业水平和实践能力。这些评估结果将为选拔决策提供有力依据，确保选拔出具备优秀专业能力的高校教师。

（二）教学经验与教育理念考察

1. 教学经验

教学经验对于高校教师而言，其重要性不言而喻。一个有着丰富教学经验的教师，往往能够更自如地驾驭课堂，为学生提供更加深入、系统的知识传授。教学经验并不仅仅是指教龄的长短，更包括教师在实际教学过程中积累的种种技巧、方法和心得体会。

教学经验丰富的教师通常具备出色的课堂组织能力。他们知道如何合理安排教学内容，使得每一堂课都紧凑而富有成效。这样的教师能够根据学生的实际情况，灵活调整教学进度和难易程度，确保每位学生都能在课堂中有所收获。

富有教学经验的教师更懂得如何激发学生的学习兴趣。他们了解学生的心理特点和学习需求，能够运用生动的案例、有趣的实验或互动的游戏等方式，让学生在轻松愉快的氛围中掌握知识。这种寓教于乐的教学方法，不仅能够提高学生的学习效率，还能培养他们的学习兴趣和自主学习能力。

教学经验丰富的教师在评估学生的学习效果方面也有着独到的见解。他们不会仅仅依赖于传统的笔试或口试来评价学生，而是会结合学生的课堂表现、作业完成情况以及小组讨论等多方面的信息，来全面、客观地评估学生的学习成果。这种多元化的评价方式，不仅能够更准确地反映学生的实际水平，还能及时发现并解决学生在学习过程中遇到的问题。

在选拔高校教师的过程中，对候选人教学经验的考察是至关重要的。通过了解候选人的教学经历、观摩其教学示范课以及与其就教学问题进行深入交流等方式，我们可以更全面地评估其教学经验是否丰富、教学方法是否得当以及教学效果是否显著。只有选拔出那些具备丰富教学经验和优秀教学能力的教师，才能确保高校的教学质量得到不断提升。

2. 教育理念

教育理念是教育工作的灵魂，它指导着教师的教学行为和教育决策，对于培养什么样的人、怎样培养人具有根本性的指导意义。在高校教师的选拔中，考察候选人的教育理念是至关重要的环节。

一个优秀的教师，其教育理念应当是以学生为中心的。这意味着教师需要关注学生的全面发展，尊重学生的个性差异，致力于激发学生的学习兴趣和潜能。在这种教育理念的指导下，教师会更加注重学生的实际需求，灵活调整教学方法和策略，以满足不同学生的学习风格和兴趣。这样的教学理念有助于培养学生的自主学习能力、批判性思维和创新精神，为他们未来的职业发展和终身学习打下坚实的基础。

同时，先进的教育理念还强调创新精神的培养。在知识更新迅速、社会变革加剧的今天，创新精神显得尤为重要。一个具有创新精神的教师，不仅能够不断探索新的教学方法和手段，提高教学效果，还能够鼓励学生勇于尝试、敢于创新，培养他们的创新意识和实践能力。这样的教育理念有助于培养出更多具有创新精神的人才，为社会的进步和发展提供源源不断的动力。

在选拔高校教师时，我们可以通过多种方式考察候选人的教育理念。例如，可以设置相关的面试问题，让候选人阐述自己的教育理念及其实践经验；还可以邀请候选人参加教学研讨会或模拟教学场景，观察其在实际教学中的表现和教育理念的应用情况。通过这些考察方式，我们能够更全面地了解候选人的教育理念是否先进、是否符合高校教育的目标和要求。

（三）科研能力与成果评估

1. 科研能力

在选拔高校教师的过程中，对候选人科研能力的评估是至关重要的环节。科研能力不仅反映了教师的学术素养，更是衡量其能否在高等教育和学术领域中发挥重要作用的标准。因此，在选拔过程中，我们需要全面、深入地考察候选人的科研能力。

关注候选人的科研经历。参与过重大科研项目的教师，通常具备更强的研究能力和团队协作精神。他们在项目中积累的经验，使他们能够更快速地适应新的研究环境，更有效地开展研究工作。因此，在选拔时，我们应详细询问候选人的科研经历，了解他们过去参与的项目类型、规模以及在其中扮演的角色。

掌握先进的科研方法和技术是科研能力的重要体现。随着科学技术的不断发展，新的研究方法和技术层出不穷。一个优秀的科研人员应该具备学习和掌握这些新方法、新技术的能力，以便在研究中取得更好的成果。在选拔过程中，我们可以通过面试、笔试等方式，考察候选人对科研方法和技术的掌握程度以及应用能力。

此外，对科研的热情和态度也是评估科研能力的重要因素。一个对科研充满热情的教师，会全身心地投入到研究中，不断探索和创新。他们在面对困难和挑战时，能够保持积极的心态，寻求解决问题的方法。因此，在选拔时，我们应关注候选人对科研的热情和态度，判断他们是否具备成为优秀科研人员的潜质。

创新思维和解决问题的能力是科研能力的核心。在科研过程中，遇到问题和挑战是不可避免的。一个优秀的科研人员应该具备创新思维，能够从不同的角度思考问题，提出新的解决方案。同时，他们还应具备解决问题的能力，能够迅速找到问题的症结所在，提出有效的解决方案。在选拔过程中，我们可以通过案例分析、小组讨论等方式，考察候选人的创新思维和解决问题的能力。

2. 科研成果

科研成果是直观反映高校教师科研实力与学术价值的重要指标，因此在选拔高校教师的过程中，对科研成果的评估显得尤为重要。科研成果不仅体现了候选人在某一领域的研究深度与广度，更是其创新思维、实践能力和学术影响力的综合展现。

学术论文作为科研成果的主要形式之一，是我们评估的重点。候选人过去发表的学术论文，特别是高质量、高影响因子的论文，能够有力证明其在相关领域的学术造诣。我们需要仔细审查论文的发表刊物、被引频次以及论文的创新性和实用性，从而全面评估论文的学术价值。

专利成果是评估候选人科研实力的重要依据。专利的申请和授权情况反映了候选人在技术创新和知识产权保护方面的能力。我们需要关注候选人申请的专利类型、数量以及专利的商业价值和应用前景，以此来判断其在科研创新和技术转化方面的实力。

此外，新产品或技术的开发也是科研成果的重要体现。候选人如果能够将其研究成果转化为实际的产品或技术，不仅证明了其科研实力，更展现了其实践能力和市场洞察力。我们需要了解候选人在新产品或技术开发方面的经验和成果，以此来评估其在产学研结合方面的能力。

在评估科研成果时，我们还应注重成果的真实性和价值性。为了确保这一点，我们可以通过查阅相关数据库、联系论文合作者或专利共同申请人等方式进行核实。同时，我们还可以邀请行业专家对候选人的科研成果进行匿名评审，以获取更为客观、全面的评价。

（四）个人品质与团队协作能力考量

1. 个人品质

在高校教师的选拔过程中，个人品质的考量占据着举足轻重的地位。这是因为，高校教师的个人品质不仅关乎其个人的道德修养，更直接影响着教育工作的质量和学生的成长。一个优秀的教师，除了具备扎实的专业知识和教学技能外，还应拥有高尚的道德品质和职业操守。

道德品质是教师个人品质的核心。教师作为学生成长过程中的重要引导者，其言行举止都会对学生产生深远的影响。因此，教师必须具备高尚的道德品质，如诚实守信、尊老爱幼、热爱祖国和人民等，这些品质将潜移默化地影响着学生，帮助他们树立正确的价值观和人生观。

职业操守是选拔高校教师时不可忽视的方面。教师应恪守教育职业道德，尊重每一个学生，不偏不倚地对待每一个学生，不因学生的家庭背景、学习成绩等因素而有所偏颇。同时，教师还应保守教育机密，不泄露学生的个人信息和考试成绩，以维护教育的公平性和公正性。

责任心是教师个人品质的重要体现。一个负责任的教师会时刻关注学生的成长和发展，用心备好每一堂课，认真批改每一次作业，及时解答学生的疑惑。他们会把学生的进步和成长看作是自己最大的荣耀，用实际行动诠释着“为人师表”的崇高使命。

此外，沟通能力也是高校教师必备的个人品质之一。良好的沟通能力有助于教师更好地理解学生的需求和困惑，从而提供更有针对性的指导和帮助。同时，教师还需要通过有效的沟通来与家长、同事和学校领导等各方建立良好的合作关系，共同促进学生的全面发展。

在选拔高校教师时，我们应通过面试、试讲、实地考察等多种方式来全面评估候选人的个人品质。只有选拔出那些具备高尚品质的教师，才能确保他们能够在未来的教育工作中发挥积极作用，为学生的成长和发展提供有力的支持。

2. 团队协作能力

在高校的教育环境中，团队协作能力对于教师而言至关重要。这不仅因为教育工作本身需要多方合作，还因为团队协作能力直接反映了教师的综合素质和适应复杂工作环境的能力。

团队协作能力体现了教师的沟通技巧和合作精神。在团队中，每个成员都有自己的专业背景和技能特长，如何将这些不同的元素融合在一起，形成统一的教育目标，就需要教师具备良好的沟通技巧。他们需要能够清晰、准确地表达自己的想法，同时也要善于倾听他人的意见，这样才能确保团队内部的顺畅交流。

团队协作能力要求教师具备处理冲突和问题的能力。在团队合作过程中，难免会遇到各种问题和挑战，甚至可能出现意见分歧和冲突。这时，教师需要展现出冷静、理智的态度，通过协商和调解来解决问题，维护团队的稳定和和谐。

团队协作能力反映了教师的责任感和大局意识。在团队中，每个成员都扮演着不可或缺的角色，每个人的工作都直接影响着团队的整体表现。因此，教师需要对自己的工作负责，对团队负责，以确保教育工作的顺利进行。

在选拔高校教师时，我们可以通过观察候选人在团队活动中的表现来评估其团队协作能力。例如，可以组织一些小组讨论或模拟教学场景等活动，让候选人在实际操作中展现其团队合作能力。同时，我们还可以参考候选人过去的团队工作经验和成果，以及他们在面对团队挑战时的应对策略和态度。

二、选拔程序

（一）公开招聘信息发布

1. 信息发布的公平、公正、公开原则

高校在选拔教师的过程中，首先要确保的是选拔的公平、公正和公开。这一原则不仅体现在整个选拔流程中，更首先从招聘信息的发布开始。公开招聘信息是吸引人才的第一步，也是展示高校诚意和透明度的重要环节。因此，高校在发布信息时，必须确保所有内容真实、准确，不含有任何歧视性或误导性的条款。

2. 明确招聘的关键信息

招聘信息中应包含岗位名称、招聘人数、工作地点、职责描述、任职要求、薪酬待遇等关键内容。这些信息对于应聘者来说至关重要，能够帮助他们快速了解岗位情况，并判断自己是否适合申请。高校在拟定这些信息时，应充分考虑岗位的实际需求和学校的长远发展，确保招聘到的人才能够真正为学校带来价值。

3. 多渠道进行信息发布

为了扩大招聘信息的覆盖面，高校应通过多种渠道进行发布。除了学校官网这一权威渠道外，还可以利用各类招聘网站、教育行业相关平台以及社交媒体等。多渠道发布不仅可以增加信息的曝光率，还能吸引更多不同背景的优秀人才前来应聘。

（二）简历筛选与初步评估

1. 关注重点信息的筛选

在收到大量简历后，高校的人力资源部门需要进行细致的筛选工作。筛选时应重点关注应聘者的教育背景、工作经验、专业技能和学术成果等与招聘岗位密切相关的信息。这些信息能够直接反映应聘者的专业素养和综合能力，是判断其是否适合该岗位的重要依据。

2. 特定能力与经历的考察

除了基本的教育背景和工作经验外，高校还可以根据招聘岗位的特定要求，对应聘者的某些特定能力或经历进行筛选。例如，如果招聘岗位需要具备一定的实验操作能力，那么在简历筛选时就可以特别关注那些具有实验室工作或相关研究经历的应聘者。

3. 潜力候选人的挑选

通过简历筛选和初步评估，高校可以筛选出一批具有潜力的候选人进入下一轮的选拔流程。这些候选人不仅在专业背景和能力上符合招聘要求，还展现出了一定的发展潜力和可塑性。

（三）面试安排与流程设计

1. 面试计划的周密制定

面试是选拔过程中的关键环节，因此高校需要制定周密的面试计划。这包括确定面试的时间、地点、面试官人选以及具体的面试内容和形式等。面试计划应确保整个面试过程有序、高效，并能够全面评估候选人的各项能力。

2. 面试内容的深度与广度

在面试过程中，高校应注重考察候选人的专业素养、教学能力、科研能力以及沟通表达能力等。通过设置合适的问题和场景，引导候选人充分展示自己的能力和经验。同时，面试官还应注意观察候选人的言谈举止和应变能力，以更全面地了解其综合素质。

3. 实际教学与科研场景的模拟

为了更好地评估候选人的实际能力，高校可以在面试中设置一些模拟的教学或科研场景。例如，让候选人进行一段简短的教学演示或解决一个具体的科研问题。这样的模拟场景不仅能够帮助高校更准确地判断候选人的专业能力，还能让候选人更深入地了解岗位的实际工作内容和要求。

（四）试讲或教学能力测试

1. 教学能力的重要性

对于高校教师而言，教学能力是衡量其是否胜任该岗位的重要标准之一。因此，在选拔过程中进行试讲或教学能力测试是必不可少的环节。这一环节可以有效地评估候选人的教学水平和风格，以及他们与学生的互动能力。

2. 现场教学演示的要求

在进行试讲或教学能力测试时，高校应为候选人提供一个具体的教学主题或课程内容，并要求他们进行现场教学演示。演示过程中，候选人需要充分展示自己的教学技巧、知识储备和互动能力。同时，他们还需要根据学生的反应和提问进行灵活的调整，以展现出自己的应变能力和专业素养。

3. 评价方式的客观性与准确性

为了确保评价的客观性和准确性，高校可以邀请相关专业的学生或教师作为评委对候选人的教学表现进行打分和点评。这样的评价方式能够从多个角度全面反映候选人的教学水平，增加评价的可靠性和有效性。

（五）综合评价与最终决策

1. 全方位的综合评价

在完成以上各个环节的选拔后，高校需要对候选人的整体表现进行综合评价。这一评价应综合考虑候选人的学术背景、专业能力、教学经验、教育理念以及个人品质和团队协作能力等多个方面。通过全方位的评价，高校能够更准确地了解候选人的优势和不足，为最终决策提供依据。

2. 公平公正的决策原则

在做出最终决策时，高校必须遵循公平公正的原则。这意味着选拔结果应客观准确，不受任何非专业因素的影响。为了确保这一原则的实施，高校可以建立由多个相关部门组成的决策小组进行共同商议和决策。同时，决策过程应公开透明，接受校内外的监督。

3. 额外的验证环节

在必要时，高校还可以根据实际情况对候选人进行背景调查或实地考察等额外环节以进一步验证其真实性和适应性。这些额外环节可以为高校提供更多关于候选人的信息，帮助高校做出更明智的决策。最终，经过严格选拔和综合评价后，高校应选出最适合招聘岗位的候选人并与其签订劳动合同正式成为高校教师的一员。

第二节 引进策略与渠道

一、引进策略

（一）需求分析：确定引进教师的学科方向和层次

1. 学科方向分析

在新时代的高等教育领域，高校的发展与其学科方向的明确和优势学科的建设密不可分。为了提升学校的整体竞争力，高校需要精准地确定引进教师的学科方向，这一步骤对于高校的长远发展具有举足轻重的意义。

高校应深入理解自身的办学特色和学科优势。每所高校都有其独特的历史积淀和学科传统，这些是构成学校核心竞争力的关键要素。因此，在进行教师引进时，高校应优先考虑那些与学校办学特色和学科优势相契合的人才。例如，如果一所高校在机械工程领域有着深厚的研究底蕴和教学经验，那么引进机械工程领域的优秀教师将能够进一步强化这一学科优势。

高校需要密切关注当前及未来一段时间内学科发展的重点方向。随着科技的飞速进步和社会的不断发展，新的学科领域和研究方向不断涌现。高校应保持敏锐的市场洞察力，及时捕捉这些新兴学科的发展动态，并据此调整自身的学科布局和教师引进策略。例如，随着人工智能技术的日益成熟和广泛应用，高校可以考虑引进在这一领域具有深厚研究背景和实践经验的人才，以推动学校在人工智能领域的教学和研究工作。

高校应注重学科的交叉融合。在当今这个知识爆炸的时代，单一学科的研究已经难以满足复杂多变的社会需求。因此，高校需要鼓励不同学科之间的交叉融合，培养具有创新精神和跨学科思维的人才。在引进教师时，高校可以优先考虑那些具有多学科背景和跨学科研究经验的人才，他们将为学校带来新的研究视角和方法论，推动学校学科建设的创新发展。

高校在进行学科方向分析时，应充分考虑国家和地方的发展战略需求。高校作为培养高素质人才和推动科技创新的重要基地，其学科建设和教师引进工作应与国家和地方的发展战略相契合。通过引进符合国家和地方发展需求的人才，高校可以更好地服务于社会经济发展，提升自身的社会影响力和办学实力。

2. 人才层次定位

确定引进教师的人才层次是高校人才引进策略中的关键环节。这不仅关系到学校的教学质量和科研水平，还直接影响到学校的整体发展战略。因此，高校需要根据自身的办学层次和定位，精准地确定所需引进教师的人才层次。

高校要明确自身的办学层次和定位。不同类型的高校，如研究型大学、教学型大学或应用型大学，对教师的需求和期望是不同的。研究型大学通常更注重教师的科研能力和学术影响力，以期通过高水平的科研成果来提升学校的整体实力。因此，这类高校在引进教师时，应优先考虑具有卓越科研成果和学术声誉的学者。

对于教学型大学而言，教学质量和学生满意度是评价教师工作的重要指标。因此，这类高校在引进教师时，应更注重教师的教学经验、教学方法和教学效果。他们需要的是那些能够激发学生学习热情、提高学生实践能力的优秀教师。

应用型大学则更注重教师的实践经验和行业背景，以期通过教师的实践经验来增强学生的职业素养和就业竞争力。因此，这类高校在引进教师时，应优先考虑具有丰富实践经验和行业资源的教师。

高校在确定引进教师的人才层次时，还需考虑学校的长期发展战略。如果学校计划在未来几年内提升某个学科的实力或开拓新的研究领域，那么在引进教师时就应更加注重相关领域的专业人才。同时，为了保持学校的持续创新和发展，高校还应适当引进一些具有创新精神和跨学科研究能力的年轻学者。

高校在确定引进教师的人才层次时，还应充分考虑学校现有教师队伍的结构和特点。通过引进不同层次和背景的教师，可以丰富学校的教师队伍，提升教学和科研的多样性。同时，高校还应注重教师队伍的梯队建设，确保不同年龄段和职称层次的教师能够形成良好的互补和协作关系。

（二）政策制定：提供具有竞争力的薪酬待遇和职业发展机会

在明确了引进需求后，高校需要制定具有吸引力的政策来吸引和留住人才。这主要包括提供具有竞争力的薪酬待遇和广阔的职业发展空间。

1. 薪酬待遇

薪酬待遇是吸引和留住人才最直接、最有效的手段之一。在制定引进教师的政策时，高校必须高度重视薪酬待遇这一关键环节。合理的薪酬不仅是对教师工作价值的认可，更是对他们未来贡献的期待和激励。

高校应确立一个公平、透明且具有市场竞争力的薪酬体系。这意味着，高校需要深入调研同行业内相似岗位的薪酬水平，确保自身提供的薪酬能够与市场接轨，甚至略胜一筹。基本工资作为教师稳定收入的来源，应当设定在合理且吸引人的水平，以体现对教师基本生活需求的尊重和保障。

绩效奖金的设置是薪酬待遇中的重要一环。它旨在激励教师更好地完成教学任务、开展科研工作以及参与社会服务。绩效奖金的发放应公开、公正，与教师的工作实绩紧密挂钩，从而激发教师的工作热情和创新能力。

此外，高校还可以提供一系列福利待遇，如住房补贴、子女教育等，以解决教师的后顾之忧。住房补贴可以帮助新引进的教师更快地适应新环境，减轻他们在住房方面的经济压力。而优质的子女教育资源则能够让教师更加专心地投入到工作中，不必担心孩子的教育问题。

2. 职业发展机会

在为引进的教师提供具有竞争力的薪酬待遇的同时，高校还必须关注他们的职业发展机会。一个优秀的教师不仅看重当前的待遇，更看重未来的发展前景和个人的职业成长。

高校应该为引进的教师规划出清晰的职业发展路径。这包括明确教师职业晋升的渠道和标准，让他们知道自己在学校中的发展方向和目标。通过设立合理的晋升机制，如从讲师到副教授、教授等职称的晋升通道，可以激发教师的职业追求和上进心。

同时，高校还应积极为教师提供各类培训和发展机会。例如，定期组织内部或外部的专业培训、研讨会和学术交流活动，帮助教师提升专业技能和拓宽知识视野。这些活动不仅能够提升教师的专业素养，还能够促进他们与同行之间的交流和合作。

此外，高校还可以通过设立青年教师发展基金等方式，特别支持年轻教师的职业发展。该基金可以用于资助青年教师的科研项目、参加国内外学术会议或进行短期的访学研究等。这样的支持不仅能够加快青年教师的成长速度，还能够提升他们在学术界的影响力。

（三）环境营造：打造良好的学术氛围和教学条件

除了物质待遇外，高校还需要为引进的教师营造良好的学术氛围和教学条件。这有助于他们更好地融入学校环境，发挥自身的专业优势。

1. 学术氛围

在吸引和留住优秀教师的过程中，高校所营造的学术氛围起着至关重要的作用。一个积极、健康、富有活力的学术环境，不仅能够激发教师的创新思维，还能促进他们之间的深度交流与合作，从而提升整个学校的学术水平和影响力。

高校应致力于培育一种尊重知识、崇尚创新的学术文化。这种文化应鼓励教师勇于探索未知领域，敢于挑战传统观念，以科学的态度对待学术研究。为了实现这一目标，高校可以定期举办各类学术讲座、研讨会和论坛，邀请校内外专家学者进行交流和分享，为教师提供一个展示自己研究成果和思想的平台。

高校应积极推动教师之间的跨学科交流与合作。在当今这个知识爆炸的时代，单一学科的研究已经难以满足复杂多变的社会需求。因此，高校需要打破学科壁垒，鼓励不同学科背景的教师进行深度交流与合作，共同探索新的研究领域和方向。这种跨学科的交流与合作，不仅能够拓宽教师的学术视野，还能激发他们的创新思维，推动学校学术研究的全面发展。

此外，高校还应支持教师参与国内外学术会议和合作项目。通过参加学术会议，教师可以及时了解本领域的最新研究成果和动态，与国内外同行进行深入的交流与探讨；通过合作项目，教师可以与其他研究机构和企业建立紧密的合作关系，共同推动科研成果的转化和应用。这些活动不仅能够提升教师的学术水平和影响力，还能为学校带来更多的学术资源和合作机会。

2. 教学条件

良好的教学条件是吸引和留住人才的重要保障，也是提升教学质量和学生学习体验的关键因素。因此，高校应加大对教学设施的投入，不断改善和优化教学环境。

高校应重视教室、实验室等硬件条件的改善。这包括提供宽敞明亮的教室、先进完善的实验室设备以及高速稳定的网络环境等。这些硬件条件的改善，不仅能够提升教师的教学效率和质量，还能为学生的学习和研究提供更好的支持和保障。

高校应提供丰富的教学资源和辅助材料。这包括各类教材、参考书目、电子资源以及在线课程等。通过提供多样化的教学资源，高校可以帮助教师更好地备课和教学，同时也能满足学生个性化的学习需求。此外，高校还可以建立教学资源共享平台，鼓励教师之间进行教学资源的共享与交流，从而提升整个学校的教学水平和质量。

除了以上提到的硬件条件和教学资源外，高校还应注重教学软件的建设与更新。例如，可以引入先进的教学管理系统和在线学习平台，提升教学管理的效率和学生的学习体验。同时，高校还可以开展教师培训项目，帮助教师掌握现代教学技术和方法，提升他们的教学能力和水平。

二、引进渠道

（一）高校内部推荐与选拔

高校内部推荐与选拔是一种有效的引进渠道。这种方式主要依赖于学校现有教职员工的人脉资源和专业判断，通过内部推荐机制，发掘并吸引优秀人才加入。

1. 教职员工推荐

教职员工推荐是高校内部推荐与选拔机制中的重要一环。它充分利用了学校现有教职员工的人脉资源和专业判断，以发掘并吸引外部的优秀人才。这种推荐方式不仅高效，而且常常能够带来意想不到的优秀候选人。

教职员工身处教育行业，他们的社交圈子往往也集中在这一领域，因此他们有可能接触到许多具有潜力的学术人才或教育行业的佼佼者。通过鼓励教职员工推荐自己认识的优秀人才，高校可以拓宽人才搜索的范围，增加引进优秀人才的机会。

更重要的是，教职员工对学校的需求、文化和价值观有深入的了解。他们能够根据自己的观察和判断，更精准地推荐那些与学校发展理念和教学目标相契合的人选。这种精准匹配不仅可以提高人才引进的效率，还有助于新引进人才更快地融入学校环境，发挥其专业能力。

此外，内部推荐机制还能够增强教职员工的归属感和参与感。当他们推荐的人才被学校成功引进并得到认可时，推荐者会感到由衷的自豪和成就感。这种正面的反馈机制可以进一步激发教职员工对学校事务的关心和参与，形成良性的互动和循环。

为了充分发挥教职员工推荐的优势，高校可以设立相应的奖励机制，以激励更多的教职员工参与到人才推荐中来。同时，学校应确保推荐过程的公正性和透明度，避免出现任何形式的不正当行为。

2. 内部选拔

内部选拔是高校人才培养和激励机制的重要组成部分。通过从学校内部选拔表现优秀的教职员工，给予他们更多的发展机会，不仅可以激发员工的积极性和进取心，还有助于学校培养自己的骨干教师和管理团队。

内部选拔的优势在于它充分利用了学校现有的人才资源。学校在日常运营中积累了大量的教职员工信息和工作表现数据，这些数据为内部选拔提供了有力的依据。通过对这些数据的分析，学校可以准确地识别出那些具有潜力和能力的教职员工，为他们提供更多的发展机会。

此外，内部选拔还有助于提升教职员工的忠诚度和归属感。当员工看到自己的努力和表现得到了学校的认可，并获得了晋升和发展的机会时，他们会更加珍惜这份工作，并愿意为学校的发展贡献更多的力量。

在内部选拔过程中，高校应确保选拔标准的明确性和公正性。选拔标准应基于员工的工作表现、专业能力、领导才能以及团队合作精神等多个方面进行综合评估。同时，选拔过程应公开透明，避免出现任何形式的不公平现象。

为了提升内部选拔的效果，高校还可以结合员工培训计划和个人发展规划，为员工提供有针对性的培训和发展机会。这样不仅可以提升员工的专业技能和领导能力，还能为学校的长远发展储备更多的优秀人才。

（二）国内外学术招聘会

参加国内外学术招聘会是高校引进教师的重要途径。这类招聘会汇聚了大量优秀人才，为高校提供了与求职者面对面交流的机会。

1. 国内学术招聘会

国内学术招聘会是高校引进优秀人才的重要途径之一。这类招聘会通常会在各大城市定期举办，如“全国高校毕业生就业洽谈会”、“中国海归人才招聘会”等，为高校和求职者提供了一个直接交流的平台。在这些招聘会上，高校可以直接接触到大量优秀的求职者，通过面对面的交流和考察，更全面地了解他们的专业背景、技能水平和求职意愿。

参加国内学术招聘会，高校需要做好充分的准备工作。首先，要明确学校的招聘需求和目标，制定出详细的招聘计划和策略。其次，要准备好招聘宣传资料，如学校简介、招聘职位说明、薪酬待遇等，以便在招聘会上向求职者进行宣传。同时，还要组织好招聘团队，确保团队成员具备专业的招聘知识和良好的沟通能力。

在招聘会上，高校要积极主动地与求职者进行交流和互动。通过问询和了解求职者的专业背景、研究方向和实践经验，初步筛选出符合学校需求的优秀人才。此外，高校还可以通过招聘会了解行业的最新动态和人才需求趋势，为学校的人才引进和培养工作提供参考依据。

国内学术招聘会的优势在于其便捷性和针对性。高校可以在短时间内接触到大量优秀的求职者，提高招聘效率。同时，由于招聘会上的求职者大多具备较高的学术水平和专业素养，因此高校可以更有针对性地选拔适合学校发展的人才。

然而，国内学术招聘会也存在一定的局限性。由于参会人数众多，高校需要在有限的时间内对求职者进行筛选和评估，这可能会对招聘质量产生一定影响。此外，部分优秀人才可能因种种原因未能参加招聘会，从而导致高校错过一些潜在的优秀人才。

2. 国际学术招聘会

随着全球化进程的加速和高等教育国际化的深入发展，国际学术招聘会已成为高校引进海外优秀人才的重要途径。这类招聘会通常会在全球范围内举办，如“国际教育展”、“全球人才招聘会”等，为高校提供了接触和引进具有国际视野和跨文化沟通能力的优秀人才的机会。

参加国际学术招聘会，高校需要更加注重前期的准备工作和策划。首先，要对目标招聘地区和人才市场进行深入研究，了解当地的人才需求和供给情况。其次，要制定出具有吸引力的招聘策略和薪酬待遇，以吸引海外优秀人才的加入。同时，还要准备好相关的宣传资料和招聘材料，以便在招聘会上向海外人才展示学校的优势和特色。

在国际学术招聘会上，高校要积极主动地与海外人才进行交流和互动，了解他们的专业背景、研究方向和求职意愿。通过与海外人才的深入沟通，高校可以更准确地把握他们的需求和期望，从而制定出更具针对性的引进策略。此外，高校还可以通过招聘会了解国际教育的最新动态和趋势，为学校的教育教学改革提供参考依据。

国际学术招聘会的优势在于其全球性和多元性。高校可以在全球范围内寻找和引进具有国际视野和跨文化沟通能力的优秀人才，为学校的教学和科研工作注入新的活力和创新力。同时，通过与海外人才的交流和互动，高校还可以拓宽国际视野，加强与国际教育界的联系和合作。

然而，国际学术招聘会也存在一定的挑战和风险。由于海外人才的文化背景、教育经历和求职期望与国内人才存在差异，因此高校需要在引进过程中进行充分的沟通和协调。此外，海外人才的引进成本通常较高，高校需要在预算和资源配置方面进行合理规划。

（三）网络招聘平台与社交媒体

利用网络招聘平台和社交媒体进行人才引进已成为新时代高校招聘的新趋势。这些平台具有信息传播速度快、覆盖面广的优势，能够吸引更多潜在求职者关注。

1. 网络招聘平台

随着互联网的普及和发展，网络招聘平台已经成为高校引进人才的重要渠道。这些平台通过高效的信息传播和广泛的覆盖面，为高校和求职者搭建了一个便捷的沟通桥梁。

在众多的网络招聘平台中，如智联招聘、前程无忧等知名网站，凭借其强大的用户基础和完善的服务体系，已经成为高校发布招聘信息的首选。高校通过这些平台，不仅可以快速地将招聘信息传递给广大的求职者，还可以利用平台提供的筛选和匹配功能，更精准地定位到符合需求的人才。

网络招聘平台的优势在于其高效性和广泛性。首先，网络招聘平台具有信息传播速度快的特点。一旦高校发布招聘信息，平台便可以通过其强大的推送机制，迅速将信息传递给数百万甚至数千万的求职者，大大提高了招聘的效率和覆盖面。其次，这些平台通常拥有丰富的招聘功能和工具，如简历筛选、在线测试、视频面试等，可以帮助高校更加高效地筛选和评估求职者，从而提升招聘的质量和效率。

然而，网络招聘平台也存在一些挑战。由于网络信息的繁杂和虚假，高校需要在发布招聘信息时，确保信息的真实性和准确性，以避免误导求职者或造成不必要的纠纷。同时，高校还需要对收到的简历进行仔细的筛选和甄别，以确保选拔到真正符合需求的人才。

为了更好地利用网络招聘平台，高校可以采取以下策略：一是定期更新招聘信息，保持与求职者的实时互动；二是充分利用平台的各项功能和服务，提高招聘的效率和准确性；三是加强与平台的合作与沟通，及时解决招聘过程中遇到的问题和困难。

2. 社交媒体招聘

在数字化时代，社交媒体已经成为人们日常生活中不可或缺的一部分。微博、微信公众号等社交媒体平台不仅为人们提供了交流和分享的平台，也为高校招聘提供了新的渠道。

通过社交媒体发布招聘信息，高校可以迅速触达大量的潜在求职者。与传统的招聘方式相比，社交媒体招聘更具针对性和互动性。高校可以根据自身的需求和特点，定制个性化的招聘信息，并通过社交媒体的广泛传播，吸引更多符合条件的求职者关注并应聘。

此外，社交媒体还为高校提供了品牌宣传和文化传播的机会。通过发布学校的教育理念、校园文化、科研成果等内容，高校可以提升自身的知名度和影响力，进而吸引更多优秀的求职者加入。

然而，社交媒体招聘也面临着一些挑战。由于社交媒体的信息更新迅速且内容繁杂，高校需要精心设计招聘信息的内容和形式，以确保其能够在众多信息中脱颖而出。同时，高校还需要关注求职者在社交媒体上的反馈和评论，及时调整招聘策略，以满足求职者的需求和期望。

为了更好地利用社交媒体进行招聘，高校可以采取以下策略：一是明确招聘目标和定位，制定个性化的招聘信息；二是加强与求职者的互动和交流，及时解答他们的疑问和困惑；三是充分利用社交媒体的数据分析工具，评估招聘效果并不断优化招聘策略。同时，高校也应注意保护求职者的隐私和信息安全，避免泄露他们的个人信息和简历资料。

（四）合作高校及研究机构的推荐

与国内外高校及研究机构建立合作关系，通过他们的推荐引进优秀人才，是一种针对性强、效率高的引进方式。

1. 国内高校合作

与国内高校建立紧密的合作关系，对于人才的引进和培养具有深远的意义。中国的高等教育资源丰富，各高校在学科建设、师资队伍、科研实力等方面各有优势。通过校际合作，可以实现资源共享、优势互补，共同推动高等教育事业的发展。

与国内知名高校建立校际合作关系，可以为双方提供一个交流和学习的平台。通过定期的学术交流、教师互访、学生交换等活动，增进彼此之间的了解和友谊，为更深层次的合作奠定基础。这种合作模式不仅有助于提升各自的教学和科研水平，还能够为学生提供更广阔的学习视野和机会。

在人才引进方面，合作高校可以相互推荐优秀的毕业生或在职教师。这些人才在学术背景、教育理念和教学方法等方面都经过了严格的培训和筛选，具有较高的专业素养和教育能力。通过合作高校的推荐，可以更快地了解和掌握这些人才的专业特长和教学经验，从而提高引进人才的针对性和效率。

此外，国内高校合作还有助于推动区域教育均衡发展。不同地区的高校在教育资源、师资力量和科研实力等方面存在差异。通过校际合作，可以实现资源的优化配置和共享，促进教育公平和普及。这种合作模式不仅有利于提升整个区域的高等教育水平，还能够为地方经济社会发展提供更多的人才支持和智力保障。

在实施国内高校合作时，应注重以下几点：一是明确合作目标和定位，确保双方的合作具有针对性和实效性；二是建立有效的沟通机制和合作模式，确保双方能够顺畅地交流和协作；三是注重合作成果的评估和反馈，及时调整合作策略和方向，确保合作能够持续深入地开展下去。

2. 国际高校及研究机构合作

随着全球化进程的加速和高等教育国际化的趋势日益明显，与国际高校及研究机构建立合作关系显得尤为重要。这种合作不仅有助于引进具有国际视野和先进教育理念的优秀人才，还能够为学校带来新的教学方法和研究思路，推动学校的国际化进程。

与国际知名高校及研究机构建立合作关系，可以为双方提供一个更广阔的交流和学习平台。通过定期的学术交流、科研合作、师生互访等活动，增进对国际先进教育理念和教学方法的了解，提升自身的教学和科研水平。同时，这种合作模式还能够为学生提供更多的国际交流机会和更广阔的发展空间。

在人才引进方面，国际高校及研究机构的推荐具有独特的优势。他们推荐的人才通常具有丰富的国际教育背景和先进的教育理念，能够为学校带来新的思维和视角。这些人才的引进不仅可以丰富学校的师资队伍结构，提升整体的教学和科研实力，还能够为学校的国际化发展提供有力的支持。

此外，与国际高校及研究机构的合作还有助于推动学校的国际化战略实施。通过这种合作，可以引进国外的优质教育资源、先进的教学方法和管理经验等，从而提升学校在国际教育市场上的竞争力和影响力。同时，这种合作模式还能够为学校培养具有国际视野和跨文化交流能力的人才提供有力的支持。

在实施国际高校及研究机构合作时，应注重以下几点：一是明确合作目标和定位，确保双方的合作符合各自的发展战略和需求；二是建立稳定的沟通机制和合作模式，确保双方能够顺畅地交流和协作；三是注重知识产权保护和风险管理，确保合作过程中的合法权益得到有效保障；四是积极参与国际教育和科研合作项目，提升自身的国际影响力和竞争力。

第三节　人才引进的效果评估

在新时代，高校教师人才引进对于高校的发展具有重大意义。然而，引进人才并非一蹴而就，其效果也需进行全面而深入的评估。

一、短期效果评估

（一）引进教师的适应性与融入度

1. 适应性评估的重要性

在高校教师选拔与引进的过程中，对新引进教师的适应性评估是至关重要的环节。这一评估不仅关乎教师个人的职业发展，更对学校的整体教学质量和学术氛围产生深远影响。新引进的教师，尤其是那些从其他学校或行业转职而来的教师，往往需要一段时间来适应新的教学环境、教学理念和校园文化。而适应性评估，就是旨在确保这一过程能够顺利进行的关键机制。

适应性评估有助于及时发现新教师在融入新环境中可能遇到的问题。这些问题可能包括教学方法的差异、课程内容的调整、学生群体的特性，以及学校特有的教学和管理模式等。通过评估，学校可以了解到新教师在哪些方面存在困惑或挑战，从而提供有针对性的支持和帮助。

适应性评估是衡量新引进教师是否能够充分发挥其专业能力的重要标准。一个优秀的教师，不仅要有扎实的学术基础，还需要具备良好的教学能力和团队协作精神。适应性评估可以从多个维度对新教师进行全面考察，包括其教学能力、沟通能力、组织协调能力等，从而确保新教师能够快速融入团队，为学校的整体发展做出贡献。

适应性评估对于提升学校整体教学质量和学术氛围具有重要意义。通过引进适应性强的优秀教师，学校可以进一步丰富教学内容，提升教学水平，同时也有助于营造积极向上的学术氛围。这不仅有利于学生的全面发展，也能够提升学校的整体竞争力。

2. 融入度的观察与评估

融入度是新引进教师在高校环境中一个重要的考量指标，它不仅反映了教师个体在新环境中的适应情况，更体现了教师与学校文化、团队氛围的契合程度。一个高度融入的教师，能够更好地发挥自身专业优势，促进教学团队的协作与发展，进而提升学校整体的教学质量。

对新引进教师的融入度进行观察与评估，可以从多个角度入手。关注新教师在日常教学中的表现。他们是否能够积极参与学科组的讨论，主动分享教学经验和资源，以及是否愿意与学生建立良好的师生关系等，都是评估其融入度的重要依据。一个积极融入的教师，会努力与同事和学生建立紧密的联系，形成良好的互动氛围。

观察新教师在科研活动中的参与度。他们是否愿意与团队成员共同开展研究项目，积极分享研究成果，以及能否为团队带来新的科研思路和方法等，都是判断其融入程度的重要指标。一个高度融入的教师，会将自己的专业知识与团队的研究方向相结合，为团队的创新和发展贡献力量。

此外，新教师对学校活动的参与情况也是融入度评估的一个重要方面。他们是否积极参加学校组织的各类活动，如学术交流、文化庆典等，以及在这些活动中的表现和态度如何，都能反映出其融入学校文化的程度。

在评估新引进教师的融入度时，还需要注意避免主观臆断和片面评价。应该结合多个方面的信息进行综合判断，并给予新教师足够的适应时间和支持。同时，学校也应该积极营造良好的教学环境和团队氛围，为新教师的融入创造有利条件。

3. 具体评估方法与建议

在评估引进教师的适应性和融入度时，需要采用科学、客观、全面的评估方法。以下是一些具体的评估方法以及相应的建议：

采用问卷调查的方式收集数据。设计一份包含多维度问题的问卷，涉及新引进教师的教学、科研、团队协作等方面的情况。通过匿名或实名的方式，让新引进教师填写问卷，以便了解他们的真实感受和面临的挑战。同时，也可以向同事和学生发放问卷，收集他们对新引进教师的评价和反馈。

面对面的深度访谈是另一种有效的评估方法。可以与新引进教师进行一对一的访谈，详细了解他们的适应情况、心理状态和职业发展规划。在访谈过程中，要保持开放和尊重的态度，鼓励新引进教师分享自己的经历和想法。同时，也可以邀请同事和学生参与访谈，从多角度了解新引进教师的融入情况。

除了问卷调查和访谈外，还可以通过观察法来评估新引进教师的适应性和融入度。在日常教学、科研活动和团队交流合作中，留意新引进教师的表现和行为。例如，观察他们是否能够积极参与讨论、分享经验和资源，以及与学生和同事的互动情况。这些观察结果可以为评估提供有力的依据。

根据评估结果，高校可以提供必要的支持和帮助。例如，组织针对性的新教师培训，帮助他们熟悉教学环境、了解学校的教学理念和校园文化；安排经验丰富的教师作为导师，进行一对一的指导，帮助他们解决教学和科研中遇到的问题；提供丰富的教学资源和先进的科研平台，为新引进教师创造良好的工作条件。

（二）教学与科研工作的初步成效

1. 教学工作的初步成效评估

教学工作，作为高校教师的核心职责，其质量直接关系到学生的学业成果和学校的教学声誉。对于新引进的教师来说，他们在教学工作中的初步成效，无疑是衡量其是否能够快速适应新环境、胜任教学任务的重要指标。因此，对新引进教师的教学成效进行及时、全面的评估，显得尤为关键。

在评估新引进教师的教学成效时，我们可以从多个维度进行深入分析。课堂表现是一个直观且重要的评估方面。通过实地观摩或查看教学录像，我们可以观察新教师在课堂上的表现，包括他们的教学内容组织是否逻辑清晰、条理分明，教学方法是否灵活多样、能够激发学生的学习兴趣，以及与学生的互动是否频繁、有效。这些方面的表现能够直接反映出新教师的教学水平和专业素养。

学生的学习成果是评估新教师教学成效的重要依据。通过分析学生的出勤率、作业完成情况和考试成绩，我们可以了解学生对课程的掌握程度和学习兴趣。如果学生在这些方面表现出色，那么可以间接说明新教师的教学效果良好，能够有效地传递知识和培养学生的能力。

此外，学生的反馈意见也是评估新教师教学成效不可或缺的一部分。通过收集和分析学生对新教师教学态度、方法和效果的反馈，我们可以及时了解教学中存在的问题和不足，从而针对性地提出改进建议，帮助新教师不断优化教学方法，提升教学质量。

为了提高新引进教师的教学成效，高校应该提供全方位的教学支持和培训。一方面，可以组织新教师参加教学研讨会、教学技能培训等活动，让他们学习先进的教学理念和方法，提升教学能力和专业素养。另一方面，可以邀请经验丰富的老教师进行一对一的指导，帮助新教师解决教学中遇到的实际问题，促进他们的快速成长。

同时，高校还应该建立完善的激励机制，鼓励新教师积极投入教学工作，不断追求卓越的教学成果。通过设立教学奖励、提供晋升机会等方式，激发新教师的教学热情和创新精神，推动他们在教学工作中不断取得新的突破和成就。

2. 科研工作的初步成效评估

在高校教师的职责中，科研工作同样占据着举足轻重的地位。对于新引进的教师而言，他们在科研方面的初步成效，不仅关乎个人的学术发展，更对学校的整体科研水平和学术声誉产生深远影响。因此，对新引进教师的科研工作进行细致入微的评估，显得尤为重要。

在评估新引进教师的科研成效时，我们可以从多个角度进行考量。关注其参与或主导的科研项目情况。通过观察新教师是否已经开始涉足相关领域的研究项目，以及他们在项目中的具体贡献和进展情况，我们可以初步判断其科研能力和团队协作精神。同时，项目的创新性和实用性也是评估新教师科研工作价值的重要指标。

学术论文或专利的产出情况是衡量新引进教师科研成效的另一关键指标。通过分析他们发表的论文数量、质量和影响力，以及专利申请和授权情况，我们可以深入了解其在科研方面的创新能力和学术水平。这些成果不仅体现了新教师的专业素养和研究实力，也为学校的学术声誉增添了光彩。

此外，与同事的合作和交流情况也是评估新引进教师科研工作不可忽视的一环。一个优秀的科研工作者不仅要有扎实的专业基础和创新思维，还需要具备良好的沟通能力和团队协作精神。通过观察新教师在科研团队中的角色定位、合作态度及成果共享情况，我们可以全面评估其科研素养和综合实力。

为了支持新引进教师的科研工作，高校应提供充足的科研资源和优质平台。这包括配备先进的实验设备和研究工具、提供充足的科研启动经费等硬件支持，以及营造良好的学术氛围和创新环境等软件支持。同时，高校还应鼓励新教师积极参与国内外学术会议和交流活动，以拓宽学术视野、汲取前沿知识并增强学术影响力。通过这些举措，新引进教师将能够在科研道路上稳步前行，为学校的发展贡献自己的力量。

（三）学生对新引进教师的评价

1. 学生评价的重要性

在高等教育体系中，学生是教学活动的核心和直接受益者。因此，学生对于新引进教师的评价，具有极其重要的参考价值，这不仅关乎教师的教学质量，更影响到学生的学习效果和整体教育质量。

学生对新引进教师的评价能够直接反映教师的教学效果。学生是课堂的主体，他们最能切身感受到教师的教学风格、教学内容是否易于理解、教学方法是否得当。当学生对某位新引进教师给予高度评价时，这通常意味着该教师的教学方式受到了学生的欢迎，教学内容能够有效传达，从而达到了良好的教学效果。

学生的评价是新引进教师调整教学策略和提升教学水平的重要依据。通过学生的反馈，教师可以了解到自己在教学中存在的问题和不足，进而有针对性地进行改进。例如，如果学生普遍反映某些知识点难以理解，那么教师就需要考虑是否需要对这些内容进行更为详细的解释，或者采用更为直观的教学方式。

此外，学生对新引进教师的评价是高校进行教学质量监控和改进的重要参考。高校可以根据学生的反馈，对新引进教师进行更为精准的指导和帮助，从而提升整体教学质量。同时，学生的评价也可以作为高校选拔和培养优秀教师的重要标准，确保高校能够拥有一支高素质、高水平的教师队伍。

2. 收集与评价学生反馈的方法

在高等教育环境中，有效地收集并评价学生对新引进教师的反馈是至关重要的。这不仅可以帮助教师改进教学方法，提升教学质量，还能增强学生的学习体验和满意度。以下将详细介绍几种收集与评价学生反馈的方法。

问卷调查法是一种常用且有效的收集学生反馈的方式。通过设计针对新引进教师教学情况的问卷调查表，可以广泛地收集学生对教师的各方面评价。问卷内容可以涵盖教师的教学态度、教学内容的组织与清晰度、教学方法的多样性与有效性、课堂互动与参与度等多个维度。在实施问卷调查时，应确保问题的设计具有针对性和客观性，以便更准确地反映学生的真实想法。同时，为了保护学生的隐私和确保反馈的真实性，问卷调查可以采用匿名方式进行。

座谈或访谈法是一种深入了解学生反馈的方法。通过组织学生进行小组座谈或个人访谈，可以获取更加详细和具体的反馈信息。这种方法允许学生以更开放和自由的方式表达他们的观点和感受，从而提供更深入的见解和建议。在实施座谈或访谈时，应确保环境的舒适性和保密性，以便学生能够畅所欲言。同时，访谈者应具备良好的沟通技巧和倾听能力，以引导学生分享更多有价值的信息。

除了以上两种方法外，观察法是一种重要的收集学生反馈的手段。通过观察学生在课堂上的表现和反应，可以间接了解他们对新引进教师的接受程度和学习效果。例如，观察学生的参与度、注意力集中程度以及课后提问等情况，可以初步判断教师的教学效果和学生的学习状态。这种方法虽然具有一定的主观性，但结合其他收集反馈的方法使用，可以提供更全面的评价依据。

在收集到学生的反馈后，接下来是评价和分析这些反馈。评价过程中应注重客观性和公正性，避免个人主观意见的插入。同时，应将定量数据与定性数据相结合进行分析，以更全面地了解新引进教师的教学情况。根据分析结果，高校可以制定相应的改进措施并与教师进行沟通与交流，共同促进教学质量的提升。

二、长期效果评估

长期效果评估则更注重引进教师在学术、学科建设和团队发展等方面的持续贡献。

（一）学术成果与影响力分析

1. 学术成果的衡量

在高等教育和科研领域，学术成果是衡量教师或研究人员长期价值的核心指标。对于高校而言，引进优秀教师或研究人员时，其学术成果的产出和质量是至关重要的考量因素。这不仅关系到教师个人的学术声誉和发展，也直接影响到学校的整体科研水平和学术地位。

学术成果的衡量是一个多维度、复杂的过程，需要综合考虑多个方面。科研项目是衡量学术成果的重要组成部分。引进教师参与的科研项目数量、项目级别以及项目所取得的成果，都是评价其学术贡献的重要指标。特别是那些具有创新性、实用性且能够推动学科发展的科研项目，更能体现引进教师的学术价值和影响力。

学术论文的发表情况是衡量引进教师学术成果的另一关键方面。学术论文是教师研究成果的主要展示方式，其数量和质量直接反映了教师的科研能力和学术水平。在评估学术论文时，我们不仅要关注论文的发表数量，更要注重论文的质量和影响。例如，被SCI、EI等权威数据库收录的论文，往往具有更高的学术价值和影响力。同时，论文的引用次数、影响因子等指标，也是评价论文质量的重要依据。

除了科研项目和学术论文，专利成果也是衡量引进教师学术成果的重要方面。特别是在工程技术、生物医药等领域，专利的申请和授权情况直接反映了教师的创新能力和实际应用价值。因此，在评估引进教师的学术成果时，我们需要综合考虑其科研项目、学术论文和专利成果等多个方面，以全面、客观地评价其学术贡献和价值。

为了更准确地衡量引进教师的学术成果，高校可以建立完善的评价体系和机制。例如，可以设立专门的学术评价委员会，负责制定评价标准和程序，并组织专家对引进教师的学术成果进行定期评估。同时，高校还可以利用信息技术手段，建立学术成果数据库和信息系统，以便更高效地收集、整理和分析相关数据。

2. 学术影响力的评价

学术影响力是评价一个学者在学术界地位的重要标志，它体现了学者的研究成果被同行认可的程度以及对学科发展的推动作用。对于引进教师而言，其学术影响力的大小直接关系到他们在学术界的话语权和地位，同时也是高校引进人才时的重要考量因素。

评价引进教师的学术影响力，需要关注其研究成果的传播范围和影响力。这可以通过论文被引用的次数来体现，被引用次数越多，说明其研究成果受到了越广泛的关注和认可。特别是那些被高影响力学术期刊引用的论文，更能体现引进教师的学术水平和影响力。

参与国际或国内学术会议并发表演讲是衡量学术影响力的重要方式。学术会议是学术界交流和展示研究成果的重要平台，能够在这样的场合发表演讲，说明引进教师在相关领域具有一定的知名度和影响力。同时，被邀请做学术报告的次数也可以作为衡量其学术影响力的一个指标。

此外，我们还可以考察引进教师在学术界的合作网络。一个拥有广泛合作网络的学者，往往能够更快地获取最新的研究动态和资源，从而保持其在学术界的领先地位。因此，评价引进教师的学术影响力时，应关注其与国内外同行的合作关系以及合作成果。

为了提高引进教师的学术影响力，高校可以采取多种措施。例如，鼓励教师积极参与国内外学术会议和交流活动，扩大其学术视野和影响力；加强与国内外知名学者的合作与交流，提升教师在学术界的地位；同时，高校还可以通过举办学术会议、研讨会等活动，为教师提供展示研究成果和扩大影响力的平台。

（二）对学科建设和团队发展的贡献

1. 学科建设的推动者

引进教师在高校中不仅是教学和研究的重要力量，更是学科建设的关键推动者。他们对于学科发展的深入理解和前瞻性思考，常常能为学科注入新的活力和方向。

引进教师能够为学科带来新的研究方向和思路。他们通常具有丰富的学术背景和研究经验，在加入新环境后，往往能结合自身的专业知识和对学科前沿动态的敏锐洞察，为学科发展提出创新性的建议和方向。这些新的研究方向和思路不仅丰富了学科的内涵，也为学科的外延拓展提供了可能。例如，有的引进教师可能会将人工智能、大数据等前沿技术引入传统学科，从而开辟出全新的研究领域。

引进教师在促进学科交叉和融合方面发挥着重要作用。在现代科学研究中，跨学科的研究已经成为推动科学进步的重要动力。引进教师往往具有开阔的学术视野和多元化的研究方法，他们能够促进不同学科之间的交流和合作，打破传统学科的界限，推动跨学科研究的发展。这种跨学科的融合不仅能够产生新的研究点，还能够培养出具有多元化知识和技能的人才，为社会的创新发展提供源源不断的动力。

引进教师积极参与到学科规划和课程设置中，对于提升学科的整体水平具有重要意义。他们能够根据学科发展的需要和市场的需求，提出具有前瞻性的课程设置建议，从而完善学科的知识体系和教学体系。同时，他们还能够将自己的研究成果和经验融入到教学中，为学生提供更加贴近实际、更具挑战性的学习内容，激发学生的学习兴趣和创新精神。

在长期效果评估中，我们可以通过多方面的观察和数据收集来全面评价引进教师对学科建设的贡献。例如，可以考察他们参与或主导的学科发展规划的实施情况，分析其对学科发展方向的把握和贡献；可以关注他们开设的新课程或实验室的教学质量和影响力，评估其对学科知识体系完善的贡献；还可以跟踪他们推动的学科合作项目的进展和成果，衡量其对学科交叉融合的推动作用。

2. 团队发展的引领者

引进教师在团队发展中的作用举足轻重，他们不仅以个人的学术成就为团队增光添彩，更以卓越的领导力和深厚的专业素养引领团队向前发展。

引进教师在团队中通常扮演着引领者的角色。他们以其深厚的学术背景和丰富的研究经验，为团队指明研究方向，提供科学的研究方法和思路。这种引领作用不仅体现在对研究项目的选题和设计上，更贯穿于整个研究过程中，确保团队的研究工作始终沿着正确的轨道前进。

引进教师对团队成员的指导和帮助是团队发展的重要支撑。他们通过定期的学术交流、研讨会以及一对一的指导等方式，帮助团队成员提升研究能力，解决研究过程中遇到的问题。这种细致的指导和帮助不仅能够加速团队成员的成长，还能够增强团队的凝聚力和战斗力。

此外，引进教师在团队建设中的投入和贡献也是不可忽视的。他们积极参与团队的管理和运作，为团队的发展出谋划策，提供资源和支持。同时，他们还以自己的实际行动践行团队精神，为团队成员树立榜样，激励大家共同努力、共同进步。

在长期效果评估中，我们可以从多个维度来评价引进教师对团队发展的贡献。例如，可以考察团队成员在引进教师的指导下取得的学术成果和进步情况；可以关注团队成员对引进教师的评价和反馈，了解其在团队中的影响力和认可度；还可以分析团队的整体发展态势和成果产出情况，以此来衡量引进教师对团队发展的综合贡献。

（三）引进人才的留存率与晋升情况

1. 引进人才的留存率分析

引进人才的留存率，作为衡量高校人才引进工作成功与否的关键指标，其重要性不言而喻。一个高留存率不仅意味着高校能够吸引并留住优秀的教育人才，更代表着高校的整体工作环境、待遇条件以及发展前景得到了这些人才的认可。

在长期效果评估的框架下，对引进人才的留存率进行深入分析，是确保人才引进策略有效性的关键环节。这不仅仅是一个数字游戏，更是一个对高校人才引进、培养、使用和激励等全方位工作的综合检验。

定期的统计和分析是必不可少的。这包括对不同年份、不同学科以及不同层次引进人才的留存数据进行细致梳理。通过这些数据，我们可以观察到哪些年份、哪些学科的人才留存情况较好，从而总结经验，优化策略。同时，对于留存率较低的年份或学科，也需要深入剖析原因，是待遇问题、工作环境不佳，还是职业发展受限？只有找准了问题的症结，才能有的放矢地进行改进。

与引进人才的沟通交流也是至关重要的。留存率不仅仅是一个客观的数据指标，更与引进人才的主观感受密切相关。因此，高校应该建立起与引进人才的定期沟通机制，了解他们的工作状态、生活情况以及职业发展需求，及时发现问题并予以解决。这种人性化的关怀不仅能够提升引进人才的归属感和忠诚度，更有助于高校针对性地改进人才引进和留用的相关工作。

高校需要从宏观层面审视自身的发展策略和定位。一个清晰、明确的发展愿景能够激发引进人才的使命感和责任感，使他们更加愿意长期留下来为学校的发展贡献力量。同时，高校也应该根据自身的实际情况和未来发展需求，制定合理的人才引进计划，确保引进的人才能够与学校的发展目标相契合，实现人才与学校的共同发展。

2. 引进人才的晋升情况考察

在评估高校人才引进的长期效果时，引进人才的晋升情况是一个重要的考量维度。晋升不仅是对个人能力和贡献的肯定，也是激励人才持续发展的重要手段。因此，对引进人才的晋升情况进行深入考察，对于全面评价人才引进工作的成效具有重要意义。

从统计和分析引进教师的职称晋升情况入手。职称是衡量教师学术水平和职业发展的重要指标之一。通过对比引进教师在不同时间段的职称变化情况，我们可以直观地看到他们的职业发展轨迹和速度。同时，结合他们的教学、科研成果以及社会服务等方面的表现，我们可以更全面地评价引进教师的综合素质和能力水平。

岗位变动情况是反映引进人才晋升情况的一个重要方面。岗位变动往往意味着职责的增加和权力的扩大，是人才在组织内部地位提升的具体体现。因此，我们需要密切关注引进教师的岗位变动情况，包括他们是否承担了更重要的职务、是否参与了更高层次的项目等。这些信息不仅有助于我们了解引进教师的实际贡献和影响力，还能为我们提供关于他们职业发展潜力的有力证据。

在考察引进人才的晋升情况时，我们还需要注意几个方面的问题。一是要确保数据的真实性和准确性，避免出现虚假晋升或不合理晋升的情况。二是要结合高校自身的实际情况和发展需求来进行分析，避免盲目追求晋升率而忽视人才的实际贡献和发展潜力。三是要建立科学合理的晋升机制，为引进人才提供公平、透明的竞争环境，激发他们的积极性和创造力。

第四节　选拔与引进中的法律问题

在新时代，高校教师选拔与引进工作面临着诸多法律问题。为了保障高校和教师的合法权益，选拔与引进过程中必须严格遵守相关法律法规。

一、合同签订与履行

在高校教师选拔与引进过程中，合同签订与履行是首要环节，涉及双方的权利和义务。

（一）明确双方权利义务的合同条款

1. 教学内容与科研任务的明确

在高校教师合同签订过程中，对教学内容与科研任务的明确是至关重要的环节。这不仅关系到教师个人的工作职责和发展方向，也直接影响到高校的教学质量和科研水平。因此，合同条款中必须对这部分内容进行详尽而准确的约定。

关于教学内容，合同应详细列出教师需要承担的教学课程。这包括课程名称、课程性质（如必修课、选修课等）、课时安排以及具体的教学目标。教学目标应明确、具体，既要符合高校的整体教育目标，也要考虑到学生的实际需求和能力水平。此外，对于教材的选择、教学方法的运用等方面，也可以在合同中作出相应的规定，以确保教学质量和教学效果。

科研任务方面，合同应明确教师需要参与的科研项目以及项目的具体要求。这包括研究主题、研究目标、研究方法、完成时间和预期成果等。科研项目的选择应紧密结合高校的研究方向和实际需求，同时也要考虑到教师的专业背景和研究兴趣。预期成果可以包括学术论文、专利申请、技术开发等多种形式，但必须在合同中明确约定，以便对教师的工作成果进行客观评价。

明确教学内容与科研任务的重要性不仅在于为教师提供清晰的工作指南，更在于为高校构建一个高效、有序的教学和科研环境。通过合同条款的明确约定，教师可以更好地规划自己的工作进度和研究方向，提高工作效率和研究成果的质量。同时，高校也可以依据合同条款对教师的工作进行定期检查和评估，确保教学和科研工作的顺利进行。

2. 薪酬待遇与福利待遇的约定

薪酬待遇和福利待遇是教师合同中不可或缺的部分，它们直接关系到教师的生活质量和工作动力。因此，在教师合同中，必须对这些待遇进行明确、具体的约定。

关于薪酬待遇，合同中应详细规定教师的薪资水平、支付方式以及支付时间。薪资水平应根据教师的资历、经验、教学能力以及科研成果等因素进行合理设定，以确保教师的劳动成果得到应有的回报。支付方式可以选择月薪、年薪或其他符合双方约定的方式，但必须在合同中明确说明。支付时间也应固定下来，以避免因薪资发放不及时而影响教师的生活和工作情绪。

除了薪酬待遇外，福利待遇也是教师合同中非常重要的一部分。福利待遇包括但不限于住房补贴、交通补贴、医疗保险以及子女教育等。这些福利的存在可以在一定程度上减轻教师的经济压力，提高他们的生活质量和工作满意度。因此，在合同中必须对这些福利待遇进行明确约定，包括福利的具体项目、标准以及发放方式等。

通过明确薪酬待遇与福利待遇的约定，教师合同不仅保障了教师的合法权益，也为高校吸引和留住优秀人才提供了有力支持。合理的薪资和福利待遇可以激发教师的工作热情和创新精神，推动他们在教学和科研方面取得更好的成果。同时，这也有助于提升高校的整体形象和竞争力，为高校的长期发展奠定坚实基础。

3. 知识产权与保密义务的规范

在高校教师合同中，知识产权与保密义务的规范占据着举足轻重的地位。随着科研活动的不断深入和拓展，知识产权的保护和保密工作的重要性日益凸显。因此，在教师合同中明确相关条款，既是对教师科研成果的尊重和保护，也是维护高校科研秩序和安全的必要措施。

关于知识产权的归属问题，合同应明确规定教师在工作期间产生的科研成果的知识产权归属。一般而言，这些成果可能包括但不限于学术论文、专利、技术秘密、软件著作权等。合同中应明确这些成果是归教师个人所有，还是归高校所有，或者是双方共同拥有。这样的规定有助于避免未来可能出现的知识产权纠纷，保护双方的合法权益。

保密义务是教师合同中不可或缺的一部分。由于高校教师经常接触到敏感的科研数据和信息，因此他们必须承担严格的保密义务。合同中应明确规定教师需要保密的信息范围、保密期限以及泄密后应承担的法律责任。这些规定旨在确保高校的科研成果不被泄露给未经授权的第三方，从而维护高校的科研安全和声誉。

除了上述两点外，合同中还可以约定教师在离职后的一段时间内（如一年或两年）不得泄露或使用在高校工作期间获得的敏感信息和科研成果。这样的“竞业禁止”条款可以进一步保护高校的利益，防止知识产权的流失和滥用。

（二）合同期限、续签与解除的相关规定

1. 合同期限的合理设定

在高校与教师签订合同时，合同期限的设定是一个需要慎重考虑的问题。合理的合同期限不仅能够保障高校的师资稳定，还有助于教师的职业规划和专业发展。因此，双方需在合同签订之初就充分沟通，结合高校的长期发展规划和教师的个人发展需求，共同确定一个合适的合同期限。

合同期限的设定应避免过长或过短。过长的合同期限可能会限制教师的职业流动性，不利于其个人成长和发展；而过短的合同期限则可能导致高校师资的不稳定，影响教学质量和科研工作的连续性。因此，合理的合同期限应是在保障高校教学科研秩序稳定的基础上，充分考虑教师的职业发展周期和个人成长需求。

在实际操作中，高校可以根据不同学科、不同层次教师的特点来设定合同期限。例如，对于新进教师或青年教师，可以设定相对较短的合同期限，以便根据其工作表现和发展情况及时调整合同；而对于资深教师或学科带头人，则可以设定较长的合同期限，以稳定其工作预期，促进其长期投入教学和科研工作。

此外，合同期限的设定还应考虑到法律法规的相关规定以及高校的实际情况。例如，根据《中华人民共和国劳动合同法》，劳动合同的期限可以分为固定期限、无固定期限和以完成一定工作任务为期限的劳动合同。高校在与教师签订合同时，应遵守相关法律法规，确保合同的合法性和有效性。

2. 合同续签的条件与程序

合同续签是高校教师合同管理中的重要环节，它关系到高校师资的稳定性和教师的职业发展。因此，明确合同续签的条件与程序至关重要。

关于合同续签的条件，通常包括以下几个方面：一是教师在合同期间的工作表现，如教学质量、科研成果、工作态度等；二是高校的教学科研需求，即是否需要继续聘用该教师；三是双方是否就续签条件达成一致，如薪资待遇、工作职责等。这些条件共同构成了合同续签的基础。

合同续签的程序应规范化。一般而言，续签程序包括以下几个步骤：一是高校向教师发出续签邀请，明确表达续签意愿；二是双方就续签条件进行协商，达成一致意见；三是教师提交相关材料，如工作总结、科研计划等，以供高校评估；四是高校对教师提交的材料进行审核，并作出是否续签的决定；最后，双方签订新的合同，明确各自的权利和义务。

在合同续签过程中，高校应秉持公平、公正的原则，对教师的工作表现进行全面、客观的评估。同时，教师也应积极配合高校的评估工作，展示自己的教学成果和科研能力。通过规范化的续签程序，可以确保双方的权益得到保障，促进高校师资的稳定发展。

3. 合同解除的情形与程序

在高校教师合同中，合同解除是一个重要且敏感的问题。虽然双方都希望在合同签订后能够顺利履行，但在某些情况下，合同解除可能成为必要。因此，明确合同解除的情形与程序对于保护双方权益至关重要。

关于合同解除的情形，通常包括以下几种情况：一是教师严重违反合同条款，如长期无故旷工、违反职业道德等；二是教师因健康原因无法继续履行合同；三是高校因教学科研需求变化或其他不可抗力因素需要解除合同。这些情形构成了合同解除的合法依据。

合同解除的程序应明确规范。一般而言，解除程序包括以下几个步骤：一是高校或教师提出解除合同的意愿，并说明解除的理由；二是双方就解除事宜进行协商，尽可能达成一致意见；三是按照合同约定的通知期限提前通知对方；四是进行合同解除后的结算工作，如薪资结算、工作交接等。

在合同解除过程中，双方应遵守法律法规和合同约定，确保解除程序的合法性和合规性。同时，高校应秉持人道主义精神，对因健康原因等无法继续履行合同的教师给予适当的关怀和帮助。通过明确的解除情形与程序，可以最大程度地减少纠纷和损失，保障双方的合法权益。

（三）违约责任与争议解决机制

1. 违约责任的明确

在高校教师合同中，明确违约责任是至关重要的。这不仅关系到合同能否得到有效执行，更直接影响到双方的权益保障。因此，在签订合同时，必须对违约责任进行详尽而准确的规定。

合同中应明确列出构成违约的具体情形。这些情形可能包括但不限于教学质量不达标、科研任务未完成、泄露机密信息、无故旷工等。通过明确这些违约情形，可以为双方提供一个清晰的行为准则，从而减少违约行为的发生。

合同中应详细规定违约责任承担的方式。这可以根据违约的严重程度和具体情形来设定，如支付违约金、赔偿损失、解除合同等。违约金的计算方法也应在合同中明确，以确保在违约行为发生时能够及时、准确地确定责任大小。

明确违约责任的重要性不仅在于为违约行为提供明确的法律后果，更在于通过这种制约和惩罚机制来维护合同的严肃性和双方的合法权益。当一方明确知道违约将承担严重的法律后果时，就会更加谨慎地履行合同义务，从而减少违约行为的发生。

此外，明确违约责任还有助于增强合同的可执行性。在争议发生时，明确的违约责任规定可以为仲裁机构或法院提供明确的裁判依据，从而确保争议得到公正、及时的解决。

2. 争议解决机制的建立

在高校教师合同中，争议解决机制的建立是至关重要的。尽管合同条款已经尽可能明确，但在实际执行过程中，由于各种原因，争议仍然可能发生。因此，一个有效、公正的争议解决机制对于维护双方权益和合同顺利执行具有重要意义。

当争议发生时，双方应首先尝试通过友好协商来解决问题。协商是一种灵活、高效的解决方式，可以在不破坏双方关系的前提下，快速达成共识。在协商过程中，双方应坦诚交流、互相理解，寻求双方都能接受的解决方案。

如果协商无果，合同中应规定进一步的争议解决方式。这通常包括调解、仲裁和诉讼等。调解是一种通过第三方协助双方达成协议的方式，其优点在于程序简便、成本低廉且能够保持双方的和谐关系。仲裁则是一种更为正式的解决方式，通常由专业的仲裁机构进行裁决，其结果具有法律效力。而诉讼则是通过法院来解决争议，其程序相对复杂且成本较高，但具有强制执行力。

在选择争议解决方式时，双方应根据具体情况进行权衡。一般来说，对于较为简单、涉及金额较小的争议，协商或调解可能是更好的选择；而对于复杂、重大的争议，则可能需要通过仲裁或诉讼来解决。

此外，合同中还应明确争议解决的具体流程和时限，以确保争议能够得到及时、有效的处理。例如，可以规定在协商无果后多少日内启动调解或仲裁程序，以及在仲裁或诉讼过程中应遵守的规则和时限等。

通过建立有效的争议解决机制，高校教师合同可以更好地保障双方的权益，确保合同的顺利执行。同时，这也有助于增强双方之间的信任与合作，为高校的教学和科研工作创造一个稳定、和谐的环境。

二、知识产权保护

（一）科研成果归属与使用权约定

1. 科研成果的归属权

在高校环境中，科研成果的归属权问题不仅关乎知识产权的法律界定，更涉及到学术道德、研究投入与产出的公平性。当高校教师投身于科研工作，他们所产生的创新成果、发现或者发明，往往是在高校提供的资源、设备和环境支持下完成的。因此，科研成果的归属权问题，需要从多个维度进行深入探讨。

从法律层面来看，科研成果的归属权通常受到知识产权法的保护。在多数情况下，由于高校教师是在高校任职期间，利用高校资源进行科研工作，因此，他们所产生的科研成果，其归属权往往会归属于高校。这一点在合同签订时，就应当得到明确的界定，以避免未来可能出现的权属纠纷。

然而，仅仅从法律角度来理解科研成果的归属权是远远不够的。我们还需要考虑到教师在科研过程中的智力投入和创新性贡献。教师作为科研工作的主体，他们的思想、创意和努力是科研成果产生的关键。因此，即便科研成果的所有权归属于高校，也应当充分尊重和肯定教师的贡献。

在实际操作中，高校和教师可以通过合同约定，明确科研成果的归属权。例如，可以约定教师在高校任职期间产生的科研成果归高校所有，但同时给予教师一定的使用权和收益权。这样的约定既符合法律法规的要求，又能充分体现对教师智力劳动的尊重和认可。

2. 科研成果的使用权和收益权

科研成果的使用权和收益权，是与归属权紧密相连的两个重要方面。在高校与教师之间的科研合作中，这两大权益的分配和界定，直接关系到双方的利益关系和科研活动的持续发展。

探讨使用权。使用权是指对科研成果进行利用、应用或者进一步开发的权利。对于高校教师而言，他们作为科研工作的直接执行者，对科研成果有着深刻的理解和掌握。因此，赋予他们一定的使用权，不仅能够激发他们的科研积极性，还有助于科研成果的进一步开发和完善。在合同中明确使用权的具体内容和范围，可以确保双方在科研成果使用上的权益得到保障。

接下来是收益权。收益权是指从科研成果的转化、开发和应用中获得经济回报的权利。在高校与教师的科研合作中，收益权的分配是一个敏感而重要的问题。一方面，高校作为科研成果的所有者，理应享有主要的收益权；另一方面，教师作为科研工作的核心力量，他们的智力投入和创新性贡献也应当得到合理的经济回报。因此，在合同中约定收益权的分配方式，既要体现高校的权益，又要兼顾教师的利益。

在实际操作中，高校和教师可以通过协商和谈判，确定科研成果使用权和收益权的具体分配方案。这一方案应当综合考虑双方的投入、贡献和期望收益，以确保科研合作的公平性和持续性。同时，随着科研活动的深入进行和市场环境的变化，双方还可以适时调整使用权和收益权的分配比例，以适应新的形势和需求。

3. 科研成果的转化与应用

科研成果的转化与应用，是实现科研成果价值的关键环节。在高校与教师的科研合作中，推动科研成果的转化与应用，不仅有助于提升科研工作的社会影响力，还能为双方带来实质性的经济和社会效益。

科研成果的转化，主要是指将科研成果从实验室阶段推向市场或实际应用领域的过程。这一过程需要高校和教师共同努力，通过技术转移、产学研合作等方式，将科研成果转化为具有市场竞争力的产品或服务。为了实现这一目标，双方在合同中应明确转化方式、开发计划以及市场推广等方面的具体内容和责任分工。

科研成果的应用，则是指将转化后的产品或服务应用于实际生产、生活和社会发展中。这一过程同样需要高校和教师的紧密合作，以确保科研成果能够真正服务于社会和经济发展。在应用过程中，双方还应关注市场需求、用户反馈以及技术更新等方面的变化，及时调整应用策略和方向。

（二）专利、论文等知识产权的申请与保护

1. 专利的申请与保护

专利作为教师科研成果的核心部分，不仅代表着个人的创新能力和学术贡献，更是高校科研实力的重要体现。因此，对于专利的申请与保护，高校与教师都需给予足够的重视。

专利申请是一个复杂且专业的过程，需要遵循一定的程序和规范。高校应建立完善的专利申请流程，为教师提供明确的指导。在申请前，教师需要对自己的科研成果进行全面的评估，确保其具备创新性和实用性，满足专利申请的基本要求。随后，按照专利法的规定，准备详尽的申请材料，包括说明书、权利要求书、摘要等。

关于费用承担问题，高校与教师应在合同中明确各自的责任。通常情况下，高校会给予一定的经费支持，以减轻教师的经济负担。同时，高校还可以利用自身的资源优势，为教师提供专利申请的专业咨询和代理服务，从而提高申请的成功率。

专利权的归属和使用是另一个需要关注的问题。一般来说，教师在高校任职期间完成的科研成果，其专利权应归属于高校。然而，在某些情况下，教师可能希望保留部分或全部专利权。因此，双方应在合同中明确约定专利权的归属和使用方式，以避免未来可能出现的纠纷。

为了保护教师的专利成果，高校还应建立健全的专利管理制度。这包括定期对已申请的专利进行审查和维护，确保其有效性；加强专利信息的保密工作，防止技术泄露；以及积极应对专利侵权行为，维护教师的合法权益。

2. 论文的发表与版权保护

论文作为教师科研成果的重要载体，不仅有助于学术交流和知识传播，还是评价教师学术水平的重要依据。因此，论文的发表与版权保护同样具有重要意义。

高校应鼓励教师发表高质量的学术论文，并在合同中明确论文的版权归属和使用方式。通常情况下，论文的版权归作者所有。然而，在实际操作中，高校往往需要在合理范围内使用这些论文进行学术交流、教学或研究工作。因此，双方应在合同中明确约定高校使用论文的方式和范围，以确保双方的权益得到保障。

为了防止学术不端行为的发生，高校还应加强对论文发表的审核和管理。这包括对教师提交的论文进行严格的原创性检查，避免抄袭和剽窃行为；对已经发表的论文进行定期的学术评价和监督，确保其学术质量；以及建立完善的奖惩机制，对学术不端行为进行严厉打击。

同时，高校还应积极与教师进行沟通与合作，共同推动论文的发表和版权保护工作。例如，可以定期组织学术研讨会或讲座，为教师提供学术交流和成果展示的平台；加强与出版社和学术期刊的合作，提高教师论文的发表率和影响力；以及为教师提供版权保护的法律咨询和服务，帮助他们更好地维护自己的权益。

3. 知识产权的整体保护策略

在科研活动中，知识产权的保护是一个系统工程，涉及申请、审查、维护和管理等多个环节。高校作为科研活动的重要主体，应制定全面的知识产权保护策略，以确保教师的科研成果得到充分的保护和利用。

高校应建立完善的知识产权管理制度和流程。这包括明确各类知识产权的申请条件和程序、设立专门的知识产权管理机构或人员、制定合理的知识产权维护和管理政策等。

通过这些制度和流程的建立，可以确保教师的科研成果在申请、审查、授权等各个环节都得到专业的指导和支持。

高校应加强与外部机构的合作与交流。这包括与政府部门、行业协会、科研机构等建立紧密的合作关系，共同推动知识产权的保护和利用工作。同时，高校还可以积极参与国际知识产权交流和合作活动，了解国际知识产权保护的最新动态和趋势，提高自身的保护水平。

高校应加强对知识产权侵权行为的打击力度。一旦发现侵权行为，应立即采取措施进行制止和追究责任。这不仅可以维护教师的合法权益和高校的声誉，还可以为整个科研环境营造一个公平、公正的氛围。

高校应定期开展知识产权培训和宣传活动。通过培训和宣传，可以提高教师对知识产权保护的认识和重视程度，增强他们的自我保护意识和能力。同时，这也有助于提升高校整体的知识产权保护水平和社会影响力。

（三）防止知识产权纠纷的措施

1. 加强知识产权培训和教育

在防止知识产权纠纷的措施中，加强知识产权培训和教育显得尤为重要。这是因为，提高教师的知识产权意识，不仅有助于他们在科研活动中主动保护自己的创新成果，还能在遭遇侵权时迅速作出反应，维护自身权益。

高校应制定详细的知识产权培训和教育计划。这一计划应涵盖知识产权的基本概念、种类、法律法规、申请与保护流程等内容，确保教师能够全面了解知识产权的相关知识。同时，培训和教育形式可以多样化，如举办专题讲座、研讨会、工作坊等，以激发教师的学习兴趣，提高培训效果。

高校应邀请知识产权领域的专家或律师进行授课。这些专家或律师具有丰富的实践经验和专业知识，能够为教师提供更具针对性和实用性的指导。通过与专家的互动交流，教师可以更好地了解知识产权保护的最新动态和实操技巧，提高自身的防范能力。

高校可以利用网络平台，如校园网或在线教育工具，定期发布知识产权相关的资讯和案例。这样可以让教师随时了解知识产权的最新信息，增强他们的警觉性和应对能力。

高校应鼓励教师在日常教学和科研活动中积极运用所学知识，将知识产权培训和教育成果转化为实际行动。例如，教师可以在课程中引入知识产权相关内容，引导学生树立正确的知识产权观念；在科研项目中，注重成果的申请和保护，确保自身权益不受侵犯。

2. 建立完善的知识产权管理制度

建立完善的知识产权管理制度是预防知识产权纠纷的重要举措。高校应当从制度层面出发，构建一套科学、合理且行之有效的知识产权管理体系。

高校需要明确知识产权管理的目标和原则，确保制度设计符合学校的整体发展战略和科研需求。在此基础上，制定详细的管理流程和操作规范，涵盖科研成果的登记、评估、申请保护及转化应用等关键环节。这些流程和规范应具有可操作性，能够指导教师完成知识产权的各项工作。

高校应设立专门的知识产权管理机构，负责制度的执行和监督。该机构应具备专业的知识产权管理知识和技能，能够为教师提供全方位的服务和支持。同时，机构还应与其他相关部门保持密切沟通，形成协同工作的良好氛围。

高校应建立知识产权管理的激励机制和约束机制。通过设立奖励政策，鼓励教师积极申请和保护知识产权；同时，对违反知识产权规定的行为进行严肃处理，以儆效尤。这样既能激发教师的创新热情，又能确保知识产权管理工作的有序进行。

高校应定期对知识产权管理制度进行审查和更新。随着科技的发展和法律环境的变化，知识产权管理制度也需要与时俱进。高校应组织专家对制度进行定期评估，及时发现问题并进行改进，以确保制度的时效性和有效性。

3. 纠纷处理机制的建立与完善

尽管我们希望通过前期的预防和管理措施来尽量避免知识产权纠纷的发生，但实际情况中，纠纷仍然有可能出现。因此，建立一套完善的纠纷处理机制显得尤为重要。

高校应设立一个专门的纠纷处理机构，该机构应由具备法律专业知识和实践经验的人员组成，以便在纠纷发生时能够迅速介入并提供专业的法律援助。同时，这个机构还应与学校的法务部门、科研管理部门等保持紧密合作，确保纠纷处理的效率和效果。

高校需要制定详细的纠纷处理流程。这个流程应涵盖纠纷的发现、报告、调查、调解、仲裁以及诉讼等环节。在每个环节，都应明确责任人和工作时限，以确保纠纷能够得到及时有效的处理。此外，流程还应包括对教师合法权益的保护措施，避免在处理过程中对教师造成不必要的损害。

在纠纷处理过程中，高校应始终坚持公平、公正、公开的原则。对于涉及商业秘密或个人隐私的信息，应严格保密，防止信息泄露给教师带来更大的损失。同时，高校还应积极与教师沟通，了解他们的诉求和困难，提供必要的支持和帮助。

高校应定期对纠纷处理机制进行审查和改进。通过收集教师的反馈意见、分析纠纷案例等方式，不断完善处理流程和提高处理效率。此外，高校还可以借鉴其他机构的成功经验，引入先进的纠纷处理理念和技术手段，以提升自身的纠纷处理能力。

三、劳动法规遵守

在高校教师选拔与引进过程中，必须严格遵守国家劳动法规。

（一）薪酬待遇与福利保障符合国家法律法规

1. 薪酬待遇的合规性

薪酬待遇的合规性在高校教师选拔与引进中占据着举足轻重的地位。高校作为培养未来社会栋梁的摇篮，其教师队伍的素质和能力直接关系到教育质量的高低。因此，为了吸引和留住优秀的教师人才，高校必须提供具有竞争力的薪酬待遇，并确保这些待遇符合国家法律法规的要求。

高校在设定薪酬待遇时，应严格遵守国家的相关劳动法规。这些法规不仅保护了劳动者的合法权益，也为高校提供了一个明确的指导框架。高校需要确保教师的薪酬水平不低于当地的最低工资标准，这是对教师劳动成果的最基本尊重。同时，高校还要依法为教师缴纳社会保险和住房公积金，以解除他们的后顾之忧，让他们能够全身心地投入到教学和科研工作中。

合理的薪酬待遇是对教师工作能力和贡献的肯定。高校应根据教师的岗位性质、教学科研任务以及个人发展等因素，综合考虑并设定薪酬等级。这种差异化的薪酬策略有助于激发教师的工作热情和创新精神，推动他们不断提升自己的专业素养和教学水平。

为了保障薪酬待遇的合规性和公平性，高校需要与教师签订正式的劳动合同。这份合同应明确列出薪酬待遇的所有细节，包括但不限于基本工资、绩效奖金、津贴补贴等。这样做不仅可以保护教师的合法权益，还能避免因薪酬待遇不明确而引发的纠纷。

此外，薪酬管理制度的透明性也至关重要。高校应定期公布教师的薪酬待遇情况，接受校内外的监督。这种公开透明的做法有助于增强教师之间的信任感，减少不必要的猜疑和误解。同时，它也能促使高校管理层更加审慎地制定和调整薪酬政策，确保这些政策既能激励教师积极工作，又能符合国家的法律法规。

在实际操作中，高校需要设立专门的机构或部门来负责薪酬管理工作。这些机构或部门应定期对教师的工作表现进行评估，并根据评估结果来调整薪酬待遇。同时，他们还要密切关注国家相关法规的变化，及时调整薪酬政策以确保合规性。

2. 福利保障的落实

在高校教师选拔与引进的过程中，福利保障同样是一个重要的考量因素。优秀的福利保障不仅能够提升教师的工作满意度和归属感，更能够激发他们的教学热情和科研创新精神。因此，高校需要依法为教师提供全面的福利保障，并确保这些福利能够真正落到实处。

高校必须依法为教师缴纳各项社会保险，包括医疗保险、养老保险、失业保险等。这是对教师基本生活权益的保障，也是国家法律法规的明确要求。通过缴纳社会保险，教师可以在面临疾病、养老等风险时得到一定的经济支持，从而减轻他们的后顾之忧。

除了法定的社会保险外，高校还可以根据自身的实际情况和教师的需求，提供其他形式的福利待遇。例如，针对新引进的教师，高校可以提供住房补贴或宿舍，以帮助他们解决住房问题；对于需要通勤的教师，高校可以提供交通补贴或校车服务；对于有子女的教师，高校还可以提供子女教育支持，如入学优惠、奖学金等。这些福利待遇能够更全面地满足教师的需求，提升他们的工作满意度。

为了确保福利保障的落实，高校需要制定详细的福利政策和管理办法。这些政策和办法应明确福利的种类、标准、申请条件以及发放程序，确保每一位教师都能清晰地了解自己的福利待遇，并知道如何申请和享受这些福利。同时，高校还应建立有效的监督机制，对福利的发放过程进行严格的监管，防止出现滥用福利、违规发放等情况。

此外，高校还可以通过定期的调查和反馈机制，了解教师对福利保障的满意度和需求。根据教师的反馈，高校可以及时调整福利政策，以满足教师的期望和需求。这种以教师为中心的福利管理理念，有助于提升教师的工作积极性和忠诚度，进而推动高校的整体发展。

（二）工作时间、休息休假等劳动条件的合规性

1. 工作时间的合理安排

工作时间的管理对于高校教师而言，既是一个基本的劳动权益问题，也是提高工作效率和保障教育质量的关键。随着高等教育的不断发展，高校教师面临着越来越多的教学和科研压力，因此，合理安排工作时间，对于维护教师的身心健康，促进教育教学的长远发展具有深远的意义。

高校应严格遵守国家关于工作时间的法律法规，确保教师的工作时长不超出法定标准。这不仅是对教师基本劳动权益的尊重，也是高校作为教育机构应尽的社会责任。在此基础上，高校还应积极探索更加灵活的工作时间安排，以适应教师多样化的工作需求和生活节奏。

弹性工作制和远程办公等新型工作模式为高校教师提供了更多的工作自主性。通过灵活调整工作时间和地点，教师可以更好地平衡教学、科研和个人生活，从而提高工作效率和生活质量。例如，对于需要照顾家庭或有特殊时间需求的教师，弹性工作制能够让他们在保证完成工作任务的同时，也能兼顾家庭和个人需求。

同时，高校应高度重视教师的工作负荷问题。长时间的高强度工作不仅会影响教师

的身心健康，还可能对教学质量和科研创新产生负面影响。因此，高校应通过建立合理的教学和科研任务分配机制，确保教师的工作负担在可承受范围内。此外，定期对教师进行健康检查和心理辅导，也是预防和解决教师过度劳累和职业倦怠问题的有效途径。

除了合理安排工作时间外，高校还应积极营造宽松和谐的工作环境，为教师提供更多的学术支持和资源保障。通过加强学术交流与合作，激发教师的创新活力，推动教育教学和科研工作的持续发展。

2. 休息休假的保障

休息休假权是每位劳动者依法享有的基本权利，对于高校教师而言尤为重要。他们承担着繁重的教学与科研任务，长时间的紧张和劳累不仅会影响其身心健康，还可能对教学质量和科研效果产生不良影响。因此，保障高校教师的休息休假权，不仅是对其个人权益的尊重，也是对教育质量和科研创新的重要保障。

高校应严格遵守国家关于休息休假的法律法规，确保教师能够享受到法定节假日、带薪休假等基本权益。这些法律规定不仅明确了教师的休息时间和休假待遇，也为高校管理提供了明确的指导。高校应根据实际情况，合理安排教师的教学和科研任务，避免在法定节假日或教师休假期间安排过重的工作负担。

除了法定节假日外，高校还应为教师提供必要的学术休假或进修学习机会。学术休假可以帮助教师在繁忙的教学科研工作之余，得到充分的休息和调整，从而以更好的状态投入到新一轮的工作中。同时，进修学习也是提升教师专业素养和教育教学能力的重要途径。高校应鼓励并支持教师参加各类学术研讨会、培训班等活动，以促进其专业发展和个人成长。

为了保障休息休假的有效实施，高校需建立完善的休假管理制度和审批流程。这些制度和流程应明确教师的休假申请条件、审批程序以及休假期间的待遇等问题，确保每位教师都能公平、合理地享受到休息休假权益。同时，高校还应加强对休假制度的宣传和培训，提高教师对休假权益的认知和重视程度。

在实际操作中，高校可以与教师共同协商制定个性化的休假计划，以满足不同教师的实际需求和工作特点。对于特殊情况或紧急任务导致的休假调整，高校应与教师进行充分沟通并寻求合理的解决方案。

（三）教职工劳动权益的维护与保障

1. 民主管理制度的完善

在高校教职工劳动权益的维护与保障中，民主管理制度的完善显得尤为重要。这不仅关系到教职工的切身利益，更是学校管理水平和校园文化的重要体现。通过建立健全民主管理制度，可以有效提升教职工的参与度，增强他们的责任感和归属感，进一步推动学校的发展。

高校应定期召开教职工代表大会或全体教职工会议。这些会议不仅是传达学校政策、决策的重要途径，更是收集教职工意见和建议、共同参与学校管理决策的关键平台。在这些会议上，教职工可以就学校的教学、科研、管理等方面提出自己的看法和建议，学校管理层则应认真听取并作出回应。

民主管理制度的完善需要建立透明的信息公开机制。高校应定期向教职工公开学校的重要决策、财务状况、教学评估等信息，让教职工对学校的运营状况有全面的了解。这样不仅可以增强教职工的信任感，还能促进学校与教职工之间的良性互动。

此外，高校还可以通过设立教职工意见箱、开展在线调查等方式，拓宽教职工表达意见和建议的渠道。这些举措能够鼓励教职工积极参与学校管理，为学校的持续发展贡献自己的智慧和力量。

民主管理制度的完善需要高校管理层的积极推动和全体教职工的共同参与。只有双方共同努力，才能建立起一个公正、透明、高效的民主管理体系，真正维护教职工的劳动权益，推动学校的全面发展。

2. 法律意识和维权能力的提升

在提升教职工法律意识和维权能力方面，高校扮演着举足轻重的角色。随着法治社会的不断推进，教职工对自身权益的保护意识日益增强，这就要求高校必须重视并加强教职工的法律教育和培训。

高校应定期组织专题法律讲座和培训活动。这些活动可以邀请法律专家或律师来校进行授课，针对教职工在实际工作中可能遇到的法律问题，提供专业的解答和指导。通过这样的培训，教职工能够更深入地了解劳动法规、教育法规等相关法律知识，从而增强自身的法律意识。

高校可以利用校园网络平台，定期发布法律知识和案例解析，方便教职工随时学习和查阅。同时，可以设立在线咨询或法律援助服务，为教职工提供实时的法律帮助和支持。

除了提供法律教育和培训外，高校还应鼓励教职工积极维权。当教职工的权益受到侵害时，学校应提供必要的支持和协助，帮助他们通过合法途径维护自身权益。这不仅体现了学校对教职工的关心和支持，也有助于营造一个公正、公平的校园环境。

此外，高校还可以通过开展法律知识竞赛等活动形式，激发教职工学习法律的热情和兴趣。这样的活动不仅能够检验教职工的法律知识水平，还能增强他们的团队协作能力和竞争意识。

3. 劳动争议的协商解决

在高校环境中，劳动争议的协商解决是维护教职工劳动权益的重要环节。尽管高校在选拔与引进教师时会力求避免劳动争议，但实际操作中难免会遇到各种问题和挑战。因此，建立一套有效的劳动争议协商解决机制显得尤为重要。

高校应明确劳动争议的定义和范围，确保教职工在遇到问题时能够迅速识别并寻求帮助。这包括薪资纠纷、工作职责分配不均、工作环境不佳等可能引发争议的问题。

建立专门的劳动争议调解团队或委员会，负责处理教职工提出的争议。这个团队应由具有法律背景和专业知识的人员组成，以确保调解的公正性和专业性。他们应秉持中立原则，认真听取双方的陈述和证据，提出合理的解决方案。

在协商解决劳动争议的过程中，沟通是关键。高校应鼓励教职工积极表达自己的诉求和关切，同时管理层也应坦诚回应并解释相关政策和决策背后的考量。通过开放、透明的沟通方式，双方可以增进理解，减少误解和冲突。

除了内部调解机制外，高校还可以考虑引入第三方机构进行仲裁或调解。这些机构通常具有更高的权威性和公信力，能够提供更为客观、公正的解决方案。然而，在选择第三方机构时，高校应确保其独立性和专业性，以避免出现利益冲突或偏见。

为了预防劳动争议的发生，高校应定期审查和更新相关政策与合同条款，确保其与时俱进并符合法律法规的要求。同时，加强对教职工的培训和教育也是必不可少的环节，通过提高他们的法律意识和维权能力来减少潜在的纠纷。

四、反歧视与平等就业

反歧视与平等就业是高校教师选拔与引进中必须遵循的原则。

（一）遵循平等就业原则，杜绝性别、年龄等歧视

1. 平等就业原则的重要性

平等就业原则，作为现代社会公正、公平价值的基石，其深远意义不仅仅局限于提供公平的就业机会，更在于它对整个社会公正观念的塑造与推动。在一个多元化的时代，每一个人都应享有平等的权利和机会，这一原则在就业市场上的体现尤为关键。

平等就业原则确保了所有应聘者在求职过程中受到公正对待。这意味着，不论个体的性别、年龄、种族或其他个人特征如何，他们都将被一视同仁，只根据他们的工作能力、专业技能和经验来评判。这样的评判标准不仅更为客观，也更有助于选拔出真正合适的人才。

在高校教师的选拔与引进过程中，遵循平等就业原则的重要性不言而喻。高校作为培养未来社会栋梁的摇篮，其教师队伍的素质直接关系到教育质量和学生的未来。因此，通过公正、公平的选拔机制吸引和留住优秀的人才，对于提升高校的整体竞争力至关重要。

此外，平等就业原则还有助于营造积极向上的校园文化氛围。当教师们都感受到自己是在一个公平、公正的环境中工作和发展时，他们更有可能全身心地投入到教学和科研中去，从而推动学校整体水平的提升。

从更宏观的角度看，平等就业原则也是实现社会公正、促进社会和谐稳定的重要手段。当每一个人都能在就业市场上得到公平对待时，社会的整体福祉和稳定性也将得到显著提升。

2. 杜绝性别歧视

性别歧视是就业市场上一个长期存在且亟待解决的问题。在高校教师的选拔与引进过程中，性别歧视不仅违背了平等就业的原则，更可能阻碍高校吸引和留住优秀人才。因此，必须坚决杜绝性别歧视，确保男女教师在就业市场上享有同等的权利和机会。

高校应明确制定并执行反性别歧视的政策。在招聘广告、选拔标准和面试过程中，都应严格避免任何形式的性别偏见。同时，高校应设立有效的投诉机制，以便应聘者或员工在遭遇性别歧视时能够及时寻求帮助和公正。

加强对招聘人员的培训和教育也是关键。通过培训，提升招聘人员对性别平等的认识和重视程度，确保他们在选拔过程中能够客观、公正地评价应聘者，不因性别而有所偏颇。

高校可以通过公开透明的选拔机制来进一步消除性别歧视。例如，可以公布选拔标准和过程，邀请外部专家参与评审，以及及时公布选拔结果等。这些措施不仅有助于增强选拔的公正性和透明度，还能让应聘者感受到高校的诚意和决心。

值得注意的是，杜绝性别歧视并不仅仅是在选拔与引进过程中需要关注的问题。高校还应致力于营造一个性别友好的校园环境，为男女教师提供平等的职业发展机会和资源支持。

3. 消除年龄歧视

年龄歧视在就业市场上同样是一个不容忽视的问题。在高校教师的选拔与引进中，消除年龄歧视对于建设一个多元化、包容性的教师队伍具有重要意义。高校应当摒弃对年龄的刻板印象，以更加开放和包容的心态来选拔人才。

为了消除年龄歧视，高校首先需要明确一点：年龄并不是衡量一个人能力或潜力的唯一标准。相反，应该更加注重应聘者的专业素养、教学经验和创新能力等方面的考察。这些才是决定一个教师是否优秀的关键因素。

高校可以制定灵活的选拔标准来适应不同年龄段教师的需求和特点。例如，对于年轻教师，可以注重他们的创新思维和学术潜力；对于资深教师，则可以更加看重他们的教学经验和行业影响力。通过这样的方式，不仅可以给予不同年龄段教师公平的竞争机会，还能让高校的教师队伍更加丰富多彩。

此外，高校还可以通过多种渠道来宣传和推广反年龄歧视的理念。例如，可以在招聘广告中明确表明不歧视任何年龄段的应聘者，或者在校园内举办相关的讲座和活动来提高师生对年龄歧视问题的认识。

（二）公开透明地选拔与引进人才

1. 选拔与引进标准的公开透明

在高校的人才选拔与引进过程中，公开透明的选拔标准不仅是公平公正的体现，更是吸引优秀人才的关键。选拔标准的公开透明，意味着每一个应聘者都能清晰地了解到高校对于人才的期望和要求，从而有针对性地准备和申请。

高校应制定一套明确、具体的选拔标准。这些标准应涵盖学历要求、专业要求、工作经验等多个方面，以全面评估应聘者的能力和潜力。例如，对于学历要求，高校可以明确规定申请者的最低学历背景；对于专业要求，可以列出所需的专业背景或相关研究领域；对于工作经验，可以设定一定年限的相关行业或教学经验等。

这些选拔标准应通过官方网站、招聘公告等渠道及时向社会公布。这样做的好处是，一方面可以让应聘者提前了解并做好准备，另一方面也能增加高校的公信力和吸引力。公布选拔标准的同时，高校还可以附上详细的申请指南和流程，帮助应聘者更好地完成申请过程。

此外，高校还应根据学科发展和人才需求的变化，及时更新选拔标准。随着社会的进步和科技的发展，高校对于人才的需求也在不断变化。因此，高校需要密切关注行业动态和人才需求，及时调整选拔标准，以确保能够选拔到最适合的人才。

选拔标准的公开透明，不仅有助于高校吸引到更多符合条件的优秀人才，还能提高选拔过程的效率和公正性。当应聘者都明确知道高校对于人才的期望和要求时，他们就能更有针对性地进行准备和申请，从而提高申请成功的几率。

2. 选拔与引进程序的公开透明

公开透明的选拔与引进程序，是高校确保人才选拔公正、公平的重要手段。程序的公开透明，意味着每一个应聘者都能清楚地了解到选拔的具体流程和时间安排，从而对整个选拔过程有一个明确的预期。

高校应明确规定选拔与引进的具体流程，并通过官方网站或招聘公告等方式向社会公布。这样做可以让应聘者对整个选拔过程有一个全面的了解，知道自己在何时需要完成哪些任务，以及下一步的安排是什么。这种明确性不仅有助于应聘者做好充分的准备，还能提高选拔过程的效率。

高校在选拔过程中应严格按照公布的程序进行操作。任何违规操作或暗箱操作都应被严格禁止，以确保选拔的公正性和透明度。为了实现这一点，高校可以设立专门的监督机构或委员会，对选拔过程进行全程监督，确保每一个环节都符合规定。

此外，邀请外部专家参与选拔过程也是一个提高公正性和透明度的有效方法。外部专家通常具有更为客观和中立的立场，他们的参与可以增加选拔过程的公信力和权威性。同时，外部专家还能为高校提供更多元化的视角和建议，有助于选拔到更优秀的人才。

选拔与引进程序的公开透明不仅有助于高校吸引到更多优秀的人才，还能提升高校的声誉和形象。当应聘者看到高校在选拔过程中如此注重公正和透明时，他们会更愿意信任和选择这样的高校作为自己的职业发展平台。

3. 选拔与引进结果的公开透明

选拔与引进结果的公开透明，是高校人才选拔过程中的重要环节。它不仅关系到应聘者的切身利益，更体现了高校的公正与诚信。

高校应在选拔结束后及时公布选拔结果。这样做可以让应聘者第一时间了解自己的竞争情况，以便做出后续的职业规划。同时，公布结果也是对高校自身选拔过程的一种监督和检验，确保选拔的公正性和透明度。

高校在公布选拔结果时，应明确说明选拔的依据和理由。这样可以让应聘者了解自己在选拔过程中的表现，以及高校对于人才的具体要求和期望。这种反馈机制不仅有助于应聘者提升自身的能力，还能增加高校选拔过程的公信力和说服力。

此外，对于未通过选拔的应聘者，高校也应给予合理的解释和反馈。这样做可以体现高校的尊重和关怀，让应聘者在失败中汲取经验，为未来的职业发展做好准备。同时，这种负责任的态度也能提升高校在人才市场的口碑和形象。

选拔与引进结果的公开透明不仅有助于保障应聘者的权益，还能促进高校与应聘者之间的良性互动。当应聘者感受到高校的公正与诚信时，他们会更愿意选择这样的高校作为自己的发展平台，从而推动高校与人才的共同发展。

（三）建立有效的投诉与申诉机制，保障教职工权益

1. 投诉与申诉机制的重要性

在高校教师选拔与引进的过程中，尽管我们力求做到公正、公平、公开，但难免会出现一些误解、疏忽或者不当行为。这时，一个有效的投诉与申诉机制就显得尤为重要。它不仅是教职工维护自身权益的重要途径，也是高校自我监督、自我完善的重要手段。

投诉与申诉机制为教职工提供了一个表达不满和诉求的渠道。当教职工在选拔与引进过程中感到受到不公正待遇时，他们可以通过这一机制来寻求公正，维护自己的合法权益。这不仅能够及时纠正可能出现的错误，还能够让教职工感受到高校的关怀与尊重，从而增强他们对高校的信任感和归属感。

这一机制也有助于高校及时发现并纠正选拔与引进过程中的问题。通过教职工的投诉与申诉，高校可以了解到选拔与引进过程中可能存在的漏洞和不足，从而及时进行改进和完善。这对于提高高校教师选拔与引进的公正性和透明度具有重要意义。

投诉与申诉机制能够促进高校与教职工之间的沟通与互动。通过处理教职工的投诉与申诉，高校可以更加深入地了解教职工的需求和期望，从而为他们提供更加贴心、周到的服务。这种良性的沟通与互动有助于构建和谐稳定的校园环境，促进高校的持续发展。

2. 投诉与申诉机制的建立与完善

为了建立有效的投诉与申诉机制，高校需要从多个方面入手，确保机制的完善性和有效性。

明确投诉与申诉的渠道是至关重要的。高校应设立专门的投诉与申诉邮箱、电话或者办公地点，并通过官方网站、教职工手册等渠道进行广泛宣传，确保教职工在需要时能够迅速找到投诉与申诉的途径。同时，这些渠道的设立也应考虑到教职工的隐私保护，确保他们的个人信息和诉求不会被泄露。

制定详细的投诉与申诉程序是必不可少的。高校应明确规定投诉与申诉的提起、受理、调查和处理流程，以及每个环节的时限和责任部门。这样可以确保教职工的投诉与申诉能够得到及时、有效的处理，避免出现推诿、拖延等不良现象。

在处理投诉与申诉时，高校应遵循公正、公平、及时的原则。调查核实过程中应充分听取双方意见，收集相关证据，确保事实清楚、证据确凿。对于确实存在问题的选拔与引进结果，高校应勇于承认错误并及时进行纠正，同时向受影响的教职工公开道歉，以维护高校的公信力和教职工的权益。

此外，高校还应设立专门的投诉与申诉处理机构或指定专人负责处理相关事宜。这些人员应具备较高的业务素质和道德素养，能够公正、客观地处理教职工的投诉与申诉。同时，他们还应定期接受培训和学习，不断提高自己的处理能力和服务水平。

3. 加强监督与反馈机制建设

为了确保投诉与申诉机制的有效性，加强监督与反馈机制建设是至关重要的。通过监督和反馈，高校可以及时了解投诉与申诉机制的运行情况，发现问题并进行改进，从而确保该机制能够真正发挥作用。

高校可以定期对投诉与申诉处理情况进行总结和评估。通过统计和分析教职工的投诉与申诉数量、类型和处理结果等数据，高校可以了解到选拔与引进过程中存在的问题和漏洞，以及教职工的主要诉求和期望。这将为高校改进和完善选拔与引进机制提供有力的数据支持。

高校可以邀请外部专家或机构对选拔与引进过程进行监督。这些专家或机构通常具有丰富的经验和专业知识，能够发现高校自身难以察觉的问题并提出改进意见。他们的参与不仅能够提高选拔与引进的公正性和透明度，还能够增强教职工对高校的信任感和满意度。

同时，建立有效的反馈机制是必不可少的。高校应鼓励教职工对投诉与申诉机制的运行情况进行反馈，及时收集他们的意见和建议。这些反馈不仅能够反映教职工的真实需求和期望，还能够为高校改进和完善机制提供宝贵的参考。高校应认真对待教职工的反馈，及时调整和优化投诉与申诉机制，以确保其能够更好地服务于教职工和高校的共同发展。

第五章 新时代高校教师的培养与发展

第一节 教师培训体系构建

一、培训需求分析

（一）教师现有能力与岗位要求的差距分析

1. 明确岗位职责与技能要求

在构建高校教师培训体系之前，首要任务是详尽分析各教学岗位的职责和技能要求。这一步骤是确保教师培训有的放矢、针对性强的基础。高校应通过正式的文件、规章制度或职位描述，清晰地界定每个岗位的教师需要承担哪些教学、科研以及社会服务等方面的职责，并明确这些职责所对应的技能要求。

对于教学岗位，技能要求可能包括课程设计、授课技巧、学生评估与反馈处理等方面；科研岗位则可能强调研究方法的掌握、数据分析能力和学术论文撰写等技能；社会服务方面，则可能要求教师具备良好的沟通技巧、团队协作能力以及跨学科合作的精神。

2. 评估教师现有能力

对教师现有能力的全面评估是识别能力与岗位要求差距的关键。这种评估可以通过多种方式进行，如教学观摩、学生评价、同行评审、自我评估以及教学成果的量化分析等。通过这些评估手段，可以获取一个相对全面且客观的教师能力画像。

教学观摩可以直观地展示教师的教学风格和课堂管理能力；学生评价则能从受教育者的角度反映教师的教学效果；同行评审则侧重于从专业角度对教师的学术水平和教学能力进行评价；自我评估有助于教师反思自身的教学实践和职业发展；教学成果的量化分析则能提供更为客观的数据支持。

3. 对比分析与找出差距

在明确了岗位要求和评估了教师现有能力之后，下一步是进行对比分析，以准确找出教师能力与岗位要求之间的具体差距。这种差距可能表现在教学理念、教学方法、课堂管理、学生互动、科研能力等多个方面。

例如，某些教师可能在教学理念上偏于传统，未能充分融入现代教育技术和创新教学方法；或者在课堂管理上缺乏有效的策略，导致学生参与度不高；再或者在科研方面，缺乏深入研究和创新思维等。这些差距的准确识别，为后续的培训内容设计提供了重要依据。

4. 确定培训重点和方向

根据找出的差距，高校可以针对性地确定培训的重点和方向。对于教学理念落后的教师，可以组织现代教育理念的培训和研讨；对于教学方法陈旧的教师，可以提供创新教学方法和现代教育技术的培训；对于课堂管理能力不足的教师，可以开展课堂管理策略和技巧的培训；对于科研能力薄弱的教师，则可以加强科研方法、数据分析和论文撰写等方面的指导。

通过这样的需求分析，高校能够构建一个更加精准、高效的教师培训体系，从而有效提升教师的整体素质和教学质量。

（二）教师个人发展需求与学校发展目标的契合点

1. 了解教师个人发展需求

要找到教师个人发展需求与学校发展目标的契合点，首先需要深入了解每位教师的个人发展需求。这包括他们的职业规划、专业成长愿望、教学能力提升需求以及科研兴趣等。高校可以通过问卷调查、个人访谈、座谈会等方式，主动收集并整理教师的个人发展需求信息。

了解教师的个人发展需求，不仅有助于激发教师的工作热情和职业满足感，还能为学校提供更加精准的培训和发展支持。同时，这也是实现学校与教师共同发展的重要基础。

2. 明确学校发展目标

学校的发展目标通常体现在其战略规划中，包括教学质量提升、科研水平提高、社会服务拓展等方面。这些目标反映了学校在未来一段时间内的主要发展方向和重点任务。

为了让教师更好地理解和认同学校的发展目标，高校可以通过多种渠道进行宣传和解读，如校内宣讲会、官方网站发布、内部邮件通知等。同时，学校还可以鼓励教师参与到目标制定和实现的过程中来，增强他们的归属感和责任感。

3. 寻找契合点

在了解了教师的个人发展需求和学校的发展目标之后，接下来的关键步骤是寻找这两者之间的契合点。这些契合点可能是某些具体的教学改革项目、科研合作机会或者社会服务活动等。

例如，如果学校的发展目标是提升国际化水平，那么可以鼓励和支持有意愿和能力的教师参与国际交流与合作项目，这既满足了教师个人的发展需求，又有助于学校目标的实现。同样地，如果学校希望加强实践教学环节，那么可以与相关企业或行业合作，为教师提供实践教学的机会和资源，这也能同时促进教师的专业成长和学校的教学质量提升。

4. 制定个性化培训计划

找到契合点后，高校需要为教师制定个性化的培训计划。这些计划应该充分考虑教师的个人特点、发展需求以及学校的发展目标。通过定制化的培训课程、实践机会和职业发展指导等措施，帮助教师实现个人成长的同时，也为学校的发展做出贡献。

例如，针对希望提升科研能力的教师，学校可以提供科研方法培训、研究资金支持以及学术交流机会等资源；对于希望拓展实践教学经验的教师，则可以安排他们参与校企合作项目或者指导学生实践活动等。这样的个性化培训计划能够最大限度地发挥教师的潜力，促进学校整体水平的提升。

二、培训内容设计

（一）教学技能培训：提升教学方法和技巧

1. 引入先进的教学理念

在培训内容中，首先要向教师传达先进的教学理念，强调学生中心、实践导向和持续改进的教育思想。通过讲解、讨论和案例分析等方式，帮助教师理解这些理念的实际应用价值，并引导他们在教学中加以实践。

2. 掌握多样化的教学方法

为了提升教师的教学能力，培训内容应涵盖多种教学方法，如讲授法、讨论法、案例分析法、项目式学习等。通过讲解每种方法的特点、适用范围和实施步骤，让教师了解并熟悉这些教学方法。同时，组织教师进行模拟教学或微格教学，让他们在实践中体验和掌握这些方法的运用。

3. 学习有效的课堂管理技巧

课堂管理是教师必备的重要技能之一。培训内容应包括课堂纪律的维护、学生积极性的调动、师生互动的促进等方面的技巧。通过分享成功的课堂管理案例、讨论常见的课堂问题及其解决方案等方式，帮助教师提升课堂管理能力，创造一个积极、有序的学习环境。

（二）学术研究培训：增强科研能力和学术素养

1. 科研方法的选择与应用

在学术研究培训中，首先要向教师介绍各种科研方法，如文献研究、实证研究、案例研究等。通过讲解每种方法的原理、步骤和适用范围，帮助教师选择适合自己的科研方法。同时，结合具体的研究案例，让教师了解如何在实际研究中运用这些方法。

2. 学术论文的写作与发表

学术论文的写作与发表是高校教师学术成果的重要体现。培训内容应包括论文选题、文献综述、研究方法、数据分析与解读以及论文撰写等方面的知识。通过邀请资深学者分享论文写作经验、组织论文写作工作坊等方式，提升教师的学术论文写作能力。同时，讲解学术论文发表的流程、注意事项和技巧，帮助教师提高论文发表的成功率。

3. 科研项目的申报与管理

科研项目是高校教师进行学术研究的重要途径。培训内容应涉及科研项目的选题、申报书的撰写、项目经费的管理以及项目进度的把控等方面。通过讲解科研项目的申报要求和评审标准，让教师了解如何制定合理的研究计划和预算。同时，分享科研项目管理的经验和技巧，帮助教师提高项目管理的能力和效率。

（三）教育技术培训：掌握现代教育工具和方法

1. 多媒体教学工具的使用

随着多媒体技术的发展，越来越多的教学工具被应用于课堂教学中。培训内容应包括常用多媒体教学工具的使用方法和技巧，如 PPT 制作、视频编辑、交互式白板等。通过讲解和演示这些工具的功能和操作步骤，让教师了解并熟悉它们的使用方法。同时，组织教师进行实践操作和作品展示，提高他们的实际应用能力。

2. 在线教育平台的运用

在线教育平台是现代教育的重要组成部分。培训内容应涉及在线教育平台的种类、特点和使用方法等方面。通过讲解如何利用在线教育平台进行课程制作、学生管理、作业布置与批改等操作，让教师掌握在线教育的基本技能。同时，分享在线教育平台的教学策略和互动技巧，帮助教师提高在线教学的效果和质量。

3. 教育数据分析与应用

教育数据分析是现代教育中不可或缺的一环。培训内容应包括数据采集、处理和分析的基本方法和工具等方面。通过讲解如何利用教育数据进行学生评估、教学改进和决策支持等操作，让教师了解并掌握教育数据分析的技能。同时，结合具体案例和实践操作，提高教师的数据驱动教学能力和研究水平。这样不仅可以优化教学过程，还能为学校的决策提供更加科学的数据支持。

三、培训方式与方法

（一）线上线下相结合的培训模式

1. 线上培训的优势与实施

线上培训以其灵活性和便捷性受到广泛关注。对于高校教师而言，线上培训能够提供更加自主的学习时间和空间，使教师能够根据自身的教学和科研安排，合理选择学习进度。线上课程可以充分利用多媒体技术，通过视频、音频、动画等形式，使培训内容更加生动、形象，提高教师的学习兴趣。同时，线上平台还可以提供丰富的互动功能，如在线测试、学习社区等，帮助教师巩固所学内容，并与其他教师进行交流与讨论。

在实施线上培训时，高校应注意课程内容的更新与维护，确保培训内容的时效性和准确性。同时，建立有效的学习监督机制，通过作业提交、在线测试等方式，督促教师完成学习任务，保证培训效果。

2. 线下培训的重要性与特点

线下培训注重实践操作和互动交流，能够弥补线上培训的不足。通过组织工作坊、研讨会等活动，教师可以亲身参与，与同行进行面对面的交流与探讨。这种实地的学习方式有助于加深教师对培训内容的理解，提高其实践操作能力。

线下培训还可以为教师提供一个展示自我、锻炼能力的平台。通过参与研讨、分享经验，教师可以提升自身的表达能力和自信心。同时，线下培训也有助于建立教师之间的合作关系，促进教学团队的建设与发展。

3. 线上线下相结合的模式创新

线上线下相结合的培训模式能够充分发挥两者的优势，提高培训的灵活性和实效性。高校可以根据培训内容的特点和教师的实际情况，合理安排线上线下的学习比例。例如，对于理论性较强的内容，可以采用线上学习的方式，让教师自主掌握学习进度；对于实践性较强的内容，则可以组织线下活动，进行实地操作和互动交流。

此外，高校还可以利用线上线下相结合的模式进行创新性的培训活动。例如，开展线上线下的协作式学习项目，让教师在实践中探索教学问题并寻求解决方案；或者利用线上平台收集教师的教学案例和经验分享，为线下研讨提供丰富的素材和讨论话题。

（二）工作坊、研讨会等互动形式

1. 工作坊的开展与价值

工作坊是一种注重实践和互动的培训形式，旨在通过小组讨论、案例分析等方式，引导教师深入探讨教学中的问题并共同寻找解决方案。工作坊的开展可以围绕特定的教学主题或难点进行，如“如何引导学生进行批判性思维”、“课堂管理技巧与策略”等。

在工作坊中，高校可以邀请具有丰富教学经验的专家或同行进行引导，提供必要的理论支持和实践指导。同时，鼓励教师积极参与讨论和实践操作，分享自己的教学经验和心得。这种互动式的学习方式有助于激发教师的创新思维和合作精神，促进其教学能力的提升。

2. 研讨会的组织与实施

研讨会是一种更为正式的学术交流活动，旨在为教师提供一个分享研究成果、探讨学术问题的平台。高校可以定期组织各类主题的研讨会，如"教育技术应用与发展"、"课程改革与创新实践"等，邀请校内外专家和教师进行主题演讲和互动交流。

在研讨会中，高校应注重议程设置的合理性和活动的互动性。通过主题演讲、分组讨论、圆桌论坛等环节的设置，充分激发教师的参与热情和创造力。同时，建立有效的反馈机制，收集教师对研讨会的意见和建议，以便不断改进和优化活动形式和内容。

（三）案例分析、实践操作等教学方法

1. 案例分析法的应用

案例分析法是一种通过引入真实案例来培养教师批判性思维和问题解决能力的教学方法。高校可以选取具有代表性的教学或科研案例，让教师进行深入分析和讨论。通过案例分析，教师可以了解实际问题的复杂性和多样性，学会从不同角度审视问题并寻求解决方案。

在实施案例分析法时，高校应注意案例的选择和呈现方式。选取的案例应具有典型性和启发性，能够引发教师的深入思考和讨论。同时，提供必要的背景信息和数据支持，帮助教师更好地理解案例情境和问题本质。

2. 实践操作的重要性与实施

实践操作是巩固和应用所学知识的重要环节。对于高校教师而言，实践操作不仅包括教学设计和课堂模拟等教学活动，还包括科研实验、项目研究等科研活动。通过实践操作，教师可以亲身体验和验证所学理论知识的正确性和有效性，提高自身的实践能力和教学反思能力。

在实施实践操作环节时，高校应提供必要的实验设备和实践场地等支持条件。同时建立有效的实践监督机制，确保教师能够按照要求完成实践任务并达到预期目标。此外还可以组织实践经验分享会等活动，让教师之间交流实践经验和学习心得，促进共同成长与进步。

四、培训效果评估与反馈

（一）设立明确的评估标准

1. 制定全面的评估指标体系

为了确保培训效果的可衡量性，高校需要制定一套全面的评估指标体系。这套体系不仅应涵盖教学技能的提升、学术研究能力的提高和教育技术应用能力的增强等核心方面，还应包括教师的态度改变、知识结构的更新和专业发展的自我认知等软性指标。通过设计多维度的评估指标，可以更全面地反映培训对教师个人成长和职业发展的综合影响。

2. 对比培训前后的表现

为了客观评估培训的实际效果，高校需要对比教师在培训前后的表现。这可以通过收集和分析教师在培训前后的教学录像、学生评价、科研成果等数据来实现。通过对比这些数据，可以清晰地看到教师在哪些方面取得了进步，哪些方面仍有待提高。这种对比不仅有助于衡量培训效果，还能为教师提供有针对性的个人发展建议。

3. 引入同行评价和学生评价

除了对比教师自身的进步外，还可以引入同行评价和学生评价来进一步验证培训效果。同行评价可以从专业的角度对教师的教学和科研能力给予客观的评价，而学生评价则可以直观地反映教师教学质量的提升情况。这些外部评价不仅可以为评估提供更为全面的视角，还能帮助教师更好地了解自己的教学风格和效果，从而进行有针对性的改进。

（二）定期收集教师反馈，不断优化培训体系

1. 建立有效的反馈收集机制

要确保培训体系的持续优化，首先需要建立一个有效的反馈收集机制。高校可以通过问卷调查、面对面访谈、在线论坛等多种方式，定期向参与培训的教师收集反馈意见。这些反馈意见应涵盖培训内容的实用性、培训方式的适宜性、培训效果的满意度等方面。通过广泛而深入地了解教师的真实想法和建议，可以为培训体系的改进提供有力的数据支持。

2. 深入分析反馈数据，发现问题与不足

收集到教师的反馈意见后，高校需要对其进行深入的分析和处理。通过统计和分析数据，可以找出培训体系中存在的问题和不足，如培训内容与实际需求脱节、培训方式单一乏味等。这些问题不仅会影响教师的参与度和学习效果，还可能阻碍培训体系的进一步发展。因此，及时发现并解决这些问题至关重要。

3. 针对性优化和改进培训体系

在深入分析反馈数据并找出问题后，高校需要针对性地优化和改进培训体系。这包括调整培训内容、改进培训方式、增强培训效果等多个方面。例如，可以根据教师的实际需求增加或删除某些培训内容，引入更多元化的培训方式以激发教师的学习兴趣，或者加强培训后的跟踪服务以确保学习效果等。通过这些具体的改进措施，可以不断提升培训体系的针对性和实效性，从而更好地满足教师的个人成长和职业发展需求。同时，这种持续的改进过程也有助于提高高校的整体教育质量和竞争力。

第二节　学术研究与交流机会

一、校内学术交流平台

（一）定期举办学术讲座和研讨会

1. 拓宽学术视野，激发研究思路

通过定期举办学术讲座和研讨会，高校能够为教师们提供一个与校内外专家学者进行深度交流的机会。这种交流对于拓宽教师的学术视野至关重要。在讲座和研讨会上，专家学者们会分享他们的研究成果、研究方法和学术见解，从而帮助教师们了解到更广阔的学术领域和前沿动态。这不仅有助于教师们把握学术发展的脉搏，还能够激发他们的研究思路，为其自身的学术研究提供新的视角和方向。

2. 展示研究成果，了解前沿动态

学术讲座和研讨会也是教师们展示自己研究成果的绝佳平台。在这样的场合，教师们可以有机会向同行们介绍自己的研究项目和成果，接受来自同行的评价和反馈。这不仅能够增强教师们的学术自信心，还能够促进学术界的相互了解和认可。同时，通过参与讲座和研讨会，教师们还能够及时了解到最新的学术动态和趋势，这对于他们调整自己的研究方向和策略具有重要意义。

3. 与专家面对面交流，解决研究问题

学术讲座和研讨会的一个重要价值在于，它们为教师们提供了与专家学者面对面交流的机会。这种直接的交流方式能够帮助教师们及时解决在研究中遇到的问题和困惑。通过与专家的深入讨论，教师们可以获取宝贵的学术建议和指导，从而加速自己的研究进程并提升研究质量。此外，这种交流还能够促进学术界的合作与共享，推动整个学术领域的发展和进步。

（二）设立学术沙龙，鼓励教师分享研究成果

1. 学术沙龙的灵活性与自由性

学术沙龙作为一种灵活、自由的学术交流形式，为教师们提供了一个轻松愉快的交流环境。在沙龙活动中，教师们可以自由地分享自己的研究成果和经验，不受任何形式和内容的限制。这种灵活性和自由性有助于激发教师们的创新思维和研究灵感，促进学术思想的自由碰撞和交融。

2. 深入探讨研究主题，分享研究心得

在学术沙龙中，教师们可以就某一研究主题进行深入探讨和交流。这种深入探讨有助于教师们更全面地了解研究主题的内涵和外延，发现新的研究问题和思路。同时，通过分享研究心得和体会，教师们可以相互学习和借鉴彼此的研究方法和经验，从而提升自身的研究水平和能力。

3. 校外专家与学者的参与价值

邀请校外专家或学者参与学术沙龙活动具有多方面的价值。首先，他们的参与能够为教师们带来更多的学术资源和指导，帮助教师们解决在研究中遇到的问题和困惑。其次，校外专家学者的见解和经验能够为教师们提供新的研究视角和思路，激发他们的创新思维和灵感。最后，通过与校外专家学者的交流，教师们还可以了解到更广阔的学术领域和前沿动态，为自身的学术研究提供更多的可能性和方向。同时，这种交流也有助于加强学术界之间的合作与联系，推动整个学术生态的繁荣和发展。

二、校外学术合作与交流

（一）与其他高校、研究机构建立合作关系

1. 寻求合作机会，拓展学术资源

高校应积极主动地寻求与其他高校、研究机构的合作机会。这种合作可以是双向的，既可以通过正式的渠道，如发送合作意向书或签订合作协议，也可以通过非正式的渠道，如学者互访、研讨会等形式来建立联系。合作的目的在于共享学术资源，包括数据、设备、技术和人才等，从而帮助教师们获得更广泛的研究材料和更先进的研究方法。通过这些合作，高校的教师们可以接触到更多的学术观点和研究方向，有助于他们打破思维定式，产生新的研究灵感。

2. 明确合作目标与任务分工

在与其他高校、研究机构建立合作关系时，明确合作目标和任务分工是至关重要的。双方应就合作的具体内容、形式、期限以及各自承担的责任和义务进行充分协商，达成

共识。这样可以确保合作双方能够充分发挥各自的优势和资源，实现资源共享和优势互补。同时，明确的任务分工还能够提高工作效率，避免不必要的重复劳动和资源浪费。

3. 建立有效沟通与评价体系

有效的沟通是合作成功的关键。高校应建立起与合作机构的定期沟通机制，包括定期的会议、报告和交流等，以确保合作项目的顺利推进。同时，还需要构建一个科学的评价体系，对合作项目的进展、成果和影响进行定期评估。这不仅可以及时发现问题并调整合作策略，还能够为未来的合作提供有益的参考和借鉴。

（二）组织教师参加国内外学术会议

1. 了解前沿学术动态，拓展研究视野

组织教师参加国内外学术会议，尤其是高层次、国际化的学术会议，是教师专业成长的重要途径。这类会议通常会汇聚来自世界各地的顶尖学者和专家，他们带来的最新研究成果和学术观点，对于参加会议的教师而言，是一次难得的学习和交流机会。通过会议，教师们可以及时了解到前沿的学术动态，把握学科发展的脉搏，从而调整或深化自己的研究方向。

2. 面对面交流与探讨，激发研究灵感

学术会议为教师们提供了一个与同行面对面交流和探讨的平台。在这里，他们可以与来自不同文化背景的学者交换观点，分享经验，这种跨文化的学术交流往往能够激发出新的研究灵感和思路。此外，通过与资深学者的交流，年轻教师还可以获得宝贵的职业指导和建议，有助于他们更好地规划自己的学术生涯。

3. 转化会议成果，提升教学与研究水平

参加学术会议并不仅仅是聆听报告和进行交流，更重要的是如何将会议的成果转化为实际的教学和研究资源。高校应鼓励教师在会后对会议内容进行总结和反思，将学到的知识和观点融入到自己的教学和研究中。同时，教师还可以通过撰写学术论文、申请研究项目等方式，将会议成果具体化，从而提升自己的学术影响力和研究水平。这样，学术会议的价值才能得到最大化的发挥。

三、科研项目与资金支持

（一）鼓励教师申报各级各类科研项目

1. 建立科研项目申报机制

高校应建立一套完善的科研项目申报机制，以规范项目申报流程和提高申报效率。该机制应包括项目申报的时间表、申报材料的准备与提交要求、项目评审标准和流程等。

通过明确的规定和指导，帮助教师更好地理解和掌握科研项目申报的要点，从而提高申报成功率。此外，高校还可以定期组织科研项目申报培训或讲座，为教师提供具体的申报技巧和经验分享。

2. 激发教师科研热情与积极性

为了激发教师的科研热情和积极性，高校可以设立科研奖励制度，对在科研项目中取得优异成果的教师给予物质和精神上的奖励。这些奖励可以是科研经费补贴、学术假期、职称晋升优先考虑等，以此鼓励教师更加投入地进行科研工作。同时，高校还可以通过举办科研成果展示会、学术交流会等活动，让教师有机会展示自己的研究成果，从而增强他们的自豪感和归属感。

3. 加强与政府、企业等机构的合作

高校应积极寻求与政府、企业等外部机构的合作，为教师提供更多的科研项目来源和资金支持。这种合作可以是联合申报科研项目、共同建立实验室或研发中心等形式。通过与政府部门的合作，高校可以获得更多的政策支持和资金补助；而与企业合作，则可以帮助教师了解市场需求，促进科研成果的转化和应用。这些合作不仅有助于扩大教师的科研视野和资源网络，还能提升高校的整体科研实力和社会影响力。

（二）提供科研经费支持，促进科研成果转化

1. 加大科研经费投入力度

为了确保教师有足够的经费开展研究工作，高校应持续加大科研经费的投入力度。这包括提高校内科研经费预算、争取外部科研资助和捐赠等。高校可以设立专门的科研基金，用于支持具有创新性和前瞻性的科研项目。同时，高校还应积极为教师提供科研经费申请和使用方面的指导与帮助，确保经费的合理分配和高效利用。

2. 注重科研成果的转化和应用

高校应重视科研成果的转化和应用工作，推动教师的科研成果从实验室走向市场和社会。为此，高校可以建立产学研合作机制，与企业、行业协会等合作伙伴共同推动科研成果的商业化进程。此外，高校还可以搭建科技成果转化平台，为教师提供技术转移、成果转化和创业孵化等一站式服务。通过这些措施，不仅可以提升教师的科研价值和社会影响力，还能为学校带来更多的经济效益和社会效益。

3. 建立科研成果评价体系

为了更好地促进科研成果的转化和应用，高校还应建立一套科学的科研成果评价体系。该体系应综合考虑科研成果的学术价值、实际应用价值以及社会经济效益等多个方面。通过客观、公正的评价结果，可以激励教师更加注重科研成果的质量和实用性，从

而推动高校科研工作的持续发展。同时，这也有助于提升高校的整体科研水平和社会认可度。

第三节　职业发展路径规划

一、明确职业发展目标

（一）根据教师个人特点和学校发展需求设定目标

1. 结合个人学术背景与教学经验设定职业发展目标

高校教师作为高等教育体系中的核心力量，其职业发展目标的设定对于提升个人素养、优化教学质量以及推动学校整体发展具有至关重要的作用。在设定职业发展目标时，教师需要综合考虑自身学术背景和教学经验，以确保目标的针对性和实效性。

分析个人学术背景是设定职业发展目标的基础。每位教师的学术背景都独具特色，涵盖了不同的学科领域、研究方向和学术成果。因此，教师需要深入剖析自己的学术专长和兴趣点，明确自己在学术界的定位和发展方向。例如，对于理工科教师而言，他们可能更加关注科研项目的申报与实施，追求在特定领域取得突破性成果；而文科教师则可能更注重理论研究的深度和广度，致力于推动学科理论的创新与发展。

教学经验是设定职业发展目标时不可忽视的重要因素。教学经验丰富的教师可能更加擅长课堂教学和学生管理，能够根据学生的实际需求调整教学策略，从而提升教学效果。因此，这类教师可以将提高教学质量、培养学生综合素质作为自己的职业发展目标。而对于教学经验相对较少的教师，他们可能需要更多地关注教学技能的提升和教学方法的创新，以逐步形成自己独特的教学风格。

在结合个人学术背景和教学经验设定职业发展目标的过程中，教师还需要注意目标的合理性和可行性。过高的目标可能导致挫败感和焦虑情绪的产生，而过低的目标则可能缺乏挑战性，不利于激发个人的潜力和动力。因此，教师需要根据自己的实际情况和外部环境因素，制定既具挑战性又切实可行的职业发展目标。

2. 考虑学校发展需求与战略规划设定教师职业发展目标

高校教师的职业发展不仅关乎个人成长，更应与学校的整体发展战略紧密相连。在设定职业发展目标时，教师需要充分考虑学校的发展需求和战略规划，以确保个人目标与学校发展方向的契合度。

教师需要深入了解学校的发展规划和战略需求。每所高校都有其独特的发展定位和办学特色，这些因素直接影响着教师的职业发展方向。例如，如果学校致力于推动国际化办学进程，那么提升教师的国际视野和跨文化交流能力就显得尤为重要。因此，教师可以设定与国际化发展相关的职业目标，如参与国际学术交流、开展国际合作研究等。

教师应关注学校的教育教学改革动态。随着高等教育改革的不断深入，学校对于教师的教学方法和手段也提出了更高的要求。教师需要密切关注学校的教学改革方向，及时调整自己的教学策略和理念，以适应新的教育环境。例如，面对翻转课堂、慕课等新型教学模式的兴起，教师可以设定掌握并运用这些教学模式的职业目标，以提升教学效果和满足学生的学习需求。

在考虑学校发展需求与战略规划设定教师职业发展目标的过程中，教师还需要注重与学校相关部门的沟通和协调。通过与教务部门、科研部门等机构的合作与交流，教师可以更加准确地把握学校的发展方向和政策导向，从而确保自己的职业发展目标与学校的整体战略保持一致。

3. 设定具体可行的职业发展目标及其实现路径

设定明确、具体且可行的职业发展目标对于高校教师来说至关重要。这不仅有助于教师清晰地规划自己的职业生涯，还能激发他们的积极性和创造力，持续推动个人成长和学校发展。

在设定具体目标时，教师应遵循 SMART 原则，即目标应具有具体性（Specific）、可衡量性（Measurable）、可达成性（Achievable）、相关性（Relevant）和时限性（Time-bound）。例如，教师可以设定在未来三年内发表三篇高质量学术论文的目标，这一目标既具体又可衡量，且通过努力是可以实现的。同时，这一目标也与教师的学术发展和学校对科研成果的期望密切相关。

为实现这些目标，教师需要制定详细的行动计划和时间表。以学术论文发表为例，教师可以分解为以下几个步骤：选定研究方向、进行文献综述、设计实验方案、开展实验研究、撰写论文初稿、反复修改完善以及最终投稿发表。每个步骤都应设定明确的时间节点和完成标准，以确保目标的顺利实现。

此外，教师还应定期对自己的职业发展目标进行评估和调整。随着外部环境和个人情况的变化，原先设定的目标可能需要进行相应的调整。通过定期反思和总结，教师可以及时发现问题并采取相应的改进措施，从而确保自己的职业发展始终沿着正确的轨道前进。

（二）长期目标与短期目标的平衡与调整

1. 平衡长期愿景与短期计划

在职业发展的道路上，平衡长期愿景与短期计划对于高校教师来说至关重要。长期愿景是职业发展的指南针，它为教师描绘了未来的蓝图，提供了前进的方向。然而，愿景的实现并非一蹴而就，需要通过一系列短期计划的执行来逐步推进。

明确长期愿景对于教师职业发展具有引领作用。一个清晰的长期愿景能够激发教师的内在动力，使他们在面对困难和挑战时能够坚持不懈。这个愿景应该与教师的价值观、兴趣和专长紧密相连，同时也要考虑到学校的发展需求和战略规划。通过设定一个既符合个人特点又顺应学校发展的长期愿景，教师能够为自己的职业生涯注入持久的活力和激情。

制定短期计划是实现长期愿景的关键步骤。短期计划具有更强的可操作性和可衡量性，能够帮助教师将长期愿景分解为具体可行的目标任务。在制定短期计划时，教师需要充分考虑时间、资源和个人能力等因素，确保计划的合理性和可行性。同时，短期计划的执行过程中，教师还需要不断反思和调整，以适应教学和研究环境的变化。

平衡长期愿景与短期计划的挑战在于如何保持两者之间的协调和一致。为了避免短期计划偏离长期愿景的轨道，教师需要定期回顾和评估自己的职业发展情况。这包括检查短期计划的执行情况、分析存在的问题和困难、以及根据长期愿景对短期计划进行必要的调整。通过这种方式，教师可以确保自己的职业发展始终沿着既定的方向前进。

2. 适时调整职业发展目标

职业发展目标的适时调整是教师职业生涯中的关键环节。随着教学经验的积累、学术能力的提升以及外部环境的变化，原先设定的目标可能已经不再适应当前的发展需求。因此，教师需要具备前瞻性的视野和灵活应变的能力，以便在必要时对职业发展目标进行调整。

教师需要密切关注行业动态和学术趋势，以便及时发现并应对潜在的变化。随着科技的进步和教育理念的更新，高等教育领域也在不断发展和变革。教师需要保持敏锐的观察力，捕捉这些变化并分析其对自身职业发展的影响。当发现原先的目标与新的发展趋势或学校需求存在偏差时，就应考虑对目标进行调整。

教师在调整职业发展目标时，应充分考虑自身的实际情况和能力水平。目标的设定既要具有挑战性，又要符合个人的兴趣、专长和职业规划。过高或过低的目标都可能对职业发展产生负面影响。因此，教师需要全面评估自己的优势与不足，制定出切实可行的调整方案。

教师在调整目标的过程中还应保持积极的心态和开放的态度。职业发展中的变化和挑战是不可避免的，面对这些变化时，教师应以乐观的心态去迎接并积极应对。同时，教师还要学会倾听他人的意见和建议，特别是来自同事、领导和学生的反馈。这些反馈往往能为教师提供宝贵的参考信息，帮助他们更加客观地评估自己的职业发展状况并作出相应的调整。

3. 高校的支持与指导在平衡和调整教师职业发展目标中的作用

高校作为教师的职业发展平台，对于平衡和调整教师职业发展目标具有举足轻重的作用。高校不仅提供丰富的教学和研究资源，还为教师创造了一个充满挑战和机遇的成长环境。在教师的职业发展过程中，高校的支持与指导是不可或缺的。

高校可以定期组织职业发展规划的培训和讲座，帮助教师提升职业发展规划能力。通过这些活动，教师可以了解到最新的教育理念、教学方法和研究趋势，从而为自己的职业发展注入新的活力。同时，这些培训和讲座还能为教师提供一个交流学习的平台，促进彼此之间的经验分享和合作成长。

高校应建立完善的职业发展咨询机制，为教师提供个性化的职业发展规划建议。每位教师的职业发展路径都是独一无二的，因此他们需要的支持和指导也是多样化的。通过设立专门的职业发展咨询机构或配备专业的职业规划师，高校可以为教师提供更加精准和有针对性的帮助。这些咨询师可以根据教师的个人特点、学术背景和教学经验等因素，为其量身定制职业发展规划方案，并在实施过程中提供持续的跟踪和指导。

高校应积极营造良好的教学和研究氛围，为教师实现职业发展目标提供有力保障。这包括提供充足的教学资源、先进的实验设备和优质的研究环境等硬件支持，以及倡导开放、包容和创新的学术氛围等软件支持。在这样的环境中，教师可以更加专注于教学和研究工作，不断挖掘自己的潜力并实现职业价值的最大化。同时，高校还可以通过设立激励机制和奖励政策来鼓励教师积极追求职业发展目标，为他们的成长提供更多的动力和支持。

二、多元发展路径设计

（一）教学型、研究型、管理型等多元发展方向

1. 教学型路径：培养教学骨干

在高等教育的广阔天地中，教学型教师扮演着至关重要的角色。他们是知识的传播者，是学生智慧的引路人，更是教育改革的先锋。对于热爱教学、精通教育的教师来说，走教学型路径，不仅是对自己才华的最好展示，也是对教育事业的巨大贡献。

高校应充分认识到教学型教师的价值，并为他们提供全方位的支持。教学技能培训是提升教师教学能力的重要途径。高校可以定期组织校内或校外的专家进行授课，将最新的教育理念、教学方法传递给每一位教师。例如，通过工作坊、研讨会等形式，让教师们亲身参与，互动交流，从而更深刻地理解和掌握这些教学技能。

课程设计指导对于教学型教师来说同样重要。一个好的课程不仅需要丰富的知识内容，更需要巧妙的教学设计和引人入胜的授课方式。高校可以邀请经验丰富的课程设计专家，为教师提供从课程设计理念到具体实施步骤的全方位指导。同时，鼓励教师之间进行教学设计的分享与交流，共同提高。

此外，为了进一步激发教师的教学热情，高校还应设立完善的教学奖励机制。这不仅可以是对教师在教学上取得突出成绩的认可，更是一种激励和鞭策。例如，可以设立“优秀教学奖”、“教学创新奖”等，通过公正的评选机制，让真正优秀的教师脱颖而出。

通过这些措施的实施，高校可以逐步培养出一支高素质的教学骨干队伍。他们不仅在教学上表现卓越，更能成为推动学校教学改革、提升教育质量的重要力量。

2. 研究型路径：产出高质量科研成果

在高等教育的生态系统中，研究型教师是推动学术进步和科技发展的重要力量。他们具备深厚的学术素养和敏锐的科研洞察力，能够不断探索未知领域，产出高质量的科研成果。

为了充分激发研究型教师的科研潜力，高校应提供全方位的支持和资源保障。科研资金的投入是不可或缺的。高校应加大对科研项目的资金支持力度，确保教师们有足够的经费开展实验和研究工作。同时，提供先进的实验设备和优质的研究条件，为教师们创造一流的科研环境。

高校应积极推动科研团队的建设和合作平台的搭建。通过组建跨学科、跨领域的科研团队，鼓励教师们进行学术交流与合作研究，共同攻克科研难题。此外，与国内外知名研究机构和企业建立紧密的合作关系，为教师提供更多的研究机会和资源共享。

在培养研究型教师的过程中，高校还应注重科研成果的转化和应用。鼓励教师们将科研成果与实际应用相结合，推动科技创新和产业升级。这不仅有助于提升高校的社会影响力和服务地方经济发展的能力，还能进一步激发教师们的科研热情和创新精神。

通过这些举措的实施，高校可以打造出一支高素质的研究型教师队伍。他们在科研领域不断取得突破和成就，为学校的学术声誉和影响力增添光彩，同时也为社会进步和科技发展做出积极贡献。

3. 管理型路径：培养学校管理人才

随着高等教育的发展，高校管理面临着越来越多的挑战。因此，培养具有领导才能和潜力的管理型教师显得尤为重要。这些教师不仅在教学和科研方面有着出色的表现，更具备卓越的组织协调能力和战略眼光，能够为学校的发展提供有力的管理支持。

为了培养这类人才，高校应提供系统的管理培训和实践机会。管理培训课程可以涵盖管理理论、领导艺术、团队建设等多个方面，帮助教师们全面提升管理能力。同时，通过参与学校的管理工作和决策过程，教师们可以积累实际的管理经验，更好地理解和把握高校管理的精髓。

除了培训和实践机会外，高校还应建立完善的人才选拔和激励机制。通过公正的选拔程序，发现那些具有领导潜质的教师，并给予他们更多的锻炼和展示机会。同时，设立相应的奖励制度，对在管理岗位上做出突出贡献的教师进行表彰和奖励，以此激发他们的积极性和创造力。

在培养管理型教师的过程中，高校还应注重团队合作和沟通协调能力的培养。一个好的管理者不仅要具备出色的个人能力，更要善于调动团队的力量，实现共同的目标。因此，高校可以通过组织团队建设活动、搭建沟通交流平台等方式，帮助教师们提升这方面的能力。

通过这些措施的实施，高校可以逐步培养出一支高素质的管理型教师队伍。他们在学校的各个管理岗位上发挥着重要作用，为学校的长远发展提供有力的支持和保障。

（二）助力教师实现职业转型

随着教育行业的不断发展和教师个人职业规划的变化，越来越多的教师开始考虑职业转型。为了满足这一需求，高校应积极采取措施，提供相应的培训和支持，帮助教师顺利实现职业转型。

1. 提供转型指导和职业规划服务

高校在助力教师职业转型的过程中，首要任务是提供个性化的转型指导和职业规划服务。这一服务旨在帮助教师认清自身的兴趣、优势和发展潜力，从而为他们量身打造一条适合自己的职业发展道路。

设立专门的职业规划服务部门或咨询点是实现这一目标的关键。这些部门或咨询点应由经验丰富的职业规划师和教育专家组成，他们能够通过深入的对话和评估，了解教师的职业期望和发展目标。在此基础上，职业规划师可以为教师提供具体的转型建议，包括转型的方向、可能遇到的挑战以及应对策略等。

此外，高校还可以定期举办职业规划讲座和工作坊，邀请行业内的专家和教师分享他们的转型经验。这些活动不仅能够为教师提供宝贵的参考信息，还能激发他们探索新职业领域的热情和信心。

2. 加强跨学科培训和技能提升

跨学科培训和技能提升是助力教师职业转型的核心环节。高校应根据教师的转型需求，提供针对性的培训课程和资源。

对于希望从教学型转向研究型的教师，高校可以开设科研方法、数据处理、论文写作等培训课程。这些课程将帮助教师掌握科学研究的基本方法和技能，为他们进入研究领域打下坚实的基础。

对于有意向管理型转变的教师，高校则应提供管理学基础、领导力发展、团队建设等培训课程。通过这些课程的学习，教师可以更好地了解管理岗位的职责和要求，提升自己在组织协调、决策执行等方面的能力。

除了培训课程，高校还可以为教师提供实践机会，如参与科研项目、担任学生组织指导老师等，让他们在实际操作中不断磨练新技能，加速转型进程。

3. 建立导师制度和交流平台

在教师职业转型的过程中，建立导师制度和交流平台具有重要意义。导师制度可以为转型教师提供一对一的指导和帮助，使他们能够更快地适应新的职业环境。

高校可以邀请成功转型或具有丰富经验的教师担任导师，与转型教师进行配对。导师不仅可以在职业规划、技能提升等方面给予建议，还能分享自己的转型经验和心得，为转型教师提供精神支持和动力。

同时，高校还应积极搭建交流平台，鼓励转型教师之间以及与相关领域专家的互动交流。通过定期的研讨会、座谈会等活动，转型教师可以分享自己的转型经历、面临的挑战以及解决方案，从而相互学习、共同进步。

4. 鼓励实践和探索机会

实践是检验教师职业转型成功与否的重要标准。高校应鼓励转型教师在实际工作中进行实践和探索，为他们提供必要的支持和资源。

一方面，高校可以为转型教师安排校内外的实践机会，如参与学校的管理工作、与企业或行业合作开展项目等。这些实践经历不仅能够帮助教师深入了解新的职业领域，还能提升他们的实际操作能力和解决问题的能力。

另一方面，高校还应给予转型教师一定的时间和空间去适应和调整自己的职业规划和发展方向。在转型初期，教师可能会面临各种挑战和困难，高校应提供必要的关怀和支持，帮助他们度过转型期。

三、激励机制与晋升通道

（一）设立明确的晋升通道

在高等教育体系中，教师的晋升通道不仅关乎个人的职业发展，也是学校整体发展和教育质量提升的关键因素。一个明确、公正的晋升通道能够激励教师积极进取，提高工作效率，同时也能为学校吸引和留住优秀人才。

1. 建立透明公正的晋升标准

为了确保晋升通道的公正性和透明度，首先要做的就是建立一套明确、可量化的晋升标准。这套标准应该全面而细致，能够涵盖教师工作的各个方面，包括教学、科研、社会服务以及专业发展等。

在教学方面，评价标准可以包括教学质量、教学方法的创新性、学生满意度以及课程设计的合理性等。科研方面的标准则可以包括科研项目的数量和质量、学术论文的发表情况、科研成果的转化应用等。社会服务方面，可以考察教师在行业内的贡献、参与的社会活动以及为社会提供的专业咨询等。

这些标准不仅要全面，更要公开透明，确保每一位教师都能清楚地了解晋升的具体要求和流程。通过明确的标准，教师可以有针对性地提升自己的专业素养和综合能力，从而增加晋升的机会。

此外，晋升标准的制定还应注重公正性。要避免主观臆断和人为干扰，确保每一位教师都能在公平的环境下竞争。为了实现这一点，可以引入第三方评价机制，如邀请行业专家或学术委员会对教师的工作进行评价，以确保评价的客观性和公正性。

2. 设立多元化的晋升职位

在传统的晋升通道中，往往只有学术职位的晋升，如从助教晋升为讲师、副教授再到教授。然而，这种单一的晋升路径已经无法满足当代高校教师的多样化需求。因此，设立多元化的晋升职位显得尤为重要。

除了传统的学术职位外，高校还可以考虑设置一些特定的研究岗位和管理岗位。例如，可以设立研究员、副研究员等职位，以鼓励教师在科研方面取得更大的成就。同时，也可以设置一些管理岗位，如系主任、研究所所长等，以培养教师的管理能力和领导力。

这些多元化的晋升职位不仅可以为教师提供更多的发展机会，也有助于激发教师的积极性和创造力。当教师看到自己在不同领域都有发展的可能性时，他们会更愿意投入时间和精力去提升自己的专业素养和综合能力。

此外，高校还可以通过设立特定的荣誉称号或奖励来表彰在某些领域有突出贡献或特殊才能的教师。这种表彰不仅可以增强教师的荣誉感和归属感，也有助于提升学校的整体形象和声誉。

3. 确保晋升通道的畅通与灵活

一个畅通与灵活的晋升通道是确保教师能够顺利晋升的关键。为了实现这一点，高校需要在制定晋升通道时充分考虑教师的个性化需求和职业发展目标。

高校应定期与教师进行沟通与交流，了解他们的职业规划和发展需求。通过深入的对话与了解，学校可以为每位教师制定更加贴合实际的晋升计划，帮助他们更好地实现职业目标。

高校应定期对晋升通道进行审查和调整。随着教育行业的不断发展和教师需求的变化，晋升通道也需要与时俱进地进行更新和优化。通过保持晋升通道的灵活性和时效性，高校能够更好地适应外部环境的变化并满足教师的实际需求。

为了确保晋升通道的畅通无阻，高校还应建立完善的反馈机制和申诉渠道。当教师在晋升过程中遇到问题时，他们可以通过这些渠道及时反映情况并寻求帮助与支持。这不仅有助于维护教师的合法权益，也能促进学校整体管理水平的提升和进步。

（二）激励政策的设计与实施

在高等教育领域，激励政策是提升教师工作积极性、促进教师职业发展的重要手段。一个合理有效的激励政策，能够极大地激发教师的工作热情，提高教学和科研质量。以下将从四个方面详细探讨激励政策的设计与实施。

1. 物质奖励与精神奖励并重

在设计激励政策时，高校应充分认识到物质奖励和精神奖励的重要性，并实现二者的有机结合。物质奖励是最直接、最实在的激励方式，能够有效地改善教师的生活质量，进而提升他们的工作满意度。高校可以通过设立绩效奖金、提供住房补贴、增加科研经费等方式，给予教师物质上的回馈，让他们切实感受到自己的付出得到了应有的回报。

然而，仅有物质奖励是远远不够的。精神奖励在满足教师心理需求、提升工作积极性方面同样具有不可替代的作用。高校应定期举办表彰大会，对在教学、科研等方面做出突出贡献的教师进行公开表彰，颁发荣誉证书，以增强他们的自豪感和成就感。同时，还可以通过校内外媒体的宣传，扩大优秀教师的社会影响力，进一步提升他们的社会地位和认可度。

物质奖励与精神奖励并重，旨在从多个层面满足教师的需求，形成全方位的激励机制。这种综合性的激励方式，有助于全面提升教师的工作积极性和职业满意度，进而推动高校整体教学科研水平的提升。

2. 提供丰富的职业发展机会

除了直接的奖励措施外，高校还应致力于为教师提供多样化的职业发展机会，以满足他们不断提升自己、实现自我价值的需求。这些机会可以包括提供定期的进修课程、参与国内外学术会议、与行业专家进行深入交流等。通过这些活动，教师可以及时更新知识结构，了解学科前沿动态，拓宽专业视野，从而提升自身的教学和科研能力。

此外，高校还应鼓励教师参与跨学科、跨领域的合作项目，以促进学术交流与创新思维的碰撞。这种合作不仅能够丰富教师的教学和科研经验，还有助于培养他们的团队协作精神和创新意识。同时，高校可以为教师提供一定的科研经费支持，鼓励他们开展创新性研究项目，探索新的学术领域。

通过提供丰富的职业发展机会，高校能够帮助教师实现个人成长与职业发展，进而提升他们的职业满意度和归属感。这种深层次的激励方式，对于稳定教师队伍、提高教学和科研质量具有重要意义。

3. 确保激励政策的公平性与透明度

公平性和透明度是激励政策设计的两大核心原则。高校在制定激励政策时，必须充分考虑教师的实际需求和贡献程度，确保每位教师都能获得与其付出相匹配的回报。这要求高校在制定具体政策时，进行深入的调研和分析，广泛听取教师的意见和建议，确保政策的科学性和合理性。

同时，激励政策的实施过程必须保持高度透明。高校应建立公开、透明的奖励机制，让教师能够清楚地了解自己的绩效评估和奖励情况。这不仅可以增强教师对激励政策的信任感和认同感，还有助于提升他们的工作积极性和投入度。

为了保障公平性和透明度，高校可以设立专门的监督机构或委员会，对激励政策的制定和实施进行全程监督。同时，还可以建立有效的申诉机制，为教师提供畅通的反馈渠道，确保他们的权益得到有效保障。

4. 及时反馈与调整激励政策

激励政策并非一成不变，而是需要根据实际情况进行动态调整。为了确保激励政策的有效性和针对性，高校应建立定期评估和反馈机制。通过定期收集教师的反馈意见和数据，分析政策实施的效果和存在的问题，及时进行必要的调整和优化。

具体而言，高校可以定期开展教师满意度调查、绩效评估等活动，深入了解教师对当前激励政策的看法和建议。同时，还可以结合学校的发展战略和市场需求等因素，对政策进行前瞻性的规划和调整。这种动态的管理方式能够使激励政策更加符合教师的实际需求和发展目标，从而提高政策的针对性和实效性。

第四节　教师心理健康与职业倦怠

一、心理健康重要性

（一）心理健康对教师职业发展的影响

教师的心理健康是其职业发展不可忽视的重要因素。一个心理健康的教师不仅能够在教学中发挥更好的效果，还能够在职业生涯中走得更远。

1. 心理健康与教师工作积极性

教师的心理健康状况，直接关系到他们对待工作的态度和积极性。心理健康的教师，往往能够以更加积极、正面的心态去面对教学中的困难和挑战。他们更有可能主动寻求解决问题的方法，而不是被动地等待问题的解决。这种积极主动的态度，不仅有助于教师更好地完成教学任务，还能够提升他们的教学效能感，进一步激发他们的工作热情。

然而，当教师面临心理健康问题时，如情绪低落、焦虑或抑郁等，他们的工作积极性往往会受到严重影响。这些负面情绪可能导致教师对工作失去兴趣，甚至产生抵触情绪，进而影响到他们的教学质量和效果。更为严重的是，这种消极情绪还可能在教师团队中蔓延，影响整个团队的士气和凝聚力。

因此，维护教师的心理健康，对于提升他们的工作积极性具有重要意义。学校和教育部门应该关注教师的心理健康状况，提供必要的心理支持和辅导，帮助他们保持良好的心态和工作状态。

2. 心理健康与教学质量

教学质量是评价教师工作的重要指标之一，而教师的心理健康状况对教学质量有着直接的影响。心理健康的教师，能够更加专注于教学内容和方法的研究，不断创新教学方式，提高课堂效果。他们更能够根据学生的需求和特点，制定个性化的教学方案，从而提升学生的学习效果。

同时，心理健康的教师更有可能与学生建立起良好的师生关系。他们更能够理解学生的感受和需求，为学生提供必要的情感支持和学习指导。这种亲密的师生关系，不仅能够提升学生的学习兴趣和动力，还有助于培养学生的健康人格和社交能力。

然而，当教师面临心理健康问题时，他们的教学质量往往会受到严重影响。心理问题可能导致教师无法集中精力进行教学准备和组织，甚至在教学过程中出现失误或情绪失控的情况。这无疑会对学生的学习效果和心理健康造成负面影响。

因此，为了保障教学质量和学生的全面发展，学校和教育部门应该高度重视教师的心理健康问题。通过提供定期的心理健康检查、心理咨询和辅导等服务，帮助教师及时缓解心理压力、解决心理问题，从而保持良好的教学状态。

3. 心理健康与职业发展机会

在教师的职业生涯中，心理健康状况还与其职业发展机会密切相关。一个心理健康的教师，更有可能积极主动地寻求职业发展机会，如参加进修课程、学术交流活动等，以提升自己的专业素养和教学能力。他们更能够适应教育行业的快速发展和变化，不断更新自己的知识和技能储备。

同时，心理健康的教师也更有可能在职业生涯中取得突破性的成就。他们能够以更加开放和包容的心态去面对新的教学理念和方法，勇于尝试和创新。这种积极进取的态度和勇于创新的精神，有助于教师在职业生涯中获得更多的发展机会和晋升空间。

然而，当教师面临心理健康问题时，他们的职业发展往往会受到严重阻碍。心理问题可能导致教师缺乏自信和进取心，错失许多宝贵的职业发展机会。更为严重的是，长期的心理问题还可能使教师对职业生涯产生迷茫和困惑，甚至选择放弃教育事业。

因此，为了促进教师的职业发展和提升整个教育行业的水平，学校和教育部门应该关注并解决教师的心理健康问题。通过提供专业的心理咨询和辅导服务、建立完善的职业发展支持体系等措施，帮助教师克服心理障碍、提升职业素养和教学能力，从而实现更好的职业发展。同时，还应该加强对教师心理健康的宣传和教育，提高教师对心理健康问题的认识和重视程度，促使他们更加积极主动地寻求帮助和支持。

（二）心理健康与学生成长的关联

在学生的成长过程中，教师的角色举足轻重。他们不仅是知识的传授者，更是学生心理健康发展的重要引导者。教师的心理健康状况与学生的成长紧密相连，对学生的学习环境、情感发展以及心理健康等方面都产生着深远的影响。

1. 心理健康与学生学习环境

教师的心理健康状况直接影响着学生的学习环境。一个心理健康的教师，能够以平和、乐观的心态面对教学中的各种挑战，为学生创造一个积极、和谐的学习氛围。在这样的环境中，学生不仅能够感受到教师的关爱和支持，还能够在轻松愉快的氛围中学习知识，发展技能。

心理健康的教师更能够灵活运用各种教学方法和手段，激发学生的学习兴趣和好奇心。他们懂得如何根据学生的年龄特点和认知水平设计教学活动，使学生在参与过程中体验到学习的乐趣和成就感。同时，他们还能够及时关注学生的学习状态和需求，提供个性化的辅导和支持，从而帮助学生更好地掌握知识，提高学习效果。

相反，如果教师的心理状态不佳，可能会将个人的消极情绪带入课堂，甚至在教学过程中表现出不耐烦、冷漠或愤怒等负面情绪。这不仅会破坏原本和谐的学习氛围，还会使学生产生恐惧、焦虑等不良情绪，进而影响他们的学习积极性和效果。长期在这样的环境中学习，学生的心理健康也可能受到损害。

因此，教师的心理健康状况对学生学习环境的影响不容忽视。学校和教育部门应该关注教师的心理健康问题，提供必要的支持和帮助，以确保教师能够以良好的心态投入到教学工作中，为学生创造一个健康、积极的学习环境。

2. 心理健康与学生情感发展

除了对学习环境的直接影响外，教师的心理健康状况还与学生的情感发展密切相关。心理健康的教师往往具有更强的同理心和共情能力，能够更好地理解和关注学生的情感需求。他们懂得如何倾听学生的心声，提供及时的情感支持和引导，从而帮助学生建立积极、健康的情感态度。

在学生的成长过程中，情感发展是一个重要的方面。一个心理健康的教师能够成为学生情感发展的引路人，帮助他们学会表达自己的情感，处理人际关系中的冲突和矛盾。通过与学生的情感交流，教师还能够及时发现学生的心理问题，提供有效的干预和帮助，防止问题的进一步恶化。

然而，如果教师自身存在心理问题或情绪困扰，可能会在处理学生情感问题时表现出冷漠、忽视或不耐烦等态度。这不仅会阻碍学生的情感发展，还可能使他们产生被忽视、被排斥的感觉，进而对其心理健康造成负面影响。

因此，教师的心理健康状况对学生的情感发展具有重要意义。教师应该注重自身的情感调适和心理健康维护，以便更好地履行情感教育的职责，促进学生的全面发展。

3. 心理健康与学生心理健康的示范效应

教师的心理健康状况不仅直接影响学生的学习和情感发展，还具有潜在的示范效应，对学生的心理健康产生影响。作为学生成长过程中的重要他人，教师的行为和态度往往会成为学生模仿和学习的对象。

一个心理健康的教师能够以积极、乐观的心态面对生活中的挑战和困难，这种态度也会潜移默化地影响学生。学生会从教师身上学到如何调整心态、应对压力的方法，从而形成积极、健康的心态。这种示范效应对学生的心理健康成长具有长远的影响。

相反，如果教师的心理状态不稳定或存在严重心理问题，可能会在学生面前表现出消极、焦虑或暴躁等不良情绪。学生会不自觉地模仿这些负面情绪和行为模式，从而增加自身出现心理问题的风险。这种不良的示范效应可能会对学生的心理健康造成长期的负面影响。

因此，教师应该充分认识到自身心理健康状况对学生的示范效应，并努力保持积极、健康的心态。同时，学校和教育部门也应该加强对教师心理健康的关注和支持，以确保教师能够为学生树立良好的心理健康榜样。

二、职业倦怠的成因与影响

（一）工作压力、职业期望与现实的落差等因素

教师职业，尤其是高校教师职业，在许多人眼中是稳定、高尚且充满智慧的。然而，深入探究其背后，我们会发现教师也面临着种种压力和挑战。工作压力、职业期望与现实的落差以及社会环境的变化，都是影响教师心态和职业发展的重要因素。

1. 工作压力导致的职业倦怠

高校教师的工作压力是多重且复杂的。教学任务繁重。为了提供高质量的教育，教师需要投入大量的时间和精力进行备课、授课及课后辅导。每一门课程都需要精心准备，每一次授课都需要全力以赴，这无疑给教师带来了巨大的工作压力。

科研要求越来越高。在学术界，发表高质量的论文是衡量一个教师学术水平的重要标准。为了提升自己的学术地位和影响力，教师需要不断进行深入研究，挖掘新的学术观点，这同样需要付出大量的心血。

学生管理是一个不可忽视的压力来源。随着社会的发展，学生的个性越来越多样化，教师需要关注每一个学生的学习和生活情况，及时解决他们遇到的问题，这无疑增加了教师的工作负担。

长期面对这样的工作压力，很容易导致教师产生职业倦怠。职业倦怠不仅会影响教师的教学质量，还会对教师的身心健康造成严重的损害。因此，如何缓解教师的工作压力，预防职业倦怠的产生，是当前教育领域需要关注的重要问题。

2. 职业期望与现实的落差引发的心理失衡

许多教师在进入高校之前，对未来的工作环境和职业发展抱有较高的期望。他们可能期待有充足的教学资源、完善的科研条件以及广阔的职业发展空间。然而，当真正进入工作岗位后，他们可能会发现现实与预期存在较大的落差。

这种落差首先体现在教学资源的不足上。一些高校可能由于资金、设备等原因，无法为教师提供充足的教学资源，这会影响教师的教学效果和科研进展。其次，科研条件可能并不完善。一些高校可能缺乏先进的实验设备、充足的科研经费以及优秀的科研团

队，这会限制教师的科研能力和成果产出。最后，职业发展机会也可能并不如预期。一些高校可能由于编制、岗位等原因，无法为教师提供广阔的职业发展空间，这会让教师感到前途渺茫。

面对这样的落差，教师可能会感到失望和沮丧，进而产生心理失衡和职业倦怠。特别是对于年轻教师来说，他们往往更加敏感和脆弱，更容易受到这种落差的影响。因此，高校应该关注教师的职业期望与现实落差问题，积极改善教学资源和科研条件，提供更多的职业发展机会，以缓解教师的心理失衡和职业倦怠。

3. 社会环境变化对教师职业心态的影响

随着社会的快速发展和教育改革的不断深入，高校教师的职业环境也在发生变化。社会对高校教师的期望越来越高，要求教师不仅要有扎实的专业知识，还要有创新精神和实践能力。同时，随着信息时代的到来，学生获取知识的途径越来越多样化，这对教师的传统角色提出了挑战。

然而，与此同时，教师的待遇和地位却并没有得到相应的提升。在一些地区和学校，教师的收入水平相对较低，社会地位也不高。这种社会环境的变化会对教师的职业心态产生影响，让他们感到压力和不安。一些教师可能会因为无法满足社会的期望而感到自责和焦虑，进而产生职业倦怠；另一些教师则可能会因为待遇和地位的不公而感到失落和沮丧，影响工作积极性和教学质量。

面对社会环境的变化，教师需要不断调整自己的心态和角色定位，适应新的教育形势和社会需求。同时，高校和社会也应该关注教师的待遇和地位问题，提高他们的收入水平和社会认可度，以激发教师的工作热情和创造力。只有这样，才能促进教师的职业发展，提高教育质量，培养出更多优秀人才。

（二）职业倦怠对教师身心健康和工作效率的负面影响

教师职业倦怠是一个普遍存在的现象，它源于长期的工作压力、过高的期望与现实的落差以及个人资源的不断消耗。职业倦怠不仅对教师个人的身心健康构成威胁，更会影响其工作效率和人际关系。

1. 身心健康受损

职业倦怠对高校教师的身心健康带来了显著的负面影响。当教师长期处于高压和疲惫状态时，他们的心理健康首先会受到冲击。这种持续的负面情绪会导致教师容易出现情绪波动，如烦躁不安、焦虑抑郁等。这些心理问题不仅影响教师的日常生活质量，更可能进一步发展为严重的心理障碍。

同时，职业倦怠还会对教师的身体健康造成不良影响。长期的精神压力和负面情绪会导致身体出现各种症状，如失眠、头痛、胃痛等。这些症状不仅会影响教师的身体健康，还会进一步加剧其心理上的疲惫感。此外，长期的压力和疲惫还可能导致教师的免疫系统功能下降，增加患病的风险。

为了应对职业倦怠带来的身心健康问题，教师需要积极寻求支持和帮助。学校和教育部门也应该重视教师的心理健康问题，提供必要的心理辅导和支持服务。同时，教师可以通过调整工作方式、增加休息时间、进行锻炼等方式来缓解身心压力，改善健康状况。

2. 工作效率下降

职业倦怠对教师的工作效率产生了明显的负面影响。当教师陷入职业倦怠时，他们的工作热情和动力会大大降低。这种心态下，教师在备课、授课以及科研等方面的投入自然会减少，导致教学质量和科研成果受到严重影响。

具体来说，倦怠的教师可能在备课时缺乏深入研究和创新，导致教学内容陈旧、方法单一；在授课时可能缺乏激情和感染力，无法激发学生的学习兴趣；在科研方面可能缺乏深入探索和创新思维，难以产出高质量的学术成果。这些问题不仅会影响教师的职业发展，更可能对学生的学习和成长造成不良影响。

为了提高工作效率，教师需要积极调整心态和工作方式。首先，教师应该认识到职业倦怠对工作效率的负面影响，并主动寻求解决方案。其次，教师可以通过合理安排工作时间、优化工作流程、提高自我管理能力等方式来提高工作效率。同时，学校和教育部门也应该为教师提供良好的工作环境和资源支持，帮助他们更好地应对工作压力和挑战。

3. 人际关系紧张

职业倦怠还可能导致教师的人际关系紧张。在情绪低落和缺乏耐心的状态下，教师可能更容易与同事、学生和领导发生冲突和矛盾。这种紧张的人际关系不仅会影响教师的工作氛围和团队合作效果，还可能对他们的职业发展造成不利影响。

具体来说，倦怠的教师可能在与同事合作时缺乏耐心和沟通意愿，导致工作难以协调；在与学生交流时可能缺乏关注和理解，导致学生感受到冷漠和忽视；在与领导沟通时可能缺乏尊重和配合，导致工作关系紧张。这些问题不仅会影响教师的社交能力，更可能对他们的职业发展带来障碍。

为了改善人际关系，教师需要增强自我认知和情绪管理能力。首先，教师应该认识到自己的情绪状态对人际关系的影响，并学会调整自己的情绪。其次，教师可以通过积极沟通、增强团队合作意识、提高情商等方式来改善与他人的关系。同时，学校和教育部门也应该为教师提供必要的培训和支持，帮助他们更好地处理人际关系问题。

三、应对策略

（一）建立教师心理健康支持体系

随着社会的快速发展和教育改革的不断深入，高校教师面临的压力也日益增大。这些压力不仅来源于教学任务、科研要求、学生管理等方面，还与教师个人的职业发展、家庭生活等密切相关。长期面对这些压力，教师的心理健康很容易受到影响，进而影响到教学质量和个人生活。因此，建立教师心理健康支持体系显得尤为重要。

1. 设立专门的心理咨询机构

为了有效应对教师的心理健康问题，高校应设立专门的心理咨询机构。这一机构将成为教师心理健康支持体系的核心，为教师提供专业的心理咨询和辅导服务。

心理咨询机构应具备专业的心理咨询师团队，他们应具备扎实的心理学理论基础和丰富的实践经验，能够为教师提供科学、有效的心理咨询。同时，机构还应定期组织心理健康活动，如心理健康讲座、团体心理辅导等，提高教师对心理健康重要性的认识，并传授一些简单的心理调适方法。

心理咨询机构应积极与教师互动，了解他们的实际需求和困扰，提供有针对性的服务。例如，可以设立心理热线或在线咨询平台，方便教师在遇到心理问题时随时寻求帮助。

高校应给予心理咨询机构足够的支持和投入，确保其正常运转并不断提高服务水平。这包括提供必要的场地、设备和经费支持，以及定期对机构进行评估和改进。

2. 配备专业的心理咨询师

专业的心理咨询师是建立教师心理健康支持体系的关键。他们不仅需要具备扎实的心理学知识，还需要有丰富的实践经验和良好的职业素养。

心理咨询师的选拔应严格遵循专业标准和程序，确保他们具备从事心理咨询工作的资质和能力。同时，高校应为心理咨询师提供持续的培训和发展机会，帮助他们不断更新知识、提高技能，以更好地为教师提供心理健康服务。

此外，心理咨询师还应与教师建立良好的信任关系，倾听他们的心声、理解他们的困扰，并提供科学、有效的解决方案。在这个过程中，心理咨询师需要保持高度的职业操守和道德标准，确保教师的隐私和安全得到充分保护。

3. 定期开展心理健康教育和培训

定期开展心理健康教育和培训是提高教师心理素质和应对压力能力的重要途径。高校可以邀请心理学专家或资深心理咨询师来进行相关讲座和培训，内容可以涵盖心理健康的基本知识、压力管理技巧、情绪调节方法等方面。

通过这些教育和培训活动，教师可以更好地了解自己的心理状态和需求，学会如何调整心态、缓解压力并提升自我认知。同时，这些活动还可以帮助教师建立积极的工作态度和生活观念，提高他们的工作满意度和生活质量。

此外，高校还可以鼓励教师之间互相分享经验和心得，形成良好的学习氛围和互助机制。这种同伴支持不仅可以增强教师的归属感和认同感，还可以促进他们共同成长和进步。

4. 建立教师心理健康档案

为了更好地了解每位教师的心理健康状况并提供个性化的支持，高校可以为每位教师建立心理健康档案。这些档案可以记录教师的心理健康历史、咨询记录、培训参与情况等信息，以便及时发现并解决潜在的心理问题。

通过建立心理健康档案，高校可以更加全面地了解教师的心理需求和困扰，为他们提供更加精准和有效的帮助。同时，这些档案还可以作为高校改进心理健康支持体系的参考依据，推动相关工作的不断完善和发展。

需要注意的是，心理健康档案的建立和管理应遵循严格的保密原则和规范操作流程，确保教师的隐私得到充分保护。此外，高校还应定期对心理健康档案进行分析和评估，以便及时发现问题并采取相应措施进行干预和支持。

（二）提供心理咨询和辅导服务

心理咨询和辅导服务是维护高校教师心理健康的重要一环。随着教育改革的不断深化和教师职业压力的日益增大，高校教师需要更多的心理支持和关怀。

1. 及时响应教师心理需求

为了及时响应教师的心理需求，高校应建立一套完善的心理咨询预约制度。这一制度应确保教师在出现心理健康问题时，能够迅速、方便地预约到专业的心理咨询师。预约方式可以包括电话预约、网络预约等，以满足不同教师的需求。

同时，高校还应加强心理健康宣传，提高教师对心理咨询服务的认识和接受度。通过定期举办心理健康讲座、发放心理健康宣传资料等方式，让教师了解心理咨询的重要性，并鼓励他们在遇到心理问题时主动寻求帮助。

此外，高校还可以考虑设立紧急心理咨询热线，为教师提供 24 小时不间断的心理支持。这样，即使在非工作时间，教师也能得到及时的心理援助。

2. 提供个性化的心理咨询方案

每位教师的心理健康问题和需求都是独特的，因此，提供个性化的心理咨询方案至关重要。心理咨询师在初次咨询时，应与教师进行深入沟通，全面了解他们的心理状况、生活压力、职业困惑等，从而制定出针对性的咨询计划。

个性化的心理咨询方案不仅应包括具体的咨询目标和方法，还应考虑到教师的个人特点和偏好。例如，对于性格内向的教师，咨询师可以采用更为温和、引导式的咨询方式；而对于性格外向的教师，则可以采用更为直接、开放的咨询方式。

在咨询过程中，心理咨询师还应根据教师的反馈和进展情况，灵活调整咨询方案，以确保咨询效果的最大化。

3. 跟踪评估咨询效果

为了确保心理咨询和辅导服务的有效性，高校应建立一套科学的跟踪评估机制。这一机制应包括定期的咨询效果评估、教师满意度调查以及咨询师的自我评价等方面。

在咨询过程中，心理咨询师应与教师保持密切联系，及时了解他们的心理变化和问题改善情况。通过定期的咨询效果评估，可以判断咨询目标是否达成，以及是否需要调整咨询方案。

同时，高校还应定期组织教师对心理咨询服务进行评价，以便了解服务的实际效果和教师的真实需求。这些反馈信息可以作为改进服务质量和效果的重要依据。

4. 保密性原则的坚守

在提供心理咨询和辅导服务时，保密性原则是至关重要的。高校应建立完善的保密制度，确保教师的个人信息和对话内容都得到妥善保护。

心理咨询师应严格遵守保密规定，不得将教师的个人信息和对话内容泄露给无关人员。在必要情况下，如涉及到法律诉讼或公共安全等问题时，咨询师应征得教师的明确同意后才能披露相关信息。

高校应加强对心理咨询室的管理和监督，确保咨询环境的安全和私密性。例如，可以设置独立的咨询室，安装隔音设备等措施来保护教师的隐私。

高校应定期对心理咨询师进行保密意识和技能培训，提高他们的职业素养和责任意识。这样不仅可以增强教师与咨询师之间的信任关系，还能确保教师能够放心地接受咨询和辅导服务。

（三）组织丰富多样的文体活动

随着社会的快速发展和教育改革的不断推进，高校教师面临着越来越多的工作压力。

为了缓解教师的压力，提升他们的心理健康水平，高校需要积极组织丰富多样的文体活动。这些活动不仅能够丰富教师的业余生活，还能增进教师之间的交流与沟通，营造积极向上的校园文化氛围。

1. 举办多样化的文体活动

高校应充分考虑到不同教师的兴趣和爱好，举办多样化的文体活动。这些活动可以涵盖体育、文艺、艺术等多个领域，如运动会、文艺演出、书法比赛、摄影展览等。

运动会：可以组织趣味运动会或者传统体育项目比赛，如篮球赛、羽毛球赛等，让教师们在运动中释放压力，锻炼身体。

文艺演出：鼓励教师们展示自己的才艺，如歌唱、舞蹈、朗诵等，通过文艺演出增进彼此的了解和欣赏。

书法比赛和摄影展览：这些活动能够展现教师们的艺术才华和审美情趣，同时也是一种静心的方式，有助于缓解紧张情绪。

此外，高校还可以尝试创新活动形式，如户外拓展训练、心理健康主题沙龙等，以满足教师们多样化的需求。

2. 鼓励教师积极参与

为了确保文体活动的有效性和吸引力，高校应积极采取措施鼓励教师参与。

设立奖励机制：对于在文体活动中表现突出的教师，可以给予一定的物质奖励或荣誉证书，以激发教师们的参与热情。

提供活动经费补贴：为教师参与文体活动提供一定的经费支持，减轻他们的经济负担，使他们更愿意参与其中。

邀请教师参与策划和组织：这样不仅能提高教师的参与感和归属感，还能使活动更加贴近教师的实际需求。

通过这些措施，高校可以有效地提高教师参与文体活动的积极性，营造更加活跃和健康的校园文化氛围。

3. 营造积极向上的校园文化氛围

组织丰富多样的文体活动是营造积极向上校园文化氛围的重要途径。通过文体活动，可以增进教师之间的交流与沟通，加强团队合作精神，提升教师的凝聚力和向心力。

加强宣传与推广：通过校园广播、海报、微信公众号等多种渠道宣传文体活动，让更多的教师了解和参与。

培养校园文化使者：选拔一些热心于校园文化建设的教师作为学生文化使者，让他们在各种文体活动中发挥积极作用，带动其他教师参与其中。

举办校园文化节：定期举办校园文化节，集中展示各种文体活动的成果，营造浓厚的文化氛围。

通过这些举措，可以进一步激发教师的工作热情和创造力，提升他们的心理健康水平，同时也有助于促进学生的全面发展。

4. 定期评估活动效果

为了确保文体活动的实际效果和持续改进，高校应定期进行评估与反馈。

收集教师反馈：通过问卷调查、座谈会等方式收集教师对文体活动的意见和建议，了解他们的需求和期望。

分析活动参与度和影响力：统计和分析各项文体活动的参与人数、参与度以及活动后的反响等情况，评估活动的吸引力和影响力。

及时调整活动内容和形式：根据评估结果，及时调整和优化文体活动的内容和形式，使其更加符合教师的需求和喜好。

通过定期评估与反馈机制，高校可以确保文体活动始终保持活力和吸引力，为教师们提供一个健康、有益的休闲方式。同时，这也有助于提升高校的整体文化氛围和教师的心理健康水平。

（四）鼓励教师合理规划工作与休息

随着社会的快速发展和教育改革的不断深化，高校教师面临着越来越大的工作压力。长时间的工作和紧张的节奏往往使教师身心疲惫，影响了教学质量和个人健康。因此，鼓励教师合理规划工作与休息，对于提高教师的工作效率、生活质量和身心健康具有重要意义。

1. 提倡合理的工作与休息平衡

高校应明确提倡教师合理规划工作与休息时间，以实现工作与生活的和谐平衡。这种平衡不仅有助于教师保持良好的工作状态，还能提高工作效率和创造力。

制定工作计划：教师应根据学期教学计划和科研任务，制定详细的工作计划。这有助于教师合理分配时间和精力，避免工作堆积和拖延。

合理安排教学任务：高校在教学安排时，应充分考虑教师的实际工作量和承受能力，避免过度安排教学任务，给教师留出足够的休息和准备时间。

充分利用课余时间：教师应学会在课余时间进行休息和放松，如进行短暂的午休、阅读、散步等活动，以缓解工作压力，恢复精力。

通过实现工作与休息的平衡，教师可以更好地应对工作挑战，提高工作效率，同时保持身心健康。

2. 提供健康管理指导

为了帮助教师更好地管理自己的身心健康，高校应提供专业的健康管理指导服务。

定期体检：高校应组织教师进行定期体检，以便及时发现健康问题并进行干预。体检结果还可以作为教师调整工作与休息方式的依据。

健康讲座与培训：高校可以定期举办健康讲座和培训活动，向教师传授健康知识和保健技巧，提高他们的健康意识和自我保健能力。

个性化运动处方：根据教师的身体状况和工作特点，高校可以提供个性化的运动处方，指导教师进行科学锻炼，增强体质。

通过这些健康管理指导服务，教师可以更加科学地规划自己的工作与休息时间，保持身心健康。

3. 建立激励机制

为了鼓励教师合理规划工作与休息，高校可以建立一套有效的激励机制。

健康奖励计划：高校可以设立健康奖励计划，对积极参与健康管理、合理规划工作与休息的教师给予一定的奖励，以资鼓励。

额外休假时间：对于长期保持良好身心状态、工作效率高的教师，高校可以提供额外的休假时间作为福利，让他们有更多的机会进行休息和放松。

树立榜样：高校可以定期评选并表彰在规划工作与休息方面表现突出的教师，以此激励其他教师向他们学习。

通过建立激励机制，高校可以引导教师更加重视自己的身心健康，合理规划工作与休息时间。

4. 增强教师的自我管理能力

提高教师的自我管理能力是鼓励他们合理规划工作与休息的关键。高校可以通过以下途径帮助教师提升自我管理能力：

时间管理技巧培训：高校可以组织时间管理技巧的培训项目，教授教师如何合理安排时间、设置优先级以及应对突发情况等方法。这有助于教师更好地掌控自己的工作节奏和休息时间。

压力应对策略：面对工作压力和挑战时，教师应学会采取有效的应对策略。高校可以提供相关培训或心理辅导服务，帮助教师掌握压力管理技巧如深呼吸、冥想等放松方法以及积极应对问题的思维方式。

倡导健康生活方式：高校可以倡导教师养成健康的生活方式包括规律作息、均衡饮食和适度运动等。这些习惯有助于教师保持良好的身心状态并提高工作效率。

通过增强教师的自我管理能力，高校可以帮助他们更好地规划工作与休息时间，实现工作与生活的和谐平衡。同时这种平衡也将有助于提升教师的教学质量和科研水平进而推动高校的整体发展。

四、预防机制建设

（一）定期开展心理健康教育和宣传

随着社会的发展和教育改革的推进，高校教师的工作压力日益增大，心理健康问题也逐渐凸显。为了维护教师的心理健康，提高他们的工作效率和生活质量，高校应定期开展心理健康教育和宣传活动。

1. 心理健康教育活动的重要性

定期开展心理健康教育活动对于高校教师而言至关重要，它不仅是预防职业倦怠的有效手段，还能提升教师的心理素质和自我调节能力。

预防职业倦怠：教师职业倦怠是当前教育领域面临的一个重要问题。通过心理健康教育，教师可以更好地认识自己，理解职业压力的来源，并学会如何有效应对，从而避免陷入职业倦怠的困境。

提高心理素质：心理健康教育有助于教师增强心理韧性，提升面对困难和挑战时的应对能力。一个心理素质强大的教师，更能在教学和科研工作中保持高效和创造力。

掌握自我调节方法：通过心理健康教育，教师可以学习到各种有效的自我调节方法，如深呼吸、冥想、放松训练等，这些方法有助于教师在紧张的工作环境中迅速恢复平静，保持良好的工作状态。

2. 多样化的教育形式和内容

为了确保心理健康教育活动的吸引力和实效性，高校应采用多样化的教育形式和内容。

专题讲座与研讨会：可以定期邀请心理健康专家、资深心理咨询师或心理医生来校进行专题讲座，就教师关心的心理健康问题进行深入解析和指导。同时，也可以组织研讨会，让教师与专家面对面交流，解答心中的困惑。

互动式工作坊：通过开设互动式工作坊，教师可以亲身参与，学习并掌握一些实用的心理调节技巧。这种形式的活动既有趣味性，又有实效性，能够大大提高教师的参与热情。

全面的教育内容：教育内容应涵盖教师工作生活的方方面面，包括压力管理、情绪调节、人际关系处理、家庭与工作的平衡等。通过全面的教育，教师可以更好地应对各种挑战，保持身心健康。

3. 鼓励教师主动参与和分享

教师的主动参与和分享是心理健康教育活动成功的关键。高校应采取多种措施鼓励教师的参与。

设立奖励机制：对于在心理健康教育活动中表现积极的教师，可以给予一定的奖励或表彰，以此激发他们的参与热情。

经验交流会：定期组织教师之间的经验交流会，让教师分享自己在心理健康方面的实践经验和心得体会。这种交流不仅能促进教师之间的情感沟通，还能帮助他们相互学习、共同成长。

提供展示平台：高校可以为教师提供展示自己心理健康教育成果的平台，如举办心理健康教育主题征文比赛、心理健康教育微课大赛等，让教师在展示中收获成就感和自信心。

4. 持续关注与评估

为了确保心理健康教育活动的持续有效，高校应进行定期的关注和评估。

收集反馈意见：在活动结束后，及时向教师收集反馈意见，了解他们对活动的看法和建议。这些意见可以为后续活动的改进提供有力支持。

分析活动效果：通过对活动参与度、教师满意度、心理健康水平提升等指标的分析，评估活动的实际效果。这有助于高校及时调整活动策略，确保活动的针对性和实效性。

建立长效机制：心理健康教育不是一蹴而就的，需要长期的坚持和努力。高校应建立长效机制，将心理健康教育纳入日常工作中，为教师提供持续的心理健康支持。

（二）建立教师心理健康档案，及时关注教师心理动态

1. 心理健康档案的意义和作用

教师，作为教育事业的中坚力量，其心理健康状况直接关系到教学质量和学生的成长环境。然而，在快节奏、高压力的现代社会中，教师们也面临着种种心理压力和挑战，如工作负荷、职业发展、家庭与工作的平衡等。因此，建立教师心理健康档案显得尤为重要，它不仅是预防教师职业倦怠的有效途径，更是保障教育质量、提升教师工作满意度和幸福感的重要举措。

心理健康档案能够全面记录教师的心理状态和变化趋势。通过定期的心理测评和访谈，我们可以深入了解每位教师的心理特点和需求，从而为他们提供更加精准的支持和帮助。这种个性化的关注不仅能够及时发现和解决教师的心理问题，还能有效预防心理危机的发生。

心理健康档案有助于高校管理层更全面地了解教师队伍的整体心理状况。通过对档案数据的分析，高校可以及时调整相关政策，优化工作环境，以减轻教师的心理压力，提升他们的工作积极性和效率。

从更长远的角度来看，教师心理健康档案的建立对于提升整个教育行业的心理健康意识具有积极意义。它促使我们更加关注教师的内心世界，推动社会形成尊重、理解和支持教师的良好氛围。

2. 档案内容的设置与管理

教师心理健康档案作为一份详尽的记录，旨在全面反映教师的心理状态和需求。这份档案不仅涵盖了教师的基本信息，如年龄、性别、教育背景等，更重要的是它包含了心理测评结果和访谈记录，这些都是了解和评估教师心理健康状况的关键依据。

心理测评结果是档案的核心部分，通过专业的心理量表和问卷，我们可以科学地评估教师的心理健康水平、应对压力的能力以及可能存在的心理问题。这些测评工具的选择应基于其信度和效度，确保测评结果的准确性和可靠性。同时，测评应定期进行，以便跟踪教师的心理状态变化。

除了量化的心理测评，访谈记录也是档案中不可或缺的一部分。通过与教师的深入交流，我们可以了解他们在工作和生活中遇到的具体问题，以及他们的内心需求和期望。这种质性的资料为我们提供了更加丰富和深入的信息，有助于更全面地理解教师的心理状态。

档案的管理和更新工作至关重要，应由专人负责，确保档案的完整性和时效性。同时，档案的查阅和使用应遵循严格的保密规定，以保护教师的隐私。

3. 定期更新与评估

教师心理健康档案的定期更新与评估是确保档案有效性和针对性的关键环节。随着时间的推移，教师的心理状态和需求可能会发生变化，因此及时更新档案内容至关重要。

定期更新档案可以持续追踪教师的心理动态。建议每学期或每年至少进行一次全面的心理健康测评，通过量表、问卷等方式收集教师的最新心理状态数据。这些数据不仅可以反映教师当前的心理状况，还能揭示其变化趋势，从而为高校管理层提供有力的决策支持。

定期评估有助于及时发现并解决潜在问题。通过对比不同时间点的测评结果，我们可以分析出教师在哪些方面存在困难或压力，进而提供针对性的帮助和支持。例如，针对工作压力过大的教师，可以组织专门的心理辅导或提供工作调整建议。

此外，定期更新与评估还能促进高校与教师之间的沟通与交流。在更新档案的过程中，高校可以借此机会了解教师的真实想法和需求，进而优化工作环境和政策，提升教师的工作满意度和幸福感。

4. 保密性原则的坚守

在教师心理健康档案的建立和管理过程中，保密性原则的坚守至关重要。这不仅关乎教师的个人隐私权，更是建立信任关系、确保档案真实有效的基石。

保密性原则是维护教师尊严和权益的重要保障。心理健康档案中包含了大量涉及个人隐私的信息，如心理测评结果、访谈记录等。这些信息一旦泄露，可能对教师的个人生活和职业发展造成不良影响。因此，我们必须严格遵守保密规定，确保教师的个人信息和档案内容得到妥善保护。

保密性原则有助于建立教师与高校之间的信任关系。只有当教师确信他们的个人信息和隐私得到充分保护时，才会更加放心地参与心理健康档案的建立和管理工作。这种信任关系的建立，对于提高档案的真实性和有效性至关重要。

为了坚守保密性原则，高校应采取一系列切实可行的措施。例如，指定专人负责档案的管理和更新工作，确保档案的完整性和安全性；建立完善的档案查阅和使用制度，严格限制无关人员的访问权限；加强档案管理人员的保密意识培训，提高他们的职业素养和责任意识。

（三）提供职业发展指导，帮助教师明确职业目标和发展方向

1. 职业发展指导的重要性

职业发展指导对于高校教师而言，具有极其重要的意义。它不仅关乎教师个人的成长与满足，更与高校的整体发展、教学质量的提升以及学生受教育质量的保障紧密相连。在快节奏、高竞争的现代社会中，高校教师面临着来自教学、科研、职称评定等多方面的压力，这些压力若不能得到有效缓解和引导，很容易导致职业倦怠。因此，提供职业发展指导，帮助教师明确职业目标和发展方向，成为预防职业倦怠、促进教师持续发展的重要举措。

职业发展指导有助于教师认清自身的优势和劣势，从而合理定位自己的职业角色。每位教师都有其独特的教育背景、教学风格和研究方向，通过职业发展指导，他们可以更好地了解自己的特点，找到适合自己的教学科研领域，进而发挥出最大的专业潜能。

明确的职业目标和发展方向能够激发教师的内在动力。当教师对自己的未来有了清晰的规划，他们就会更加积极地投入到教学科研中去，努力提升自己的专业素养和综合能力，以期在未来的职业生涯中取得更好的成绩。这种积极向上的态度不仅有助于教师

个人的成长，也能为高校营造出一种积极向上的工作氛围。

职业发展指导还能帮助教师有效应对职业生涯中的挑战和困境。在面对职称评定、项目申请等关键节点时，有了明确的职业目标和发展规划的教师会更加从容和自信，能够有针对性地准备材料、展示自己的成果和优势，从而提高成功率。

2. 个性化职业规划方案的制定

个性化职业规划方案的制定，对于高校教师的职业发展具有举足轻重的意义。每个教师都有其独特的背景、能力和兴趣，因此，一份贴合个人实际情况的职业规划方案，无疑是帮助他们实现职业目标、提升工作满意度的关键。

在制定个性化职业规划方案时，我们首先要深入了解每位教师的具体情况。这包括但不限于他们的教育背景、工作经验、专业技能、兴趣爱好以及个人价值观等。通过这些信息的综合考量，我们可以为教师描绘出一个全面而精准的职业画像，进而为他们量身定制合适的职业规划。

具体而言，职业规划方案应涵盖短期、中期和长期的目标设定。短期目标可能是提高教学技能、参与某个研究项目或发表学术论文等；中期目标则可能是获得某项资格认证、承担更重要的教学或科研任务；长期目标则可以是成为学科领域的专家、获得更高的职称或职位等。这些目标需要具有明确性、可衡量性和可实现性，以便教师能够清晰地了解自己的进步和成就。

除了目标设定，职业规划方案还应包括为实现这些目标所需采取的行动计划。例如，针对提高教学技能的目标，可以制定参加教学培训课程、观摩优秀教师的教学活动、定期与学生沟通交流等行动计划。这些计划需要具体、可行，并考虑到时间、资源等实际条件。

此外，职业规划方案的制定过程中，与教师的沟通和反馈至关重要。我们需要确保教师充分理解并认同自己的职业规划，同时也要根据他们的反馈和实际情况对方案进行适时调整。这样，职业规划方案才能真正成为教师职业发展的有力指引。

3. 提供职业发展资源和机会

在高校教师的职业发展过程中，提供充足的资源和丰富的机会是至关重要的。这不仅有助于教师提升专业素养，还能激发他们的工作热情和创新能力。为了实现这一目标，高校需要积极行动起来，从多个方面为教师创造有利的成长环境。

高校可以定期组织专业培训课程，邀请行业内的专家学者进行授课。这样的培训应该涵盖教学方法、科研技能、学术前沿等多个方面，以满足不同教师的需求。通过参加这些培训，教师可以及时更新自己的知识体系，掌握最新的教育理念和技术手段。

高校应鼓励并支持教师参与学术交流活动。这包括举办或参加学术会议、研讨会等，以便教师能够了解同行的研究成果，拓宽学术视野，同时也能建立更广泛的合作关系。此外，高校还可以为教师提供出国访学的机会，让他们在国际舞台上展示自己的研究成果，进一步提升学术影响力。

除了专业培训和学术交流，高校还应为教师提供充足的科研项目支持。这包括资金、设备、人员等方面的保障，以确保教师能够顺利开展研究工作。同时，高校可以设立科研成果奖励机制，以激励教师在科研领域取得更多的突破和成果。

高校应关注教师的教学成果展示和推广。通过举办教学比赛、展示活动等方式，让优秀的教学成果得到更广泛的认可和传播。这不仅能提升教师的职业荣誉感，还能激发他们的教学创新热情。

4. 定期评估与调整职业规划

在高校教师的职业发展过程中，定期评估与调整职业规划是至关重要的一环。职业规划不是一成不变的，而是需要随着教师个人情况、学校环境以及社会需求的变化而进行相应的调整。通过定期评估，教师可以及时发现自己职业规划中存在的问题和不足，进而进行有针对性的调整，以确保职业规划的有效性和可行性。

定期评估可以帮助教师了解自己的职业发展进度是否与预期相符。在实施职业规划的过程中，教师可能会遇到各种挑战和困难，导致实际进度与计划产生偏差。通过定期评估，教师可以及时发现问题，并采取相应措施进行纠偏，确保职业规划的顺利实施。

评估过程中，教师需要对自己的职业发展进行全面的反思和总结。这包括对自己的教学能力、科研水平、人际交往能力等方面进行自我评估，找出自己的优势和劣势，以便更好地调整职业规划。同时，教师还需要关注外部环境的变化，如学校政策、市场需求等，以便及时调整自己的职业发展方向。

在评估的基础上，教师需要对职业规划进行必要的调整。这包括修改职业目标、调整行动计划、更新时间节点等。调整职业规划时，教师需要充分考虑自己的实际情况和外部环境的变化，确保调整后的职业规划更加符合自己的发展需求。

为了确保定期评估与调整的有效性，高校可以为教师提供必要的支持和帮助。例如，可以组织职业规划指导讲座、提供一对一的职业规划咨询服务等，以帮助教师更好地进行职业规划和调整。同时，高校还可以建立完善的职业规划档案管理制度，记录教师的职业规划历程和调整情况，以便为教师提供更加个性化的指导和支持。

第六章　新时代高校教师的评价与激励

第一节　绩效评价体系建设

一、绩效评价的意义与目的

（一）明确评价对教师发展的重要性

1. 绩效评价是全面了解教师工作状况的手段

高校教师的工作涉及教学、科研、社会服务等多个方面，绩效评价通过设定具体的考核指标，能够全面、系统地反映教师在各个方面的表现和成绩。这不仅有助于学校管理层全面了解教师的工作状况，还为教师的个人发展提供了宝贵的反馈信息。教师可以通过绩效评价结果，清晰地认识到自己在工作中的优势和不足，从而明确改进方向，提升工作效率和质量。

2. 绩效评价是促进教师个人成长的动力

绩效评价不仅是对教师过去工作的总结，更是对教师未来发展的指引。通过定期的绩效评价，教师可以不断设定新的目标，挑战自我，实现个人成长。同时，绩效评价结果往往与教师的晋升、薪酬等挂钩，这也在一定程度上激发了教师的积极性和进取心，促使他们不断提升自己的专业素养和综合能力。

3. 绩效评价是教师自我管理与提升的工具

绩效评价不仅是学校对教师的管理手段，更是教师自我管理与提升的重要工具。教师可以通过对绩效评价结果的分析，发现自己的短板和弱项，制定针对性的提升计划。同时，教师也可以将绩效评价作为自我激励的一种方式，通过不断追求更好的评价结果，推动自己在专业领域的持续进步。

（二）阐述评价与学校目标的关系

1. 绩效评价与学校发展战略的契合

高校教师绩效评价体系的建立，应当与学校的发展战略紧密相连。学校通过制定明确的绩效评价标准和指标，来引导教师的工作方向和目标，确保教师的努力与学校的发展愿景相一致。这种契合性不仅能够提升教师的工作满意度和归属感，还能够有效推动学校整体战略目标的实现。

2. 绩效评价对学校政策调整的反馈作用

绩效评价结果不仅反映了教师的工作状况，也在一定程度上体现了学校政策、制度的有效性和合理性。通过对绩效评价结果的分析，学校可以及时发现政策、制度中存在的问题和不足，进而进行针对性的调整和完善。这种反馈作用有助于学校不断优化管理环境，为教师提供更好的发展平台。

3. 绩效评价对学校整体办学水平的提升作用

高校教师是学校办学水平的重要体现。通过科学、合理的绩效评价，学校可以选拔出优秀的教师人才，激励他们发挥更大的作用。同时，绩效评价还可以促进教师之间的良性竞争和合作，形成积极向上的工作氛围。这些因素共同作用于学校整体办学水平的提升，使学校能够在激烈的竞争中保持领先地位。

二、绩效评价指标的设置

（一）教学质量的量化与质性评估

1. 量化评估方法的运用

量化评估在教学质量评价中扮演着重要角色，它通过具体的数据来客观反映教师的教学效果。其中，学生评教是一种常用的量化评估方法。通过设计问卷或在线评价系统，收集学生对教师教学质量的反馈，包括教学内容的理解程度、教学方法的接受度以及教学态度的满意度等。这些数据经过统计分析后，可以为教师提供针对性的改进建议。

除了学生评教，同行评议也是量化评估的重要手段。同行教师根据课堂观摩、教案检查等方式，对教师的教学水平进行打分和评价。这种方法能够从专业的角度审视教学质量，提供更具体、更深入的反馈。

2. 质性评估的补充与完善

虽然量化评估提供了客观的数据支持，但教学质量评价还需要质性评估来补充和完善。质性评估侧重于对教师的教学态度、教学方法、课堂氛围等难以量化的方面进行描述和分析。

例如，通过观察教师的教学过程，可以评价其教学态度是否认真负责，是否能够激发学生的学习兴趣；通过分析教师的教学方法和手段，可以评价其是否能够灵活运用不同的教学策略，提高教学效果；通过感受课堂氛围，可以评价教师是否能够营造积极向上、互动交流的学习环境。

质性评估的结果通常以文字描述为主，能够更全面地反映教师的教学特点和风格，为教师的个性化发展提供有益的反馈。

3. 量化与质性评估的结合

在教学质量评价中，量化评估和质性评估并不是孤立的，而是需要相互结合、相互补充。量化评估提供了客观的数据基础，而质性评估则能够深入挖掘数据背后的意义和价值。

通过将两者相结合，我们可以更全面地了解教师的教学质量，发现其优点和不足，从而提出更具针对性的改进建议。这种综合性的评价方式不仅有助于教师的个人发展，也有助于提高整体的教学质量。

（二）科研成果的评价标准

1. 科研项目的创新性评价

在评价高校教师的科研成果时，创新性是一个重要的衡量标准。创新性的科研项目往往能够推动学科的发展，引领学术潮流。因此，在评价过程中，应关注科研项目的选题是否新颖、研究方法是否独特、研究成果是否具有突破性。同时，还要考虑项目在解决实际问题或推动社会进步方面的潜在价值。

2. 科研成果的实用性及学术影响力评价

除了创新性，科研成果的实用性和学术影响力也是重要的评价标准。实用性主要体现在科研成果能否转化为实际应用，为社会带来实实在在的好处。而学术影响力则体现在科研成果被同行引用的次数、发表的期刊影响力等方面。这些指标能够反映科研成果在学术界的认可度和影响力，从而衡量教师的科研水平。

3. 科研过程中的团队协作与态度评价

在科研过程中，团队协作能力和科研态度也是不可忽视的评价方面。一个优秀的科研人员应具备良好的团队协作精神，能够与他人有效沟通、共同解决问题。同时，科研态度也至关重要，包括对待科研工作的认真负责程度、面对困难的坚持与毅力等。这些方面的评价可以通过同行评议、学生反馈以及项目进展报告等多种方式进行。

（三）社会服务与贡献的考量

1. 社会服务活动的积极性评价

高校教师在社会服务方面的表现，首先可以从其参与社会服务活动的积极性来评价。这包括教师是否主动寻找和把握社会服务机会，是否愿意投入时间和精力为社会做出贡献。例如，参与社区活动、提供专业咨询、开展科普教育等，都是教师积极投身社会服务的体现。

2. 社会服务实际效果的评价

除了积极性，社会服务活动的实际效果也是评价教师社会服务表现的重要依据。这可以通过考察教师社会服务活动的成果、影响以及受益人群的反馈来评估。例如，教师开展的科普讲座是否提高了公众的科学素养，提供的专业咨询是否解决了实际问题，这些都是衡量社会服务实际效果的重要指标。

3. 社会影响力的考量

评价教师的社会服务与贡献还需要考虑其社会影响力。这包括教师的社会服务活动在多大程度上引起了社会的关注和认可，是否对推动社会进步产生了积极影响。例如，教师的社会服务成果被媒体报道、被政府采纳或在社会上产生广泛讨论，都是其社会影响力的体现。这种影响力不仅提升了教师的个人声誉，也增强了高校的社会责任感。

三、评价方法的选择与实施

（一）360 度反馈评价法的应用

1. 360 度反馈评价法的基本概念

360 度反馈评价法，又称为全方位评价法或多源评价法，近年来在组织管理中越来越受到重视。这种评价方法的核心思想是从多个角度全面、客观地评估一个人的工作表现，以获得更为准确、全面的评价结果。在高校教师评价中，应用 360 度反馈评价法意味着将评价的权利和视角从单一的上级领导扩展到同事、学生甚至教师自身，从而更全面地了解教师在各个方面的表现。

具体而言，360 度反馈评价法通过收集来自上级、下级、同事、客户（在学生场景下即为学生）以及自我评价的信息，对被评价者进行全方位的绩效评估。这种方法打破了传统单一的“上对下”评价方式，使得评价更为客观和公正。在高校环境中，这种方法的应用不仅能够帮助教师了解自己的教学、科研以及团队协作等方面的表现，还能为教师的职业发展提供有力的指导。

2. 实施步骤与关键环节

实施 360 度反馈评价法需要经过一系列细致的步骤，每个步骤都至关重要，确保评价的准确性和有效性。

明确评价目标和内容是基础。这一步需要详细定义评价的具体方面，如教学质量、科研能力、团队协作等，以及每个方面的具体标准。这有助于评价者和被评价者明确评价的范围和重点。

选择适当的评价者是关键。评价者应该具备与评价内容相关的专业知识和经验，同时能够客观、公正地提供反馈。在高校环境中，这通常包括直接上级、同事、学生以及教师自身。

接着，设计评价问卷或量表是收集数据的重要手段。问卷或量表应设计得科学、合理，能够全面反映被评价者的各个方面表现，同时便于评价者填写和打分。

然后，实施评价过程需要确保公正性和匿名性。公正性体现在评价标准的统一和评价过程的透明；匿名性则是为了鼓励评价者提供真实、客观的反馈，减少人际关系的干扰。

分析评价结果并与被评价者进行反馈和沟通是评价的最终目的。这一步旨在帮助被评价者了解自身表现，发现优点和不足，并制定改进计划。

在实施过程中，关键环节不容忽视。评价者的选择和培训直接影响评价结果的准确性和客观性。因此，应确保评价者具备代表性，并接受相关培训，以统一评价标准和方法。评价问卷的设计也至关重要，应确保问卷内容全面、结构合理，能够真实反映被评价者的绩效。此外，建立有效的反馈机制是确保评价结果得到充分利用的关键，应及时、准确地将评价结果反馈给被评价者，并提供具体的改进建议。

3. 优点、局限性与改进措施

360 度反馈评价法作为一种全面的绩效评价方法，在高校教师评价中具有显著优点。首先，其全面性和多角度性能够更真实地反映教师的整体表现，避免单一评价源可能带来的偏见或主观性。其次，通过收集来自不同群体的反馈，有助于教师更全面地了解自己的优点和不足，从而制定更具针对性的改进计划。最后，这种方法还有助于增强教师的自我认知和改进动力，促进个人职业发展。

然而，360 度反馈评价法也存在一定的局限性。首先，评价者的主观性可能影响评价结果的客观性。尽管通过培训和指导可以减少这种主观性，但完全消除是不可能的。其次，评价过程的复杂性可能导致评价者产生抵触情绪或敷衍了事的心态。此外，由于涉及多方评价，可能引发人际矛盾或团队内部的紧张氛围。

为了克服这些局限性并充分发挥 360 度反馈评价法的优势，可以采取以下改进措施：

一是加强评价者的培训和指导。通过提供专业的培训材料和指导课程，帮助评价者更好地理解评价标准和方法，提高评价的客观性和准确性。同时，强调评价的重要性和意义，增强评价者的责任感和参与度。

二是简化评价过程并优化评价工具。通过设计简洁明了、易于理解的问卷和量表，减少评价者的填写负担和时间成本。同时，利用现代技术手段（如在线评价系统）简化数据收集和分析过程，提高工作效率。

三是建立有效的沟通机制和反馈渠道。确保评价结果能够及时、准确地反馈给被评价者，并提供具体的改进建议和支持措施。同时，鼓励被评价者与评价者进行开放、坦诚的沟通，共同解决问题并促进个人成长和团队发展。此外，还可以设立专门的机构或人员来负责整个评价过程的协调和监控，确保评价的公正性和有效性。

（二）目标管理（MBO）与关键绩效指标（KPI）的结合

1. 目标管理与关键绩效指标的概念及关系

目标管理（MBO）和关键绩效指标（KPI）是现代管理理论中的两个重要概念，它们在组织管理中各自扮演着重要角色，而二者的结合则能发挥出更大的效能。

目标管理（MBO）是一种以目标为导向，以人为中心，以成果为标准，而使组织和个人取得最佳业绩的现代管理方法。它强调组织目标与个人目标的紧密结合，通过设定明确、具体的目标，来引导和激励员工努力工作，从而实现组织的整体目标。在目标管理的过程中，目标的设定、实施、评估和反馈构成了一个闭环，确保组织能够持续不断地朝着既定目标前进。

关键绩效指标（KPI）则是衡量组织或个人绩效表现的具体量化指标。它是对组织运作过程中关键成功要素的提炼和归纳，是衡量组织战略目标实施效果的关键指标。通过设定和跟踪KPI，组织可以清晰地了解各项工作的进展情况，及时发现问题并进行调整，从而确保战略目标的顺利实现。

在高校教师评价中，目标管理与关键绩效指标的结合具有显著的优势。一方面，通过目标管理，可以为教师设定明确、具体的工作目标，引导其朝着学校的发展战略和个人的发展规划努力。另一方面，通过关键绩效指标，可以量化地衡量教师在教学质量、科研成果、社会服务等方面的表现，从而客观、公正地评价其工作成果。这种结合不仅关注教师的长期发展目标，还通过具体的绩效指标来衡量其短期成果，实现了长期与短期的有机结合。

2. 结合应用的策略与方法

在实施目标管理（MBO）与关键绩效指标（KPI）的结合应用时，需要遵循一定的策略和方法，以确保二者的有效融合并发挥出最大效用。

与教师共同制定明确、可衡量的工作目标至关重要。这些目标不仅应与学校的发展战略相契合，还应考虑到教师的个人发展规划。通过充分的沟通和协商，确保目标的设定既具有挑战性又切实可行，从而激发教师的工作热情和积极性。

在确定工作目标后，需要进一步明确关键绩效指标（KPI）。这些指标应紧密围绕工作目标展开，涵盖教学质量、科研成果、社会服务等多个方面。例如，教学质量方面可以设定学生满意度、课程通过率等指标；科研成果方面可以考虑发表论文数量、参与科研项目情况等指标。通过量化这些关键绩效指标，可以更加客观地评估教师的工作成果。

接着，建立定期评估和反馈机制是确保目标管理和关键绩效指标有效实施的重要环节。学校应定期组织对教师工作成果的评估，及时发现问题并提供有针对性的反馈意见。同时，鼓励教师之间进行经验分享和交流，以促进共同进步和提高。

将目标管理和关键绩效指标的结果应用于教师的激励和约束机制中。对于那些在各方面表现突出的教师应给予相应的奖励和晋升机会，以资鼓励；而对于那些未能达到预期目标的教师，则需要进行适当的辅导和帮助，促使其尽快改进和提高。

3. 实践中的挑战与应对策略

尽管目标管理（MBO）与关键绩效指标（KPI）的结合应用在理论上具有诸多优势，但在实际操作过程中仍可能面临一些挑战。以下是对这些挑战的分析及相应的应对策略：

挑战一：目标设定的合理性问题。在与教师共同制定工作目标时，可能会出现目标过高或过低的情况，导致教师缺乏动力或轻易达成目标而缺乏挑战性。

应对策略：加强与教师的沟通和协商，充分了解其实际能力和发展需求，确保目标的设定既具有挑战性又符合实际情况。同时，可以根据学校的发展战略和市场需求对目标进行适时调整，以保持其前瞻性和实用性。

挑战二：指标量化的难度。在教学、科研等领域，有些工作成果难以用具体的数字来衡量，这可能导致关键绩效指标的设定存在主观性和不准确性。

应对策略：充分利用现代信息技术手段提高数据收集和处理的效率和准确性。例如，可以利用教学管理系统、科研管理系统等工具来自动收集和整理相关数据，为关键绩效指标的量化提供有力支持。同时，对于难以量化的工作成果，可以采用多维度评价的方法，综合考虑多个方面的因素来进行评估。

挑战三：评估过程的客观性。在评估教师工作成果时，可能会受到主观因素的影响，导致评估结果的不公正和偏差。

应对策略：建立公正、透明的评估机制以减少主观因素的影响。具体而言，可以制定明确的评估标准和程序，并邀请多方参与评估过程以确保结果的客观性和公正性。同时，建立有效的申诉机制以处理可能出现的争议和不满情况。

（三）平衡计分卡（BSC）在高校教师评价中的运用

1. 平衡计分卡的基本原理及在高校教师评价中的适用性

平衡计分卡（Balanced Scorecard，BSC）是一种将组织的战略目标与日常运营活动相结合的综合绩效评价框架。它最初由哈佛大学教授罗伯特·卡普兰和戴维·诺顿提出，旨在帮助企业将长期和短期的目标、财务和非财务指标、内部和外部绩效指标进行平衡，从而更好地评估组织的整体绩效。平衡计分卡通过四个维度来全面评估组织的绩效，这四个维度分别是财务、客户、内部业务流程、学习和成长。

在高校教师评价中，平衡计分卡的适用性主要体现在以下几个方面：

平衡计分卡强调目标之间的平衡，这符合高校教师评价中需要综合考虑教学质量、科研能力、社会服务等多方面因素的要求。通过使用平衡计分卡，可以确保在评价过程中不会过分偏重某一方面的表现，从而更全面地反映教师的综合绩效。

平衡计分卡注重将组织的战略目标与日常运营活动相结合。在高校中，教师的个人发展目标应与学校的发展战略保持一致。通过运用平衡计分卡，可以将学校的整体发展战略细化为具体的评价指标，从而引导教师明确工作方向，更好地为学校的发展做出贡献。

平衡计分卡具有灵活性和可调整性，可以根据不同高校、不同学科的特点进行定制化的评价指标设计。这使得平衡计分卡能够适应高校教师评价的多样性和差异性需求，提高评价的针对性和有效性。

2. 四个维度的具体评价指标设计

在高校教师评价中运用平衡计分卡，需要针对四个维度设计具体的评价指标。以下是对各维度评价指标的详细设计：

（1）财务维度

虽然高校教师的评价不像企业那样以财务指标为主导，但科研成果的转化和科研经费的使用情况仍是衡量教师绩效的重要方面。因此，在财务维度，可以设计以下指标：

科研成果转化率：衡量教师的科研成果被实际应用或商业化的比例。

科研经费使用效率：考察教师在科研项目中经费使用的合理性和效益。

（2）客户维度

在高校环境中，“客户”主要指的是学生。因此，客户维度主要通过学生满意度来衡量教师的教学质量和服务水平。具体指标包括：

学生满意度：通过问卷调查等方式收集学生对教师教学态度、教学方法、教学效果等方面的评价。

学生反馈及时响应率：衡量教师对学生提出的问题或建议的响应速度和处理效果。

（3）内部业务流程维度

这一维度主要关注教师的教学计划执行情况和科研项目的进展及管理效率。具体指标有：

教学计划执行率：考察教师是否按照既定的教学计划进行教学活动，以及教学进度的完成情况。

科研项目进度达成率：衡量教师负责的科研项目是否按计划进行，以及项目完成的质量。

（4）学习和成长维度

这一维度重点评估教师的专业发展情况和个人能力提升。具体指标包括：

培训参与率：衡量教师参加学校或外部组织的培训活动的频率。

学术交流活动次数：记录教师参加国内外学术会议、研讨会等活动的次数。

个人能力提升情况：通过教师自我评估、同行评议等方式，了解教师在专业知识、教学技能、科研能力等方面的提升情况。

通过这些具体指标的设计，可以全面、客观地评估高校教师在各个方面的绩效表现，为教师的进一步发展和学校整体水平的提升提供有力支持。

3. 实施过程中的注意事项与调整策略

在实施平衡计分卡进行高校教师评价的过程中，需要注意以下几个方面，并根据实际情况进行相应的调整策略：

（1）确保评价指标的科学性和合理性

在设计评价指标时，应充分考虑其科学性和合理性，避免设置过于复杂或难以量化的指标。同时，要根据不同学科、不同岗位的特点进行差异化设计，确保评价指标的针对性和有效性。在实施过程中，如果发现某些指标存在不合理之处，应及时进行调整和优化。

（2）加强数据收集和信息反馈的及时性和准确性

平衡计分卡的实施需要大量的数据支持，因此要确保数据收集渠道的畅通和数据的真实性、准确性。同时，要建立完善的信息反馈机制，及时将评价结果反馈给教师本人，以便其了解自己的绩效情况并进行改进。在数据收集和信息反馈过程中，要注重保护教师的隐私权和知情权。

（3）注重与教师的沟通和协作，建立良好的激励机制

平衡计分卡的实施需要教师的积极参与和配合。因此，要加强与教师的沟通和协作，了解其需求和期望，引导其正确认识评价结果并积极参与改进工作。同时，要建立良好的激励机制，将评价结果与教师的薪酬、晋升等挂钩，激发其参与评价的积极性。在实施过程中，要根据教师的反馈和实际情况对激励机制进行调整和完善。

（4）根据实际情况对评价指标和权重进行动态调整

平衡计分卡的四个维度和具体指标不是一成不变的，需要根据实际情况进行动态调整。例如，随着学校发展战略的变化或教师岗位职责的调整，可能需要对某些指标进行增减或修改。此外，各指标的权重也应根据重要性和紧迫性进行适时调整。通过动态调整评价指标和权重，可以确保评价体系的适应性和有效性。

四、绩效评价的流程与周期

（一）评价前的准备工作

1. 明确评价目的和意义

高校教师绩效评价是学校管理中的重要环节，它不仅关乎教师个人的职业发展，更与学校的整体教育质量和未来发展密切相关。因此，在进行绩效评价之前，明确评价的目的和意义至关重要。

绩效评价的核心目的在于全面了解教师的教学水平。通过评价，学校可以掌握每位教师在课堂上的表现，包括教学内容的组织、教学方法的运用以及教学态度的展示等方面。这有助于学校发现教师在教学中的优点和不足，从而为他们提供有针对性的指导和帮助，进一步提升教学质量。

绩效评价是评估教师科研能力的重要手段。高校教师的科研能力直接关系到学校的学术水平和声誉。通过评价教师的科研项目、学术论文以及专利申请等方面的成果，学校可以全面了解教师的科研实力和潜力，为学校的科研发展提供有力支持。

此外，绩效评价还能反映教师的工作态度和团队合作精神。在教学中，教师的工作态度直接影响着学生的学习体验和效果；在科研中，团队合作精神则是取得重要成果的关键因素。因此，通过绩效评价，学校可以及时发现并表彰那些工作认真负责、团队协作精神强的教师，同时督促其他教师向他们学习，形成良好的教风和学风。

从更宏观的角度来看，绩效评价的意义还在于为学校的优化人力资源管理提供科学依据。通过全面、客观的评价结果，学校可以更加合理地配置教师资源，制定更加科学的薪酬和晋升制度，从而激发教师的工作热情和创造力，推动学校的整体教育质量不断提升。

2. 制定评价计划和时间表

制定详细的评价计划和时间表，对于确保高校教师绩效评价的有序进行至关重要。评价计划能够为我们提供一个清晰的路线图，指导整个评价过程的实施，而时间表则确保每个阶段的工作都能在规定的时间内完成。

在制定评价计划时，我们首先需要明确评价的具体目标。这些目标应该与学校的发展战略和教师的职业发展紧密相连，确保评价工作能够为学校和教师带来实际的价值。接下来，我们需要选择合适的评价方法，这些方法既要科学有效，又要符合学校的实际情况和教师的工作特点。评价流程的设计也至关重要，它应该包括从评价准备、实施到结果反馈的每一个环节，确保整个过程的连贯性和完整性。

与此同时，制定时间表是为了确保评价工作的效率和及时性。我们需要为每一个评价阶段设定明确的时间节点，包括资料收集、评价实施、结果分析等关键环节。这样不仅可以避免评价过程中的拖延和混乱，还能确保所有相关人员都能在规定的时间内完成各自的任务。

通过精心制定评价计划和时间表，我们可以为高校教师绩效评价的顺利实施奠定坚实的基础。这不仅有助于提升评价工作的效率和质量，还能进一步增强评价结果的可信度和有效性。

3. 评价人员的培训

在进行高校教师绩效评价之前，对评价人员进行专业培训是确保评价过程公正、客观、科学的关键环节。评价人员的专业素养和技能水平直接影响到评价结果的准确性和可信度，因此，开展针对性的培训至关重要。

培训应涵盖绩效评价的基本理念和原则。评价人员需要明确绩效评价的目的、意义以及在整个学校管理中的作用，从而树立起正确的评价观念。同时，他们还需要了解评价过程中应遵循的公正、公平、公开等原则，确保每位教师都能得到客观、全面的评价。

培训应重点介绍评价方法和技巧。评价人员需要熟悉并掌握各种常用的绩效评价方法，如关键绩效指标（KPI）法、360 度反馈法等。此外，他们还需要学会如何运用这些方法和技巧来收集、整理和分析教师的绩效数据，以便更准确地评估教师的工作表现。

培训应涉及评价过程中可能遇到的问题及解决方案。评价人员需要了解在评价过程中可能遇到的各种困难和挑战，如数据收集不全、评价标准模糊等，并学会如何应对和解决这些问题。这将有助于提高评价工作的效率和准确性。

培训应注重提升评价人员的职业道德和责任意识。评价人员需要明确自己的职责和使命，时刻保持公正、客观的态度，避免主观偏见对评价结果的影响。同时，他们还需要学会如何与教师进行有效沟通，确保评价结果的反馈能够真正帮助教师改进工作、提升绩效。

4. 收集并整理评价资料和数据

在进行高校教师绩效评价之前，全面、准确地收集和整理评价资料和数据是至关重要的。这些资料和数据不仅为评价提供了直接依据，还是确保评价结果客观、公正的基础。

我们需要明确收集和整理评价资料和数据的具体范围。这包括但不限于教师的教学计划、课程大纲、学生作业和考试成绩等教学相关资料，以及教师的科研项目、学术论文和专利申请等科研相关资料。这些资料能够全面反映教师在教学和科研方面的实际成果和贡献。

我们需要确保所收集的资料和数据具有真实性和可靠性。这就要求我们在收集过程中，必须严格遵循科学的方法和程序，确保数据的来源可靠、准确。同时，我们还需要对数据进行必要的核实和验证，以排除可能存在的误差和偏差。

在整理评价资料和数据时，我们需要注重条理性和系统性。这意味着我们要对数据进行合理的分类、编码和归档，以便于后续的评价分析和结果呈现。通过条理清晰的整理工作，我们可以更加直观地了解教师的绩效表现，为评价工作提供有力的支持。

我们需要注意保护教师的隐私权和知识产权。在收集和整理评价资料和数据的过程中，我们必须严格遵守相关的法律法规和伦理规范，确保教师的合法权益不受侵犯。

（二）评价过程的实施步骤

1. 根据评价指标和标准进行打分和评价

在绩效评价的实施过程中，首要根据已经设定的评价指标和标准，对教师的工作进行细致入微的评估。这些评价指标和标准通常是经过深思熟虑，旨在全方位地衡量教师的教学、科研、社会服务以及团队协作等多个层面的表现。

评价人员在进行打分和评价时，必须保持公正、公平、公开的态度，严格按照既定的标准来操作。他们需要对每一项指标进行逐一考量，确保不遗漏任何一个重要方面。同时，评价人员还需要对教师的实际工作表现有深入的了解，这样才能做出更为准确和客观的评价。

这一步骤的输出结果将是一系列具体的分数和评级，它们将直观地反映出教师在各个评价指标上的表现。这些分数和评级不仅是对教师工作的量化反映，也是后续综合分析和整理评价结果的基础。

2. 收集学生和同事的反馈意见

为了获得更全面的评价，除了依据评价指标和标准进行打分外，还需要广泛收集学生和同事的反馈意见。这是因为学生和同事是教师工作的直接相关者，他们的观察和感受能够为教师评价提供宝贵的补充信息。

在收集反馈意见时，可以采用多种方法，如访谈、问卷调查等。这些方法能够帮助我们更深入地了解学生对教师教学效果的看法，以及同事对教师工作态度和能力的评价。通过广泛而深入地收集反馈意见，我们可以更全面地了解教师的实际工作表现，从而为后续的评价结果提供更为丰富和准确的依据。

3. 综合分析和整理评价结果

在完成前两步之后，我们需要对收集到的所有评价信息进行综合分析和整理。这一步骤的目标是整合各方面的评价结果，以形成一个全面、准确且系统的评价报告。

我们需要对各项评价指标的分数进行汇总和分析，以了解教师在各个方面的具体表现。接着，我们要结合学生和同事的反馈意见，进行深入的比较和研究，以发现教师在工作中的优点和不足。

在综合分析和整理评价结果的过程中，我们需要保持客观、公正的态度，确保评价报告的准确性和公正性。同时，我们还要注重报告的可读性和实用性，以便为后续的反馈和改进工作提供有力的支持。

最终形成的评价报告将是对教师工作表现的全面反映，它不仅包括各项评价指标的分数和评级，还包括学生和同事的反馈意见以及我们的综合分析和建议。这份报告将为学校的管理层提供重要的决策依据，也为教师的个人发展提供有益的参考。

（三）评价结果的反馈与应用

1. 及时准确的反馈机制

在高校教师绩效评价体系中，及时准确的反馈机制是至关重要的环节。它不仅关乎教师的个人职业发展，也影响着学校整体的教学质量和学术氛围。因此，建立一个高效、透明的反馈机制，对于提升教师的工作积极性和学校的整体运营水平具有重要意义。

反馈的及时性对于教师改进工作至关重要。一旦绩效评价完成，学校应尽快将结果反馈给教师，以便他们及时了解自己的工作表现。这种及时的反馈可以让教师明确自己在工作中的优点和不足，从而有针对性地进行调整和提升。同时，及时的反馈也有助于激发教师的工作热情，让他们感受到学校的关注和重视。

反馈的准确性是确保评价机制有效性的关键。反馈内容应具体、明确，能够真实反映教师在各个方面的工作表现。为了实现这一点，学校在进行绩效评价时，应采用科学、客观的评价标准和方法，确保评价结果的公正性和准确性。此外，反馈内容还应包括对教师工作的肯定以及存在的不足和改进方向，以便教师能够明确自己的提升空间。

在建立反馈机制时，学校还应注重与教师的沟通和互动。通过定期的面谈、座谈会等方式，了解教师对评价结果的看法和建议，从而不断完善评价机制。这种互动式的反馈机制有助于增强教师对评价结果的认同感和接受度，提高他们参与评价的积极性。

2. 与教师进行充分的沟通和交流

在高校教师绩效评价之后，与教师进行充分的沟通和交流是至关重要的环节。这一环节不仅有助于教师更深入地理解评价结果，还能促进学校与教师之间的良好关系，共同推动教学质量的提升。

沟通和交流可以帮助教师更全面地了解自己在评价中的表现。通过面对面的对话，学校可以向教师详细解释评价的标准、方法和结果，让教师清楚地知道自己的优点和不足。这种个性化的反馈方式比简单的书面报告更能触动教师，激发他们的改进动力。

充分的沟通和交流有助于消除误解和疑虑。在评价过程中，由于信息不对称或主观认知差异，教师可能对评价结果产生疑虑或误解。通过与教师进行坦诚的沟通，可以及时解决这些问题，增强评价的公正性和透明度。

此外，沟通和交流还是建立良好学校与教师关系的重要途径。在沟通过程中，学校可以倾听教师的想法和建议，了解他们的需求和期望，从而更有针对性地提供支持和帮助。这种互动式的交流方式有助于增强教师的归属感和忠诚度，提高他们的工作满意度。

为了实现充分的沟通和交流，学校可以采取多种措施。例如，可以定期安排面谈会议，与教师一对一地讨论评价结果和改进计划。同时，也可以利用现代信息技术手段，如电子邮件、在线会议等，实现更便捷、高效的沟通。

3. 评价结果的应用与决策支持

高校教师绩效评价结果的应用是评价体系的最终落脚点，它不仅关乎教师的个人发展，更对学校整体的教学质量和管理决策产生深远影响。因此，合理利用评价结果，将其转化为推动学校发展的动力，显得尤为重要。

评价结果应作为教师奖惩的重要依据。对于那些在教学、科研等方面表现突出的教师，学校应给予相应的奖励，以资鼓励。这不仅是对教师个人努力的肯定，也能在校园内树立榜样，激励其他教师追求卓越。相反，对于表现不佳的教师，学校需及时进行提醒和帮扶，甚至采取必要的惩罚措施，以促使其改进工作。

评价结果在教师的晋升决策中具有关键作用。晋升是对教师长期工作表现的认可，因此，评价结果应作为晋升决策的重要参考。通过综合分析教师在各个方面的表现，学校可以更加客观、公正地做出晋升决策，确保优秀的人才能够脱颖而出。

此外，评价结果还能为学校的教学管理提供有力支持。通过对比不同教师、不同学科的评价结果，学校可以发现教学中存在的问题和短板，从而有针对性地进行教学管理和资源配置的优化。例如，针对某些学科教学质量不高的问题，学校可以加大对该学科的投入和支持，提升教学质量。

评价结果还能为学校制定和调整教育政策提供重要参考。教育政策的制定需要充分考虑教师的实际情况和需求，而评价结果正是反映教师工作状况的一面镜子。通过分析评价结果，学校可以更加科学地制定和调整教育政策，以满足教师的发展需求，推动学校的持续发展。

（四）评价的周期与持续改进

1. 制定合理的评价周期

高校教师绩效评价的周期设置，是确保评价体系有效性和持续性的关键环节。合理的评价周期不仅能全面反映教师的工作绩效，还能为学校管理层提供及时的反馈，以便于调整和优化教育教学策略。

在制定评价周期时，学校应综合考虑多个因素。评价周期要与学校的教学计划和教师的工作节奏相契合。例如，如果学校的教学计划是按学期进行的，那么每学期进行一次绩效评价可能更为合适。这样，评价结果可以及时反馈给教师，帮助他们了解自身在教学过程中的优势和不足，从而在下一个学期中进行调整。

评价周期的设定要考虑到教师的心理承受能力和工作压力。过于频繁的评价可能会给教师带来不必要的压力，影响他们的教学积极性和创新精神。因此，学校在设定评价周期时，应寻求一个平衡点，既能确保评价的及时性和有效性，又能避免给教师带来过大的负担。

此外，评价周期的设定还应具有一定的灵活性。学校可以根据实际情况和教师的工作特点进行适时的调整。例如，对于新入职的教师，学校可以在前几个学期内增加评价频次，以便更及时地发现和帮助他们解决在教学中遇到的问题。而对于经验丰富的教师，学校则可以适当延长评价周期，给予他们更多的自主权和发挥空间。

2. 持续改进机制的建立

在高校教师绩效评价中，持续改进机制的建立是至关重要的。这一机制不仅有助于提升评价体系的科学性和准确性，还能激发教师的工作热情和创新精神，进一步推动学校教育教学质量的提高。

持续改进机制的核心在于对评价指标和方法的不断完善和优化。随着教育理念和技术的不断发展，高校教师需要不断更新知识和技能，以适应新的教学需求。因此，学校应定期对绩效评价指标进行审视和调整，确保其能够真实反映教师的实际工作情况和教育教学成果。同时，学校还应积极探索新的评价方法，如引入同行评议、学生评价等多元化评价方式，以更全面地了解教师的工作表现。

持续改进机制还包括对评价过程中出现的问题进行及时分析和改进。在绩效评价过程中，难免会遇到各种问题和挑战。学校应建立有效的反馈机制，鼓励教师、学生和管理人员积极反映评价过程中存在的问题，以便及时进行调整和改进。同时，学校还应加强对评价数据的分析和挖掘，发现其中的规律和趋势，为后续的改进工作提供有力支持。

此外，持续改进机制还应注重激发教师的工作热情和创新精神。学校可以通过设置奖励机制、提供培训和发展机会等方式，激励教师积极参与绩效评价和改进工作。同时，学校还应鼓励教师之间进行交流和合作，共同探讨教育教学中的问题和挑战，寻求创新的解决方案。

3. 教师的自我评价与反思

在高校教师绩效评价中，教师的自我评价与反思是一个不可或缺的环节。它不仅有助于教师全面、客观地认识自己的优势和不足，还能激发其自主发展的动力，促进教育教学质量的持续提升。

自我评价与反思能够增强教师的自主发展意识和能力。通过定期对自己在教学、科研、社会服务等方面的工作进行回顾和总结，教师可以更清晰地认识到自己的长处和短处，从而有针对性地制定个人发展规划，明确未来的努力方向。这种自主发展的意识和能力是推动教师不断进步的重要动力。

自我评价与反思有助于提升教师的教学效果。在教学过程中，教师难免会遇到各种问题和挑战。通过自我评价和反思，教师可以及时总结经验教训，调整教学策略和方法，以便更好地满足学生的学习需求。这种持续的教学改进不仅能够提升教师的教学水平，还能有效提高学生的学习效果和满意度。

此外，自我评价与反思还能促进教师之间的交流与合作。在自我评价和反思的过程中，教师会主动寻求他人的意见和建议，以便更全面地了解自己的工作表现。这种交流与合作不仅能够拓宽教师的视野和思路，还能促进校园内形成良好的学术氛围和团队协作精神。

为了充分发挥自我评价与反思的作用，学校应提供相应的支持和保障。例如，可以定期组织教师进行自我评价和反思的培训与指导，帮助他们掌握科学的方法和技巧；同时，学校还可以建立教师自我评价与反思的档案系统，以便跟踪和记录教师的成长轨迹和发展情况。

第二节　激励机制设计

一、激励理论的基础

（一）马斯洛需求层次理论的应用

1. 马斯洛需求层次理论概述

马斯洛需求层次理论是由美国心理学家亚伯拉罕·马斯洛在1943年提出的，这一理论将人类需求从低到高分为五个层次，分别是生理需求、安全需求、社交需求、尊重需求和自我实现需求。这一理论对于理解和满足人类动机有着重要的指导意义，尤其在组织管理和激励机制设计中，它提供了一种系统的思考框架。

2. 教师在需求层次中的定位

在高校环境中，教师的需求同样遵循马斯洛的需求层次理论。新入职的教师往往更关注基础需求，如合理的薪酬和稳定的工作环境，这些对应于生理需求和安全需求。随着职业生涯的发展，他们开始寻求同事的认同、学生的尊重以及学术界的认可，这反映了社交需求和尊重需求。最终，许多教师追求在学术领域的卓越成就和个人价值的最大化，这体现了自我实现的需求。

3. 激励机制的个性化设计

了解教师在不同职业发展阶段的需求是设计有效激励机制的关键。对于初级教师，提供具有竞争力的薪酬和福利待遇，以及稳定的工作环境，是满足其基本需求的重要途径。对于中高级教师，除了物质待遇外，还应提供更多的学术资源和平台，以支持他们的学术研究和专业成长，同时，通过表彰和奖励来满足他们的尊重需求和自我实现需求。

4. 激励机制的动态调整

由于教师的需求会随着时间和职业发展而变化，因此，激励机制也需要进行动态调整。学校应定期评估和调整激励政策，以确保其始终与教师的当前需求相匹配。这种灵活性和适应性是保持激励机制有效性的关键。

（二）赫茨伯格的双因素理论

1. 双因素理论的核心观点

赫茨伯格的双因素理论，又称为“激励-保健理论”，认为工作满意和工作不满意并非是一个维度的两个极端，而是两个独立的维度。满意因素通常与工作内容紧密相关，包括成就感、工作本身的挑战性和责任感等；不满意因素则多与工作环境和条件相关，如公司政策、监督方式、人际关系和工作条件等。

2. 应用于教师激励的实践

在教师激励的实践中，双因素理论提示我们，要提高教师的工作满意度和积极性，一方面需要提供具有挑战性和吸引力的教学任务与科研项目，使教师能够在工作中获得成就感和责任感；另一方面，也需要改善工作环境和条件，减少可能引起教师不满的因素。

3. 增强满意因素的策略

为了增强教师的满意感，学校可以提供更多的学术自由和研究支持，鼓励教师参与跨学科合作和国际交流，以及举办学术会议和研讨会等活动。这些措施不仅能够提升教师的专业素养，还能够增强他们的归属感和满足感。

4. 减少不满意因素的措施

为了减少教师的不满情绪，学校应关注改善工作环境，如提供充足的资源和设施支持；优化管理流程，减少不必要的行政负担；建立良好的沟通机制，及时解决教师在工作中遇到的问题和困难。

（三）公平理论与期望理论的结合

1. 公平理论与期望理论的基本观点

公平理论侧重于个体对自己和他人所得报酬与投入的比较，强调公平性对个体工作态度和行为的影响。期望理论则关注个体对努力与绩效、绩效与奖励、奖励与个人目标之间关系的预期，认为个体会根据这些预期来决定他们的努力程度。

2. 公平与期望在教师激励中的平衡

在教师激励中，需要平衡公平和期望两个方面。一方面，要确保薪酬和奖励制度的公平性，使教师们感到自己的付出与回报是相称的；另一方面，要设定明确的绩效目标和奖励标准，让教师能够清楚地看到自己的努力将如何带来预期的回报。

3. 建立透明的薪酬与奖励体系

为了实现公平性，学校应建立透明、公正的薪酬与奖励体系。这意味着薪酬和奖励的决策过程应公开透明，避免出现主观臆断或不公平的现象。同时，薪酬和奖励应与教师的绩效紧密挂钩，以体现“多劳多得”的原则。

4. 设定明确的绩效目标和期望

根据期望理论，学校应与教师共同设定明确、可衡量的绩效目标，并确保这些目标与学校的整体发展战略相一致。同时，学校应向教师明确传达对这些目标的期望和奖励标准，以激发教师的工作动力并引导他们朝着预期的方向努力。

二、薪酬激励策略

（一）基本薪酬与绩效薪酬的设计

1. 基本薪酬设计的考量因素

基本薪酬作为教师稳定收入的来源，其设计过程需要综合考虑多个维度，以确保薪酬体系的合理性与公平性。在构建这一体系时，我们必须深入了解并权衡各种影响因素。

教师的职称是评估其专业能力和经验的关键指标。职称不仅代表了教师在学术领域内的地位，也反映了他们对教育行业的贡献。因此，在设计基本薪酬时，不同职称的教师应被赋予不同的薪酬水平。这种差异化设计旨在认可和鼓励教师在职业生涯中的成长与进步，同时也为他们提供了持续发展的动力。

学历作为教师学术背景和知识储备的体现，对基本薪酬的设定具有重要影响。通常情况下，更高的学历意味着教师在其专业领域拥有更深入的理解和更广泛的知识面，这为他们在教学和科研方面提供了坚实的基础。因此，将学历作为确定基本薪酬的因素之一，不仅是对教师学术成就的认可，也是激励他们继续深造和提升自身专业素养的有效手段。

此外，教龄是评价教师对教育事业投入和忠诚度的另一个重要指标。长期致力于教育工作的教师，通过他们的辛勤付出和不懈努力，为学生的成长和教育事业的发展做出了巨大贡献。因此，在设计基本薪酬时，应充分考虑教龄因素，以体现对教师长期奉献的尊重和肯定。

2. 绩效薪酬的实施原则

绩效薪酬作为教师薪酬体系的重要组成部分，其实施原则对于激励教师、提高工作效率和教学质量具有至关重要的作用。在实施绩效薪酬时，我们应遵循以下核心原则，确保制度的公平性和有效性。

“多劳多得”是绩效薪酬制度的核心原则。这一原则意味着，教师的工作量和成果应直接与其绩效薪酬挂钩。教师的工作表现越出色，其获得的绩效薪酬也应相应增加。这种制度设计能够明确地向教师传递一个信息：他们的努力和付出会得到应有的回报。

为了贯彻这一原则，学校需要建立一套科学、客观的绩效考核体系。这套体系应涵盖教师的教学质量、科研成果、学生评价等多个方面，以全面反映教师的工作绩效。同时，考核标准和流程必须公开、透明，确保每一位教师都能清楚地了解自己的工作目标和努力方向。

在实施绩效薪酬制度时，学校还需注重及时反馈和有效沟通。定期的绩效评估和反馈会议可以帮助教师了解自己的工作表现，发现存在的问题，并及时调整教学策略。此外，学校应鼓励教师之间开展积极的交流与合作，共同提升教育教学水平。

3. 基本薪酬与绩效薪酬的比例设计

合理设计基本薪酬与绩效薪酬的比例，是构建有效薪酬激励策略的关键环节。这一比例的设计不仅关乎教师的切身利益，更直接影响到教师的工作积极性和学校的整体教学质量。因此，我们必须根据学校的实际情况、教师的整体收入水平以及激励目标，来综合确定这一比例。

我们需要明确基本薪酬与绩效薪酬各自的作用。基本薪酬作为教师稳定收入的来源，应能满足教师的基本生活需求，为他们提供稳定的经济保障。而绩效薪酬则旨在激励教师提高工作质量和效率，通过“多劳多得”的原则，激发教师的工作热情和创新精神。

在确定基本薪酬与绩效薪酬的比例时，我们需要权衡激励与保障的关系。过高的基本薪酬可能会使教师过于依赖稳定收入，缺乏提高工作绩效的动力；而过低的绩效薪酬则可能让教师觉得努力与回报不成正比，从而削弱激励效果。因此，找到一个合适的平衡点至关重要。

这个平衡点的确定需要综合考虑多个因素。例如，学校的财务状况、教师的整体收入水平、同行业的薪酬标准以及学校的激励目标等。通过深入分析和比较这些因素，我们可以制定出一个既符合学校实际情况，又能有效激励教师的薪酬比例。

同时，我们还应认识到，薪酬比例的设计并非一成不变。随着学校的发展、教师需求的变化以及教育市场的调整，我们需要定期对薪酬比例进行审视和调整。这种动态的管理方式能够确保薪酬体系始终与学校的发展目标保持一致，最大限度地发挥激励作用。

（二）奖金与津贴的设定原则

1. 奖金与津贴的设立目的

在构建和完善教师薪酬体系的过程中，奖金与津贴的设立占据了举足轻重的地位。其根本目的在于，通过对教师额外贡献的适当奖励，进一步点燃他们的工作激情，挖掘其创新潜能，从而推动学校整体教学质量的提升。

奖金，作为一种直接的、与绩效紧密挂钩的激励方式，能够迅速、有效地回应教师的出色表现。当教师在教学、科研或管理等方面取得显著成绩时，及时的奖金奖励不仅是对其努力的认可，更能激发其继续前行的动力。同样，津贴作为薪酬体系的一种补充，更多地考虑到了教师的工作特性和个人需求。例如，针对特定岗位或特定工作环境的津贴，可以有效平衡教师的工作负担，提高其工作满意度和忠诚度。

更为重要的是，奖金与津贴的灵活性使得学校能够根据自身的财务状况、发展目标以及教师的个人表现，进行更为精细化的薪酬管理。这种个性化的激励方式，不仅有助于学校吸引和留住优秀人才，还能在全校范围内营造一种积极向上、竞争进取的氛围。

2. 公平、公正、公开的设定原则

在设定教师的奖金与津贴时，公平、公正、公开的原则是不可或缺的指导方针。这些原则不仅关乎教师个人的切身利益，更影响着整个学校的激励机制和团队氛围。

公平性原则要求奖金与津贴的发放必须建立在客观、统一的标准之上。这意味着，无论是资深教师还是新入职的教师，都应在相同的评价体系下被衡量。只有这样，每位教师的努力和贡献才能得到应有的认可，避免因主观偏见或人为操作而导致的不公。

公正性原则强调奖金与津贴的发放过程必须经得起推敲和检验。这不仅要求学校管理层在制定相关政策时保持公正立场，还要求在实际操作中严格遵循既定规则，不偏不倚地执行。只有这样，才能确保每位教师都能在公正的环境中竞争和发展。

公开性原则是保障公平与公正的重要手段。学校应定期公布奖金与津贴的发放情况，接受广大教师的监督。这不仅可以增强透明度，减少暗箱操作的可能性，还能激发教师的参与感和归属感，使他们更加信任和支持学校的决策。

3. 奖金与津贴与实际贡献的匹配性

在教师薪酬体系中，奖金与津贴的设定不仅要遵循公平、公正、公开的原则，更要确保其与实际贡献的匹配性。这种匹配性是激发教师工作动力、提升学校整体绩效的关键。

为了确保奖金与津贴与实际贡献相匹配，学校首先需要建立一套全面、科学的评价体系。这套体系应该能够客观、准确地评估教师在教学、科研、管理等方面的实际贡献。通过定期的绩效评估、学生评价、同行评议等多种方式，综合考量教师的工作质量和成果。

在评价体系的基础上，学校应根据教师的实际贡献合理确定奖金和津贴的发放额度。对于在教学和科研方面取得显著成绩的教师，应给予更高的奖金和津贴，以体现对其努力和成果的认可。同时，对于承担额外工作或特殊任务的教师，也应提供相应的津贴，以平衡其工作负担并激励其继续发挥潜力。

此外，学校还应定期审视和调整奖金与津贴的设定，以确保其始终与教师的实际贡献保持同步。随着教育环境的变化和教师需求的发展，学校应及时调整激励策略，使奖金与津贴更好地发挥激励作用。

（三）长期激励与短期激励的平衡

1. 长期激励与短期激励的定义及作用

在教师薪酬激励体系中，长期激励与短期激励各自扮演着不可或缺的角色。它们相辅相成，共同构成了激发教师工作积极性和创新能力的重要机制。

长期激励，顾名思义，是着眼于教师的长远发展和学术成就而设计的激励机制。其核心目的在于引导教师关注个人职业生涯的规划和学术目标的实现，从而与学校整体发展目标相契合。通过提供晋升机会、设立学术奖项、制定职业发展路径等措施，长期激励旨在激发教师不断提升自身专业素养和学术水平，为学校创造更为持久和深远的价值。

具体而言，晋升机会能够鼓励教师在专业领域内深耕细作，通过不断积累经验和成果，获得更高的职位和更大的发展空间。学术奖项则是对教师在学术研究方面的突出贡献进行表彰，不仅提升了教师的社会声誉，也进一步激发了他们的研究热情。而明确的职业发展路径，则让教师对自己的未来有了更清晰的规划，从而更加有动力去努力和实现目标。

相比之下，短期激励则更加侧重于对教师日常工作的即时肯定和鼓励。它通常以月度或季度为周期进行奖励的发放，直接与教师在短期内的工作成果和努力程度挂钩。这种激励方式能够迅速、直观地反映教师的工作表现，让他们感受到自己的付出得到了即时的回报。

短期激励的作用主要体现在两个方面：一是激发教师的工作热情，让他们在短时间内全身心地投入到工作中去；二是通过及时的奖励，增强教师的工作满意度和归属感，从而更加积极地为学校的发展贡献力量。

2. 平衡长期激励与短期激励的重要性

在教师薪酬激励策略中，平衡长期激励与短期激励的关系显得尤为重要。这是因为，教师的工作既需要短期的努力和成果，也需要长期的投入和发展。过于偏重任何一方，都可能导致激励效果的失衡，进而影响教师的工作积极性和学校的整体发展。

过于偏重长期激励而忽视短期激励，可能会使教师在日常工作中缺乏即时的动力。由于长期激励通常与教师的职业发展和学术成就紧密相关，这些目标的实现往往需要较长时间的积累和努力。如果教师在短期内得不到应有的肯定和鼓励，可能会感到沮丧和失落，进而影响其工作的积极性和投入度。

相反，如果过于依赖短期激励而忽视长期激励，则可能使教师过于关注眼前的利益，而忽视了对个人职业规划和学术追求的投入。这种情况下，教师可能会陷入一种“快餐式”的工作模式，追求短期内的快速回报，而忽视了自身长远的发展和提升。

因此，平衡长期激励与短期激励的关系至关重要。通过合理设置两者的比例和发放方式，可以确保教师在追求短期工作成果的同时，也不忘对个人职业发展和学术成就的追求。这样，不仅能激发教师的工作热情，还能促进他们的全面发展，进而为学校的长远发展奠定坚实的基础。

3. 实现长期激励与短期激励平衡的策略

实现长期激励与短期激励的平衡，对于保持和增强教师的工作热情、提升教学质量以及推动学校整体发展具有重要意义。以下是一些具体的策略，以帮助学校更好地平衡这两种激励机制：

学校需要明确界定长期和短期激励的目标和范围。长期激励应关注教师的职业发展、学术成就以及学校整体目标的实现，而短期激励则应侧重于对教师日常工作的即时奖励。通过明确这两者的目标和范围，可以确保它们在方向上保持一致，共同推动教师的工作积极性和创新能力。

学校应根据教师的实际需求和激励偏好来灵活调整长期激励与短期激励的比例和发放方式。不同的教师有不同的职业规划和学术追求，因此，学校需要充分了解教师的个性化需求，制定符合他们实际情况的激励策略。例如，对于年轻的、处于职业发展初期的教师，可以适当增加短期激励的比重，以鼓励他们更快地适应工作环境并取得初步成果；而对于经验丰富、学术成果突出的教师，则应更注重长期激励，如提供更多的晋升机会和学术资源，以支持他们的持续发展。

建立完善的反馈机制是实现长期激励与短期激励平衡的关键。学校应定期评估和调整激励策略，以适应不断变化的教育环境和教师需求。通过收集教师的反馈意见、分析激励效果以及关注市场动态，学校可以及时调整激励策略中的不足之处，确保其与时俱进并始终保持有效性。

学校应注重激励的公平性和透明度。无论是长期激励还是短期激励，都应该建立在公平、公正的基础上，并确保所有教师都能清楚地了解激励的标准和发放方式。这样不仅可以增强教师的信任感和归属感，还能进一步激发他们的工作热情和创新能力。

三、非薪酬激励方法

（一）晋升机会与职业发展路径

1. 晋升机会的重要性

在教师的职业生涯中，晋升机会无疑是一个重要的激励因素。它不仅仅关乎个人的职业成长和地位提升，更是对教师工作能力和专业贡献的肯定。晋升机会的存在，能够极大地激发教师的工作积极性，促使他们在教学、科研以及管理服务等方面持续投入更多的精力和热情。

晋升机会作为教师职业发展的重要组成部分，对于激发其工作动力具有显著作用。

当教师看到自己的努力有可能换来更高的职位和更大的责任时，他们往往会更加专注于提升自己的专业技能和知识水平，以期在未来的竞争中脱颖而出。这种积极向上的态度，不仅有助于提升教师个人的综合素质，也能为学校带来更高质量的教学和科研成果。

晋升机会是学校留住人才的关键手段。在竞争日益激烈的教育领域，优秀的教师是学校的宝贵财富。通过提供晋升机会，学校能够向教师传递出一个明确的信号：在这里，你的努力和才华将得到应有的回报。这种信任和承诺，能够极大地增强教师对学校的归属感和忠诚度，从而降低人才流失的风险。

晋升机会还有助于促进教师队伍的稳定和发展。一个充满活力且具备晋升空间的职业环境，能够吸引更多有志于教育事业的优秀人才加入。同时，通过内部晋升的方式选拔和培养领导者，学校可以确保管理层的连续性和稳定性，从而为学校的长远发展奠定坚实基础。

2. 明确的职称晋升制度

在教师激励体系中，明确的职称晋升制度不仅是激发教师工作积极性的关键，也是学校管理体系完善与否的重要标志。一个合理、公正的职称晋升制度，可以为教师提供清晰的职业发展指引，同时也是学校吸引和留住人才的重要手段。

职称晋升制度的建立，需要明确晋升的标准。这些标准应该全面反映教师的工作实绩、专业能力、学术贡献以及师德师风等方面。通过设立具体、可量化的指标，如教学成果、科研论文发表、学生评价等，可以确保晋升过程的客观性和公正性。同时，这些标准也应该具有一定的灵活性，以适应不同学科领域和教师个体的差异。

晋升流程的设计至关重要。一个透明、高效的晋升流程，能够确保每位教师都明确自己努力的方向，并在达到相应标准后获得公平的晋升机会。流程中应包括个人申请、部门评审、学校审核以及最终决策等环节，确保整个过程的公开、公平、公正。

此外，职称晋升制度还应与学校的发展战略和人才需求相契合。学校应根据自身的发展目标和定位，制定符合实际需求的晋升政策。例如，对于研究型大学而言，可以更加注重教师的科研能力和学术成果；而对于教学型大学，则可能更看重教师的教学水平和教育创新能力。

职称晋升制度的时间表需明确规划。合理的晋升周期和时间节点，可以让教师对自己的职业发展有明确的预期和规划。同时，学校也应根据实际情况对制度进行定期评估和调整，以确保其始终与学校的整体发展目标保持一致。

3. 多元化的职业发展路径

在教师的职业发展过程中，提供多元化的职业发展路径是至关重要的。这种多元化的路径不仅能够满足不同教师的个性化需求，激发他们的工作热情，还有助于学校培养多方面的人才，提升整体竞争力。

多元化的职业发展路径意味着学校为教师提供了更多的选择和发展空间。每位教师都有自己的兴趣和专长，有的人热衷于教学，有的人擅长科研，还有的人对管理感兴趣。因此，学校应该设立多种职业发展通道，如教学型、研究型、管理型等，让每位教师都能找到适合自己的发展道路。

多元化的职业发展路径有助于激发教师的工作热情。当教师看到自己在学校中有多种可能的发展方向时，他们会更加积极地投入到工作中，努力提升自己的专业素养和技能水平。这种积极向上的氛围不仅能够提高教师的教学质量和科研水平，还能为学校带来更多的创新成果。

此外，通过提供多元化的职业发展路径，学校可以更加全面地培养和挖掘人才。不同的职业发展通道需要不同的技能和素质，这就要求教师在专业发展的同时，也要注重提升自己的综合素质。这种全方位的培养模式有助于学校形成一支高素质、多元化的教师队伍，从而提升学校的整体竞争力。

在实施多元化的职业发展路径时，学校还需要注意以下几点：一是要确保各条发展路径的公平性和透明度，避免出现内部歧视或不公现象；二是要为教师提供必要的培训和支持，帮助他们更好地实现职业发展目标；三是要定期评估和调整职业发展路径的设置，以适应不断变化的教育环境和教师需求。

（二）工作环境与条件的改善

1. 工作环境对教师工作效率的影响

在探讨工作环境对教师工作效率的影响时，我们首先要认识到，工作环境并非仅仅指物理空间或硬件设施，它更是一个综合的生态系统，包括物理环境、人文环境以及心理环境等多个层面。这些环境要素共同作用于教师，直接或间接地影响着他们的工作效率。

物理环境是教师工作的基础。一个舒适、整洁、设备齐全的工作环境可以为教师提供必要的物质支持，减少不必要的干扰和障碍，从而让他们更加专注于教学和科研工作。例如，宽敞明亮的办公室、符合人体工程学的办公家具、便捷高效的办公设备，都可以帮助教师提高工作效率。此外，良好的物理环境还能在一定程度上缓解教师的工作压力，提升他们的工作满意度和幸福感。

人文环境则是影响教师工作效率的另一重要因素。学校应该营造一个积极向上、互相尊重、团结协作的工作氛围。在这样的环境中，教师能够感受到来自同事和学校的支持与鼓励，从而更加积极地投入到工作中。同时，良好的人文环境还有助于激发教师的创新意识和团队协作精神，推动学校整体教学水平的提升。

心理环境同样不容忽视。一个健康、积极的心理环境可以帮助教师保持良好的工作状态，提高应对挑战和压力的能力。学校应该关注教师的心理健康，提供必要的心理辅导和支持。此外，通过定期的培训和交流活动，教师可以不断提升自己的专业素养和教育理念，从而更好地适应教育工作的需求。

2. 教学设施和科研条件的改善

在当今快速发展的教育环境中，教学设施和科研条件的改善对于提升教师的教学水平和科研能力至关重要。随着科技的进步和教育理念的更新，传统的教学和科研方式已经无法满足现代教育的需求，因此，学校必须持续投入，以改善和升级相关设施。

教学设施的改善是提高教育质量的关键。现代化的教室、实验室和多媒体设备可以为师生提供更加直观、生动的教学体验。例如，通过引入智能黑板、互动学习软件等先进技术，教师可以更加便捷地展示教学内容，而学生也能更加积极地参与到课堂互动中。此外，完善的体育设施、艺术教室等也能为学生提供更加多元化的学习选择，促进他们的全面发展。

科研条件的改善对于提升教师的科研能力同样重要。高质量的科研设备、实验室以及充足的科研经费是教师进行科研工作的基础保障。学校应该根据学科发展的需要，及时更新和升级科研设备，为教师提供先进的实验平台和充足的研究资源。同时，通过加强校企合作、推动产学研一体化等方式，学校可以为教师提供更多的科研机会和实践平台。

除了硬件设施的改善，学校还应该注重软件资源的建设。例如，建立完善的图书馆和电子资源数据库，为教师提供丰富的学术资料和参考文献。此外，通过定期举办学术交流活动、邀请专家学者进行讲座等方式，学校可以营造浓厚的学术氛围，激发教师的科研热情和创新能力。

3. 关注教师的心理健康和人际交往需求

在当今高压的教育环境中，教师的心理健康和人际交往需求日益受到关注。教师不仅承担着繁重的教学任务，还面临着来自社会、学校和家长的多重压力。因此，学校必须高度重视教师的心理健康，为他们提供必要的支持和帮助。

学校应该建立完善的心理辅导机制。通过设立专门的心理咨询室或聘请专业的心理咨询师，为教师提供定期的心理评估和辅导服务。这有助于教师及时识别和处理心理问题，保持健康的心理状态。同时，学校还可以开展心理健康教育和培训活动，提高教师应对压力和挑战的能力。

学校应该关注教师的人际交往需求。教师的工作性质决定了他们需要与学生、家长、同事和领导等多方进行有效沟通。因此，学校应该营造一个开放、包容、和谐的交流环境，鼓励教师积极参与团队活动和学术交流，增强彼此之间的了解和信任。此外，学校还可以通过组织团建活动、座谈会等方式，促进教师之间的情感交流和经验分享。

除了上述措施外，学校还应该关注教师的个人成长和职业发展。通过提供多元化的培训和学习机会，帮助教师不断提升自己的专业素养和教育技能。同时，建立完善的激励机制和晋升通道，让教师感受到自己的价值和成就感。这些措施不仅有助于缓解教师的职业倦怠和压力感，还能激发他们的工作热情和创新能力。

（三）培训与进修机会的提供

1. 培训与进修的重要性

在知识日新月异的今天，持续的学习与进修已经成为每个人职业生涯中不可或缺的一部分。对于教师这一职业而言，培训与进修的重要性更是显而易见。教师作为知识的传播者和学生成长的引路人，他们的专业素养和教学能力直接影响着学生的学习效果和未来发展。因此，提供培训与进修机会不仅是对教师个人职业发展的支持，更是对学校整体教育质量和科研水平的提升。

培训与进修可以帮助教师不断更新知识储备，跟上学术领域的快速发展。教育是一个不断进化的领域，新的教学理念、方法和技术层出不穷。只有通过持续的学习，教师才能及时掌握这些新的知识和技能，从而更好地服务于学生。

培训与进修有助于提升教师的教学能力。教学是一门艺术，需要不断地磨练和实践。通过参加培训，教师可以学习到更多先进的教学方法和策略，提高自己的教学效果。同时，与同行的交流也能让教师发现自己的不足，从而有针对性地进行改进。

培训与进修能促进教师的个人成长和职业发展。每个人都有自我提升和追求卓越的渴望，教师也不例外。通过参加培训与进修，教师可以不断拓宽自己的视野，提升自己的专业素养，为未来的职业发展打下坚实的基础。

2. 定期组织教师培训活动

为了持续提升教师的专业素养和教学能力，学校应定期组织各类教师培训活动。这些活动可以涵盖多个方面，如教学方法的研讨、学科知识的更新、教育技术的应用等，旨在帮助教师更好地适应教育发展的需求。

在教学方法的研讨方面，学校可以邀请教育专家或优秀教师分享他们的教学经验，让教师们了解并掌握更多有效的教学方法。同时，通过组织教师进行教学观摩、评课等活动，可以促进教师之间的相互学习和交流，共同提高教学水平。

在学科知识的更新方面，学校应根据不同学科的特点和需求，定期组织相关学科的知识更新培训。这可以帮助教师及时了解学科发展的最新动态，掌握前沿知识，从而更好地指导学生进行学习。

在教育技术的应用方面，随着科技的不断发展，教育技术也在不断更新换代。学校应组织相关培训，让教师熟悉并掌握这些新的教育技术，如多媒体教学、网络教学等，以提高教学效果和学生的学习兴趣。

此外，学校还可以根据教师的实际需求，定制个性化的培训方案，以满足不同教师的专业发展需求。通过定期组织这些教师培训活动，学校可以营造一个积极向上的学习氛围，激发教师的学习热情和创新精神，从而提升学校整体的教学质量。

3. 提供外出进修和参加学术会议的机会

为了进一步提升教师的专业素养和拓宽其学术视野，学校应积极为教师提供外出进修和参加学术会议的机会。这不仅有助于教师接触并学习到更先进的教育理念和教学方法，还能增进教师与同行的交流与合作，从而提升学校的学术影响力。

外出进修可以让教师有机会到更优秀的教育机构或学术单位进行深入学习，了解并掌握最新的教育理念和实践经验。这种学习方式往往更加直观和深入，能够帮助教师快速提升自己的教学水平和科研能力。同时，外出进修也是对教师职业发展的一种重要投资，可以激发教师的工作热情和归属感。

参加学术会议则是教师与国内外同行进行交流与合作的重要途径。在学术会议上，教师可以了解到最新的研究成果和学术动态，还可以与同行进行深入的探讨和交流，从而拓宽自己的学术视野并激发创新思维。此外，通过参加学术会议，教师还可以建立更广泛的学术联系和合作关系，为未来的科研和教学工作积累更多的资源和经验。

为了确保外出进修和参加学术会议的效果，学校应做好相关的组织和管理工作。例如，可以为教师提供必要的经费支持、合理安排进修和会议时间、制定明确的学习目标和成果要求等。同时，学校还应鼓励教师在进修和会议后分享自己的学习心得和收获，以促进全校教师的共同进步和提高。

四、激励机制的实施与调整

（一）激励政策的宣传与推广

1. 宣传与推广的重要性

在现今的教育环境中，教师是推动学校发展、提升学生素质的关键因素。为了激发教师的工作积极性和创新能力，学校通常会制定一系列激励政策。然而，仅仅制定政策是不够的，如何让这些政策真正发挥作用，成为推动教师进步的力量，就需要进行有效的宣传与推广。

宣传与推广有助于增强教师对激励政策的认知。只有当教师全面了解政策的内容、目的和意义时，他们才能根据自己的实际情况和需求，有针对性地利用这些政策。通过宣传，教师能够明确自己在政策中的定位，了解政策为自己带来的潜在利益，从而激发其参与和执行的积极性。

宣传与推广有助于提升教师对激励政策的认同感。认同感是促使教师积极响应政策的重要因素。当教师认同政策的价值和理念时，他们会更加愿意遵守政策规定，积极参与政策实施。通过推广，学校可以强调政策与学校发展目标的一致性，展示政策在促进教师个人发展、提升教学质量方面的积极作用，从而增强教师的认同感。

宣传与推广有助于形成良好的政策氛围。当学校内部形成了一种积极向上的政策氛围时，教师会更加愿意参与政策实施，相互支持、相互鼓励。这种氛围不仅能够提升教师的士气和工作热情，还能够促进学校整体的发展。

因此，学校必须高度重视激励政策的宣传与推广工作，通过多种渠道和方式，确保信息能够准确、及时地传达给每一位教师。

2. 多渠道宣传策略

为了确保激励政策的有效宣传与推广，学校可以采取以下多种渠道和策略：

线上平台宣传：利用校园网、教师微信群、QQ 群等线上平台，发布激励政策的相关文件和解读。这些平台具有信息传播速度快、覆盖范围广的特点，能够确保教师随时查阅和了解政策内容。同时，学校还可以通过线上平台收集教师的反馈和建议，及时调整和优化政策内容。

线下公告栏宣传：在学校的公告栏、教学楼走廊等显眼位置，张贴激励政策的宣传海报和通知。这些海报和通知可以采用图文并茂的形式，直观展示政策的内容和特点，吸引教师的注意。此外，学校还可以在公告栏上定期更新政策动态和成果展示，让教师随时了解政策的实施情况。

教职工大会解读：定期召开教职工大会，由学校领导或相关部门负责人对激励政策进行详细解读和答疑。在大会上，学校可以邀请专家或学者对政策进行权威解读，帮助教师全面、深入地理解政策内容。同时，学校还可以设立专门的咨询台，为教师提供政策咨询和答疑服务。

内部邮件通知：通过学校内部邮件系统，向每位教师发送激励政策的通知和解读。这种方式能够确保每位教师都能够收到政策信息，避免因遗漏而错过重要内容。同时，邮件通知还可以作为政策执行的依据和凭证，方便教师随时查阅和核对。

通过以上多种渠道和策略的宣传与推广，学校可以确保激励政策能够全面、准确地传达给每位教师，为其提供一个清晰、明确的政策环境。

3. 经验分享与案例展示

为了让教师更加直观地了解激励政策的效果和成果，学校可以邀请已经受益于激励机制的教师分享他们的经验和成果。这些真实的案例和故事往往能够更直接地触动教师的内心，激发其参与热情。

学校可以组织一次经验分享会。在分享会上，邀请几位已经受益于激励机制的教师上台发言，分享他们在政策实施过程中的经验和感受。这些教师可以从自己的角度出发，讲述政策如何帮助他们解决工作中的困难、提升教学效果等方面的内容。通过他们的分享，其他教师可以更加直观地了解政策的实际效果和好处。

学校可以在校园网或公告栏上展示一些典型的案例。这些案例可以是教师在政策实施过程中的成功案例、创新实践等方面的内容。通过展示这些案例，可以让其他教师看到政策在实际工作中的具体应用和效果，从而增强其对政策的认同感和信任感。

此外，学校还可以定期组织经验交流会或座谈会。在这些会议上，教师可以互相分享自己的经验和心得，共同探讨如何更好地利用激励机制促进个人和学校的共同发展。这种交流方式不仅可以促进教师之间的互相学习和进步，还可以增强教师之间的凝聚力和团队合作精神。

通过经验分享与案例展示的方式，学校可以更加生动地展示激励政策的效果和成果，增强教师的认同感和参与热情。同时，这种方式还可以为学校营造一个积极向上的政策氛围，推动教师更好地执行和利用激励政策。

（二）激励效果的评估与反馈

1. 评估与反馈的意义

在构建和实施激励机制的过程中，评估与反馈是至关重要的一环。它不仅能够帮助学校了解激励机制的实际效果，发现潜在的问题和不足，还能为教师提供及时的反馈，增强他们的参与感和归属感。

评估与反馈有助于学校全面了解激励机制的实施效果。通过定期收集和分析相关数据，学校可以清晰地看到激励政策在教师工作绩效、科研成果、学生评价等方面的具体影响。这种数据驱动的评估方法能够客观、准确地反映激励政策的实际效果，为学校提供有力的决策支持。

评估与反馈有助于学校发现激励机制存在的问题和不足。在评估过程中，学校可能会发现一些政策执行不到位、激励效果不佳的情况。这些问题可能源于政策本身的缺陷，也可能源于执行过程中的偏差。通过及时收集和分析教师的反馈意见，学校可以更加深入地了解问题的根源，从而有针对性地提出改进措施。

评估与反馈有助于增强教师的参与感和归属感。当教师看到自己的努力和成果得到学校的认可和奖励时，他们会更加珍惜自己的工作机会，更加积极地投入到教学中去。同时，通过参与评估与反馈过程，教师也能够感受到学校对他们的重视和关心，从而增强他们的归属感和忠诚度。

因此，学校必须高度重视激励效果的评估与反馈工作，将其纳入到学校管理的重要议程中去。

2. 数据驱动的评估方法

为了确保激励效果评估的准确性和客观性，学校应采用数据驱动的评估方法。这种方法通过收集和分析相关数据来评估激励政策的实际效果，具有以下几个方面的优势：

数据驱动的评估方法能够客观反映激励政策的实际效果。相比于主观评价或经验判断，数据更能客观地反映政策的影响。学校可以通过对比实施激励政策前后的相关数据，如教师的工作绩效、科研成果、学生评价等，来评估激励政策对教师工作积极性和创新能力的影响。

数据驱动的评估方法能够全面覆盖评估内容。在评估激励效果时，学校需要关注多个方面的指标，如教师的教学质量、科研产出、学生满意度等。通过收集和分析相关数据，学校可以全面评估激励政策在各个方面的实际效果，从而更加全面地了解政策的优劣。

数据驱动的评估方法能够为后续的调整和优化提供依据。在评估过程中，学校可能会发现一些政策执行不到位、激励效果不佳的情况。通过深入分析这些数据，学校可以找出问题的根源并提出相应的改进措施。同时，学校还可以根据评估结果调整激励政策的力度和方式，使其更加符合教师的需求和期望。

在具体实施数据驱动的评估方法时，学校可以采用以下几种方式：

利用现有的信息系统和数据库收集相关数据。学校可以整合教务系统、科研管理系统、学生评价系统等资源，构建一个全面的数据平台来收集和分析相关数据。

设计问卷调查和访谈等调查工具来收集教师的反馈意见。这些调查工具可以帮助学校了解教师对激励政策的满意度和改进建议。

利用统计分析软件对数据进行处理和分析。通过运用专业的统计分析软件，学校可以更加深入地挖掘数据中的信息和规律，为后续的调整和优化提供依据。

3. 及时反馈与调整

在评估结果出来后，学校应及时向教师反馈评估情况，并根据评估结果进行必要的调整。这一过程不仅能够增强教师的参与感和归属感，还能够为激励机制的完善和发展提供源源不断的动力。

学校应及时向教师反馈评估结果。在反馈过程中，学校应注重与教师的沟通和交流，确保他们能够充分了解评估结果和存在的问题。同时，学校还应鼓励教师提出自己的意见和建议，共同推动激励机制的完善和发展。

学校应根据评估结果进行必要的调整。对于表现优秀的教师，学校可以给予进一步的奖励和表彰，以激发他们的工作积极性和创新能力。对于存在的问题和不足，学校则应深入分析原因并提出相应的改进措施。这些改进措施可以包括调整激励政策的力度和方式、优化政策执行流程等。

学校应建立一个长期的反馈机制。通过定期收集和分析教师的反馈意见和数据信息，学校可以及时发现激励机制中存在的问题和不足，并进行必要的调整和优化。这种长期的反馈机制能够确保激励机制始终与教师的需求和期望保持一致，为学校的可持续发展提供有力支持。

在反馈与调整的过程中，学校还应注重教师的参与感和归属感。通过邀请教师参与评估与反馈过程、鼓励教师提出自己的意见和建议等方式，学校可以增强教师的参与感和归属感，激发他们的工作热情和创新能力。同时，学校还应积极回应教师的反馈和建议，为他们提供必要的支持和帮助，共同推动激励机制的完善和发展。

（三）激励机制的动态调整与优化

1. 动态调整的必要性与原则

激励机制作为学校管理的重要组成部分，其有效性和适应性直接关系到教师的工作积极性和学校的整体发展。然而，随着时代的不断发展和教师需求的变化，原有的激励机制可能逐渐暴露出一些问题或不再适应新的形势。因此，对激励机制进行动态调整与优化显得尤为重要。

动态调整激励机制的必要性主要体现在以下几个方面：

适应变化：随着教育改革的深入和外部环境的变化，教师的需求、期望和工作压力也在不断变化。动态调整激励机制能够确保其与教师的实际需求保持一致，提高激励效果。

解决问题：通过评估与反馈，学校可以及时发现激励机制中存在的问题和不足。动态调整能够及时纠正这些问题，确保激励机制的持续有效性。

提高竞争力：在激烈的教育竞争中，学校需要不断创新和优化激励机制，以吸引和留住优秀人才，提高学校的整体竞争力。

在调整与优化激励机制的过程中，应遵循以下原则：

公平原则：确保每位教师都能公平地享受激励机制带来的益处，避免出现不公平的现象。

公正原则：在评估、奖励和晋升等方面，应依据客观、公正的标准进行，避免主观臆断和偏见。

公开原则：激励机制的调整与优化应公开透明，让每位教师都了解并参与其中，提高教师的参与感和归属感。

2. 调整与优化的具体措施

针对评估结果和教师的反馈意见，学校可以采取以下具体措施对激励机制进行调整与优化：

（1）调整奖励标准和方式

提高奖励额度：根据教师的实际工作表现和贡献，适当提高奖励额度，以激发教师的工作积极性和创新能力。

丰富奖励形式：除了传统的奖金、证书等物质奖励外，还可以引入荣誉称号、学术休假、职业发展机会等非物质奖励形式，以满足教师不同层次的需求。

明确奖励条件：制定明确、具体的奖励条件，让每位教师都清楚了解如何获得奖励，从而激发其努力工作的动力。

（2）优化晋升机制和职业发展路径

完善职称评审制度：建立科学、公正的职称评审制度，确保每位教师都能根据自己的实际工作表现和学术成果获得相应的职称晋升。

拓宽职业发展渠道：为教师提供更多的职业发展机会和空间，如设立教学名师、科研骨干等岗位，鼓励教师在不同领域发挥自己的特长和优势。

加强职业发展规划指导：为教师提供个性化的职业发展规划指导，帮助他们明确自己的职业目标和发展方向，提高职业满意度和归属感。

（3）改善工作环境和条件

优化教学设施：投入更多资源改善教学设施和设备，提高教师的教学效率和教学效果。

营造良好的工作氛围：加强校园文化建设，营造积极向上、和谐融洽的工作氛围，增强教师的归属感和凝聚力。

关注教师身心健康：关注教师的身心健康状况，提供必要的健康检查和心理咨询服务，帮助教师解决工作和生活中的困难。

这些措施的实施需要学校各部门的密切配合和协作，以确保调整与优化的顺利进行。同时，学校还应建立相应的监督机制和考核机制，对调整后的激励机制进行持续跟踪和评估，确保其长期有效性和适应性。

3. 创新激励方式与方法

除了对现有激励机制进行调整与优化外，学校还应关注行业动态和学术发展趋势，不断创新激励方式和方法。以下是一些创新激励方式的建议：

（1）引入竞争机制

设立教学竞赛：定期举办教学竞赛活动，鼓励教师展示自己的教学技能和创新能力，提高教学水平。

科研团队竞赛：鼓励教师组建科研团队参与各类科研项目竞赛，提高科研水平和创新能力。

（2）加强团队合作

建设跨学科团队：鼓励不同学科的教师组建跨学科团队进行合作研究，促进学科交叉和融合。

设立合作项目：为教师提供合作项目机会，让他们在共同的目标下协同工作，提高团队凝聚力和创新能力。

（3）设立专项奖励基金

教学成果奖：设立教学成果奖项，对在教学改革、课程建设等方面取得突出成果的教师进行奖励。

科研创新奖：设立科研创新奖项，对在科研领域取得重大突破或重要成果的教师进行奖励。

（4）科研项目支持计划

青年教师科研启动基金：为青年教师提供科研启动资金，支持他们开展科研工作。

重大科研项目配套资金：对承担国家级、省部级等重大科研项目的教师提供配套资金支持，确保项目的顺利实施。

这些创新的激励方式和方法不仅能够提高教师的积极性和创新能力，还有助于提升学校的整体竞争力和社会影响力。同时，它们还能够为教师提供更多的发展机会和空间，帮助他们实现个人价值和发展目标。因此，学校应不断探索和创新激励方式和方法，以满足教师的实际需求和推动学校的持续发展。

第三节　教师工作满意度与忠诚度提升

一、教师工作满意度的影响因素

（一）薪酬待遇的合理性

1. 薪酬待遇与工作满意度的关系

薪酬待遇是影响教师工作满意度的核心因素。对于大多数教师而言，薪酬不仅仅是一份收入，更是对他们工作努力和专业技能的肯定。合理的薪酬待遇能够激励教师更加投入工作，提高工作效率，同时也能增强教师的职业荣誉感和归属感。

2. 薪酬的合理性与公平性

薪酬的合理性不仅体现在数额上，更体现在薪酬体系的公平性和透明度上。一个公平、透明的薪酬体系能够让教师清楚地了解自己的收入构成，以及与其他同事相比自己的薪酬水平。这种公平性和透明度有助于消除教师之间的猜疑和不满，提升整体的工作满意度。

3. 薪酬与绩效的挂钩

为了提高教师的工作积极性和满意度，学校应该将薪酬与教师的绩效紧密挂钩。通过设立明确的绩效考核标准，并根据教师的实际表现给予相应的薪酬奖励，可以更加有效地激励教师努力工作，提升自己的教学水平和科研成果。同时，这种绩效与薪酬挂钩的制度也能让教师感受到自己的付出得到了应有的回报，从而提升其工作满意度。

（二）工作环境与氛围的营造

1. 工作环境对教师工作满意度的影响

工作环境是教师每天工作时必须面对的物质条件，一个舒适、整洁、设备齐全的工作环境不仅可以提高教师的工作效率，还能减少他们的身体疲劳和精神压力。相反，一个脏乱差的工作环境则会让教师感到不适和厌烦，从而降低其工作满意度。因此，学校应该重视教师工作环境的改善，为教师提供一个舒适、安全、高效的工作场所。

2. 工作氛围对教师工作满意度的影响

除了物质环境外，工作氛围也是影响教师工作满意度的重要因素。一个积极向上、团结协作的工作氛围能够激发教师的工作热情和创新精神，使他们更加愿意投入到工作中去。同时，良好的工作氛围还能促进教师之间的交流与合作，增强团队的凝聚力和战斗力。相反，一个紧张、压抑的工作氛围则会让教师感到疲惫和沮丧，甚至产生离职的念头。因此，学校应该努力营造一个积极、健康、和谐的工作氛围，以提高教师的工作满意度和忠诚度。

3. 学校管理层的角色与责任

在营造良好工作环境和氛围的过程中，学校管理层扮演着至关重要的角色。他们不仅需要关注教师的物质需求，还需要关注教师的精神需求和心理状态。通过制定合理的规章制度、提供必要的支持和帮助、组织丰富多彩的文体活动等方式，学校管理层可以有效地改善教师的工作环境和氛围，提高他们的工作满意度和幸福感。

（三）个人成长与发展的机会

1. 个人成长与发展的重要性

对于高校教师而言，个人成长与发展是他们职业生涯中不可或缺的一部分。随着知识的不断更新和学术领域的快速发展，教师需要不断学习和进步以适应新的教学要求和科研挑战。因此，学校能否为教师提供充足的个人成长和发展机会将直接影响其工作积极性和满意度。

2. 学校提供的成长与发展机会

为了满足教师的个人成长和发展需求，学校应该提供多元化的培训、进修和交流机会。例如，可以定期组织内部或外部的培训课程，邀请专家学者进行学术交流与指导；还可以鼓励教师参加国内外学术会议和研讨会，拓宽视野并结交同行；同时也可以通过校企合作、产学研结合等方式为教师提供更多的实践机会和平台。这些措施不仅有助于提升教师的专业素养和教学能力，还能增强他们的职业竞争力和市场价值感。

3. 教师自我发展的意识与行动

除了学校提供的外部支持外，教师自身的意识和行动也是实现个人成长与发展的关键。教师应该树立终身学习的理念，不断追求新知识、新技能和新思维；同时还应积极参与各种学术活动和实践项目，锻炼自己的能力和才华；此外还应注重与同行之间的交流与合作，共同推动学术进步和行业发展。只有当教师自身具备了强烈的自我发展意识和行动力时，他们才能更好地抓住学校提供的各种成长与发展机会，实现自我价值的最大化并提升工作满意度。

二、提升工作满意度的策略

（一）建立公平的薪酬体系

1. 薪酬体系的科学构建

建立公平的薪酬体系是保障教师工作积极性和学校持续发展的关键。而要实现这一目标，首先需要进行薪酬体系的科学构建。科学构建薪酬体系，意味着我们需要综合考虑多个因素，确保体系既符合学校的实际情况，又能体现公平性原则。

（1）全面考虑教师个体差异

教师的教育背景、教学经验、科研能力、岗位职责等因素都会影响其薪酬水平。因此，在构建薪酬体系时，我们需要对这些因素进行全面考虑，确保每位教师的薪酬都能与其实际能力和贡献相匹配。这不仅可以激励教师不断提升自己的能力和素质，还能避免“一刀切”的薪酬分配方式带来的不公平感。

（2）参照市场薪酬水平

为了吸引和留住优秀人才，学校需要参照市场薪酬水平来制定薪酬体系。通过了解同行业、同地区的薪酬水平，学校可以确保自己的薪酬体系具有竞争力，从而吸引更多优秀的教师加入。同时，这也有助于提高教师的工作满意度和忠诚度。

（3）定期评估与调整

薪酬体系不是一成不变的，它需要根据学校的发展情况和外部环境的变化进行定期评估和调整。通过定期评估，学校可以及时发现薪酬体系中存在的问题和不足，并采取相应的措施进行改进。这不仅可以确保薪酬体系的科学性和合理性，还能使其更加符合教师的期望和需求。

2. 公开透明的薪酬制度

公开透明的薪酬制度是提升教师工作满意度的关键。一个公开透明的薪酬制度可以让教师对自己的薪酬有清晰的了解，同时也能增强教师对学校的信任感和归属感。

（1）明确薪酬构成

学校应该向教师明确薪酬的构成，包括基本工资、绩效奖金、津贴补贴等部分。这样可以让教师清楚自己的薪酬来源和计算方式，避免产生不必要的误解和猜疑。

（2）公布薪酬标准

学校应该定期向教师公布薪酬标准，包括不同岗位、不同职称、不同学历等条件下的薪酬水平。这样可以让教师对自己的薪酬水平有一个明确的预期，同时也能激励他们不断提升自己的能力和素质。

（3）建立申诉机制

为了确保薪酬制度的公平性和公正性，学校应该建立申诉机制，允许教师对薪酬制度提出异议和申诉。通过申诉机制，学校可以及时发现并解决薪酬制度中存在的问题和不足，确保其持续有效地运行。

3. 激励机制的引入与完善

在公平的薪酬体系基础上，学校可以进一步引入激励机制，以激发教师的工作热情和积极性。这些激励机制应该与教师的实际工作表现紧密挂钩，确保付出与回报成正比。

（1）绩效奖励制度

学校可以建立绩效奖励制度，根据教师的工作表现和业绩成果给予相应的奖励。这些奖励可以是物质奖励，如奖金、津贴等；也可以是非物质奖励，如荣誉称号、晋升机会等。通过绩效奖励制度，学校可以激励教师更加努力地工作，提高自己的工作质量和效率。

（2）年终奖制度

学校可以设立年终奖制度，根据教师一年的工作表现和业绩成果给予一定的奖金。年终奖制度可以作为一种长期激励手段，鼓励教师持续保持良好的工作状态和业绩成果。

（3）不断完善激励机制

激励机制不是一成不变的，它需要根据学校的发展情况和教师的需求进行不断完善。通过定期评估和调整激励机制，学校可以确保其更加符合教师的期望和需求，从而提高教师的工作满意度和忠诚度。同时，学校还可以借鉴其他学校的成功经验，不断探索和创新激励机制的形式和内容，使其更加符合教师的实际需求和学校的发展目标。

（二）优化工作流程与减轻工作压力

1. 工作流程的简化与优化

在当今教育环境中，繁琐的工作流程不仅降低了教师的工作效率，还给他们带来了额外的心理压力。因此，优化工作流程，使其更加高效、简洁，对于提升教师的工作满意度和教学质量至关重要。

（1）识别并减少冗余环节

学校应深入分析现有工作流程，识别出其中的冗余环节和不必要的步骤。这些环节可能包括重复的审批程序、无效的会议、过度的文件填写等。通过减少这些环节，可以显著提高工作效率，让教师有更多的时间和精力专注于教学和科研。

（2）引入信息化手段

随着信息技术的不断发展，利用信息化手段优化工作流程已成为可能。学校可以建立在线办公平台，实现教学资源的共享、文件的电子化传递、审批流程的自动化等。这些措施不仅可以减少纸质文件的传递和存储，还可以提高信息处理的效率和准确性。

（3）鼓励跨部门合作

在优化工作流程时，学校应鼓励不同部门之间的合作与沟通。通过跨部门合作，可以打破部门壁垒，实现资源的共享和互补，从而简化工作流程并提高工作效率。

（4）持续优化与反馈

工作流程的优化是一个持续的过程。学校应建立反馈机制，鼓励教师提出对工作流程的意见和建议。同时，学校还应定期对工作流程进行评估和调整，确保其始终适应学校的发展需求和教师的实际情况。

2. 合理分配工作任务与提供支持

过大的工作压力不仅会影响教师的工作效率，还可能对他们的身心健康造成损害。因此，学校应合理分配工作任务，并提供必要的支持，以减轻教师的工作压力。

（1）明确岗位职责

学校应明确每位教师的岗位职责和工作要求，确保他们了解自己的工作内容和职责范围。这有助于教师合理安排自己的工作时间和精力，避免过度承担工作任务。

（2）合理分配工作量

学校应根据教师的实际情况和能力水平，合理分配工作量。避免给教师安排过多或过重的工作任务，以免给他们带来过大的压力。同时，学校还应关注教师的个人发展需求，为他们提供适当的挑战和机会。

（3）提供必要的工作支持

学校应为教师提供必要的工作支持，如教学资源、科研设备、行政协助等。这些支持可以帮助教师更好地完成工作任务，提高工作效率和质量。同时，学校还应关注教师的实际需求，及时为他们解决工作中遇到的问题和困难。

（4）建立互助机制

学校可以建立教师互助机制，鼓励教师之间互相帮助、分享经验和资源。这不仅可以减轻教师的工作压力，还可以促进教师之间的交流和合作，提高整个教师团队的凝聚力和工作效率。

3. 心理健康关怀与压力释放

教师的心理健康问题不容忽视。学校应关注教师的心理健康状况，为他们提供必要的心理支持和帮助。

（1）定期组织心理健康讲座

学校可以邀请心理专家为教师举办心理健康讲座，帮助他们了解心理健康知识、掌握应对压力的方法。这些讲座可以帮助教师更好地应对工作压力和负面情绪，提高他们的心理健康水平。

（2）提供心理咨询服务

学校可以设立心理咨询室或聘请心理咨询师，为教师提供心理咨询服务。当教师遇到心理问题时，可以及时向心理咨询师寻求帮助和支持。这有助于教师缓解心理压力、调整心态并恢复工作动力。

（3）组织文体活动和社会实践活动

学校可以定期组织各种文体活动和社会实践活动，如运动会、文艺演出、志愿服务等。这些活动不仅可以让教师释放压力、调整心态，还可以增进同事之间的交流和合作，增强团队的凝聚力和向心力。

（4）关注教师的个人生活

学校还应关注教师的个人生活，了解他们的家庭状况、生活压力等。当教师遇到生活困难时，学校应给予关心和帮助，让他们感受到学校的温暖和支持。这有助于减轻教师的心理压力和负担，提高他们的工作满意度和幸福感。

（三）提供个性化的职业发展支持

在当今竞争激烈的教育环境中，教师的个人成长和发展对于提高整体教学质量和推动学校发展具有重要意义。因此，学校应提供个性化的职业发展支持，以满足教师个人成长和发展的需求。

1. 个性化培训计划的制定与实施

个性化培训计划的制定与实施是教师职业发展支持的核心内容之一。学校应深入了解每位教师的专业背景、兴趣爱好、职业发展目标等实际情况，为他们量身定制合适的培训计划和学习资源。

（1）深入了解教师需求

学校应通过问卷调查、面对面交流等方式，全面了解教师的个人情况和职业发展需求。这包括教师的专业背景、教学经验、兴趣爱好、职业规划等方面的信息。只有深入了解每位教师的实际情况，才能为他们制定个性化的培训计划。

（2）量身定制培训计划

在了解教师需求的基础上，学校应为他们量身定制个性化的培训计划。这些计划应充分考虑教师的专业背景和兴趣爱好，结合学校的教学需求和资源条件，为教师提供有针对性的培训课程和学习资源。同时，学校还应关注教师的个人成长和发展，为他们提供必要的职业指导和支持。

（3）实施培训计划

制定好培训计划后，学校应确保计划的顺利实施。这包括组织教师参加培训课程、提供学习资源和支持、定期评估培训效果等方面的工作。在实施过程中，学校应与教师保持密切沟通，及时解决他们遇到的问题和困难，确保培训计划的顺利进行。

（4）持续跟进与调整

个性化培训计划的实施是一个持续的过程。学校应定期评估培训效果，了解教师的成长和发展情况，并根据实际情况对培训计划进行调整和优化。这样可以确保培训计划始终符合教师的需求和学校的发展目标。

2. 多元化进修和交流机会的提供

除了内部培训外，学校还应为教师提供多元化的进修和交流机会，以拓宽他们的视野、结交同行并了解最新的学术动态和教学方法。

（1）组织教师参加学术会议和研讨会

学校可以定期组织教师参加国内外学术会议和研讨会，让他们了解最新的学术动态和教学方法。这些会议和研讨会不仅可以为教师提供与同行交流的机会，还可以帮助他们结识更多的专家学者和同行，拓展人脉资源。

（2）邀请专家学者来校进行学术交流

学校可以邀请国内外知名专家学者来校进行学术交流和指导。这些专家学者可以为教师带来最新的研究成果和教学理念，激发他们的创新思维和教学灵感。同时，通过与专家学者的交流，教师还可以提升自己的专业素养和综合能力。

（3）搭建教师交流平台

学校可以搭建教师交流平台，如教师论坛、微信群等，为教师提供相互学习和交流的机会。这些平台可以让教师分享自己的教学经验和心得，互相学习和借鉴，促进彼此的成长和发展。

（4）支持教师参与国际交流项目

学校可以积极支持教师参与国际交流项目，如海外访学、合作研究等。这些项目可以让教师接触不同的文化和教育体系，拓宽视野并提升自己的国际视野和跨文化交流能力。

3. 鼓励参与科研项目和学术活动

科研能力和学术成果是衡量高校教师水平的重要指标之一。为了提升教师的科研能力和学术影响力，学校应鼓励他们积极参与科研项目和学术活动。

（1）提供科研资金支持

学校应为教师提供必要的科研资金支持，帮助他们开展科研项目并购买必要的设备和材料。这样可以减轻教师的经济负担，让他们更加专注于科研工作并取得优秀成果。

（2）搭建科研团队和平台

学校可以搭建科研团队和平台，为教师提供合作研究和交流的机会。这些团队和平台可以让教师共同开展科研项目并分享研究成果，促进彼此的成长和发展。同时，通过合作研究还可以增强教师之间的凝聚力和向心力。

（3）鼓励教师发表学术成果

学校应鼓励教师积极发表学术成果，如论文、著作、专利等。这些成果不仅可以提升教师的学术影响力和知名度，还可以为学校的学术建设和发展做出贡献。同时，发表学术成果也是教师实现自我价值的重要途径之一。

（4）提供学术评审和指导

学校应为教师提供学术评审和指导服务，帮助他们提高论文质量和发表成功率。这可以包括邀请专家学者对教师的论文进行评审和修改建议，以及为教师提供论文发表和投稿的指导等。

三、教师忠诚度的培养与维护

（一）强化校园文化与价值观的认同

校园文化是学校在长期发展过程中形成的一种独特的精神财富和文化积淀，它承载着学校的历史、传统、理念和目标，是学校与教师、学生之间情感连接的纽带。在当前社会背景下，强化校园文化与价值观的认同显得尤为重要。

1. 校园文化建设的意义

校园文化是学校精神风貌的集中体现，它不仅能够展示学校的办学特色和办学水平，还能够为师生提供一个和谐、宽松、富有创造力的教育环境。加强校园文化建设，对于促进学校发展、提高教育质量具有重要意义。

（1）增强师生凝聚力

一个积极向上、充满活力的校园文化能够激发师生的工作热情和学习动力，增强他们的凝聚力和向心力。在这样的校园文化中，师生们能够共同追求理想和目标，共同为实现学校的发展而努力。

（2）提升学校形象

校园文化是学校的一张名片，它代表着学校的品牌形象和文化底蕴。通过加强校园文化建设，可以展示学校的办学特色和办学水平，提升学校的知名度和美誉度。

（3）营造良好教育环境

校园文化是教育环境的重要组成部分，它能够营造一个和谐、宽松、富有创造力的教育环境。在这样的环境中，师生们能够充分发挥自己的潜能和创造力，实现自我价值和个人发展。

2. 弘扬学校核心价值观的重要性

学校的核心价值观是学校文化的灵魂，它引导着教师和学生的行为准则和价值取向。弘扬学校的核心价值观，对于促进学校发展、提高教育质量具有重要意义。

（1）明确学校发展方向

学校的核心价值观是学校发展的指导思想，它明确了学校的教育理念和发展目标。通过弘扬学校的核心价值观，可以让师生们更加清晰地认识到学校的发展方向和目标，从而更加自觉地为实现学校的发展而努力。

（2）规范师生行为

学校的核心价值观是师生行为的准则和标杆，它引导着师生们的行为举止和价值选择。通过弘扬学校的核心价值观，可以让师生们更加自觉地遵守学校的规章制度和行为准则，形成良好的行为风尚。

（3）树立良好师德风范

教师是学校核心价值观的传播者和实践者，他们的行为举止和价值取向直接影响着学生的成长和发展。当教师深刻理解并认同学校的核心价值观时，他们会更加积极地传播这些价值观，从而在学生中树立良好的师德风范。这不仅可以提升学生的道德品质和社会责任感，还可以促进学生的全面发展。

3. 增强教师对校园文化与价值观的认同感

教师是学校文化的传承者和建设者，他们对校园文化与价值观的认同感直接影响着学校文化的传承和发展。为了增强教师对校园文化与价值观的认同感，学校可以采取以下措施：

（1）组织校园文化活动

学校可以定期组织教师参加校园文化活动，如文艺演出、体育比赛、学术讲座等。通过这些活动，可以让教师亲身感受学校的文化氛围和价值观内涵，从而增强他们对校园文化与价值观的认同感。

（2）开展价值观教育培训

学校可以开展针对教师的价值观教育培训活动，帮助他们深入理解学校的核心价值观和办学理念。通过培训，教师可以更加清晰地认识到自己在学校文化建设和价值观传承中的责任和使命，从而更加积极地参与到校园文化建设中来。

（3）鼓励教师践行价值观

学校可以鼓励教师在教学实践中践行学校的价值观，如注重培养学生的创新精神和实践能力、关注学生的心理健康和全面发展等。通过践行价值观，教师可以将学校的文化理念融入到自己的教学实践中去，从而形成积极向上的教育生态。这不仅可以提升教师的教学质量和水平，还可以增强学生对校园文化与价值观的认同感。

（二）增进教师对学校的归属感

归属感是教师在学校环境中形成的一种重要情感联系，它直接影响着教师的忠诚度、工作热情和教学质量。一个具有强烈归属感的教师团队，是学校稳定发展的基石，也是提高教育质量的关键。

1. 归属感对教师忠诚度的影响

归属感是教师对学校产生深厚情感的基础，它源于教师对学校文化、价值观、工作环境以及人际关系的认同和接受。当教师对学校产生强烈的归属感时，他们会将个人的发展与学校的发展紧密联系在一起，形成与学校荣辱与共的命运共同体。这种深厚的情感联系使教师更加珍惜在学校的工作机会，愿意为学校的发展贡献自己的力量。

归属感能够增强教师的忠诚度。忠诚度是教师对学校忠诚程度的体现，也是教师与学校关系稳定与否的重要标志。当教师对学校产生归属感时，他们会更加珍惜这份工作，不愿意轻易离开学校。即使面临更好的工作机会，他们也会因为对学校的忠诚和热爱而选择留下。这种忠诚度不仅有助于稳定教师队伍，还能够为学校的发展提供有力的人才保障。

归属感能够激发教师的责任感和使命感。当教师将个人的发展与学校的发展紧密联系在一起时，他们会更加关注学校的发展状况，愿意为学校的进步贡献自己的力量。这种责任感和使命感使教师更加努力地工作，不断提高自己的教学水平和专业素养。他们会在教学中不断探索和创新，为学生的成长和发展提供更好的教育服务。

2. 增进教师归属感的方法与途径

为了增进教师对学校的归属感，学校可以从多个方面入手，采取多种措施和方法。

学校可以定期组织团建活动，加强教师之间的交流与合作。通过共同完成任务、分享经验和感受等方式，教师可以增进友谊、加深了解，形成更加紧密的合作关系。这种合作关系有助于教师之间相互支持、相互帮助，共同应对工作中的挑战和困难。同时，团建活动还能够增强教师的团队意识和集体荣誉感，使他们更加珍惜在学校的工作机会。

学校可以关注教师的生活和工作状况，及时解决他们遇到的困难和问题。通过深入了解教师的需求和关切，学校可以为他们提供更加贴心、周到的服务。例如，为教师提供舒适的办公环境、安排合理的休息时间、提供必要的职业发展支持等。这些举措能够让教师感受到学校的关怀和支持，从而增强他们对学校的归属感和忠诚度。

此外，学校还可以鼓励教师参与学校的决策和管理过程。通过设立教师代表大会、教学研讨会等机制，让教师有机会参与到学校的决策和管理中来。这不仅能够提高教师的主人翁意识和责任感，还能够为学校带来新的思路和建议。当教师参与到学校的决策和管理中时，他们会更加了解学校的发展规划和目标设定，从而更加明确自己的工作方向。这种参与感和成就感会进一步激发教师的归属感和忠诚度。

3. 教师参与学校决策与管理的意义

鼓励教师参与学校的决策和管理过程不仅有助于提高他们的归属感，还具有以下重要意义。

教师参与学校决策有助于促进学校的民主管理。民主管理是现代学校治理的重要原则之一，它强调教师、学生和家长等多元主体共同参与学校的管理和决策过程。当教师参与到学校的决策中时，他们能够充分表达自己的意见和建议，为学校的发展提供有益的参考。这种民主管理模式能够激发教师的积极性和创造力，推动学校不断创新和发展。

教师参与学校决策有助于提高决策的科学性和有效性。教师是学校教学和管理工作的主体力量之一，他们具有丰富的实践经验和专业知识。当教师参与到学校的决策中时，他们能够结合自己的实际情况和工作经验，为学校的发展提供更加科学、合理的建议。这种基于实践经验的决策模式能够提高决策的科学性和有效性，为学校的发展提供有力支持。

教师参与学校决策有助于增强教师的责任感和使命感。当教师参与到学校的决策中时，他们会更加关注学校的发展状况，愿意为学校的进步贡献自己的力量。这种责任感和使命感使教师更加努力地工作，不断提高自己的教学水平和专业素养。同时，参与决策还能够让教师感受到自己的价值和重要性，从而进一步激发他们的工作热情和归属感。

（三）建立长期稳定的激励机制

在当今竞争激烈的教育环境中，教师是学校最宝贵的资源之一。建立长期稳定的激励机制对于提升教师的忠诚度、激发他们的工作热情和创造力至关重要。

1. 激励机制对教师忠诚度的作用

教师忠诚度是指教师对学校及其工作的忠诚程度，表现为他们对学校的认同、热爱和投入。激励机制作为培养和维护教师忠诚度的重要手段之一，具有不可忽视的作用。

合理的激励机制能够激发教师的工作热情和创造力。当教师感受到自己的工作得到了学校的认可和重视时，他们会更加投入地工作，不断探索和创新教学方法，提高教学质量。这种积极的工作态度不仅能够提升学生的学习效果，还能够为学校的发展注入新的活力。

激励机制有助于提高教师的工作满意度和忠诚度。当教师对自己的薪酬待遇、工作环境和职业发展等方面感到满意时，他们会对学校产生更强烈的归属感和忠诚度。这种忠诚度不仅有助于稳定教师队伍，还能够吸引更多的优秀人才加入学校，为学校的可持续发展提供有力保障。

激励机制有助于学校的长期发展。通过建立长期稳定的激励机制，学校可以留住优秀教师，避免人才流失。同时，这种激励机制还能够激发教师的创造力和创新精神，推动学校不断改革和发展，提高学校的竞争力和影响力。

2. 建立具有竞争力的薪酬待遇体系

薪酬待遇是教师选择工作时考虑的重要因素之一。为了吸引和留住优秀教师，学校应该建立具有竞争力的薪酬待遇体系。

学校应该根据教师的工作表现、能力水平和市场薪酬水平等因素制定合理的薪资标准。在制定薪资标准时，学校应该充分考虑教师的实际贡献和市场价值，确保薪资水平具有竞争力。同时，学校还应该建立公正的绩效评估体系，确保薪资分配的公平性和透明度。

学校应该注重薪酬体系的灵活性和可调整性。随着教育市场的变化和学校的发展，薪酬体系也需要不断调整和优化。学校应该根据市场情况和教师需求的变化，及时调整薪资标准和福利待遇，确保薪酬体系始终具有竞争力。

学校应该注重薪酬体系的激励作用。除了基本的薪资待遇外，学校还可以通过设立奖金、津贴等激励措施来激发教师的工作热情和创造力。这些激励措施应该与教师的绩效和贡献紧密相关，确保激励的针对性和有效性。

3. 设立奖励制度以表彰优秀教师

为了激励教师不断努力进步，学校可以设立奖励制度以表彰优秀教师。

学校应该制定明确的奖励标准和评选程序。奖励标准应该包括教师的教学质量、科研成果、师德师风等方面的表现，确保评选的公正性和客观性。评选程序应该公开透明，让每位教师都有机会参与评选。

学校应该注重奖励的多样性和个性化。除了传统的荣誉证书和奖金外，学校还可以根据教师的不同需求和兴趣，设立不同的奖励项目，如学术研究资助、专业发展培训、学术交流机会等。这些个性化的奖励措施能够更好地满足教师的需求，激发他们的工作热情和创造力。

学校应该注重奖励的及时性和持久性。奖励应该及时给予优秀教师以肯定和鼓励，让他们感受到自己的付出得到了学校的认可和重视。同时，奖励的持久性也很重要，学校应该建立长期的奖励机制，让优秀教师能够持续得到激励和支持。

4. 提供晋升机会以激励教师不断进步

除了薪酬待遇和奖励制度外，学校还应该为教师提供晋升机会以激励他们不断进步。

学校应该设立明确的晋升通道和晋升标准。晋升通道应该包括教学、科研、管理等多个方面，让教师能够根据自己的兴趣和特长选择适合自己的发展方向。晋升标准应该明确具体，与教师的绩效和贡献紧密相关，确保晋升的公正性和客观性。

学校应该提供必要的培训和支持。在教师晋升的过程中，学校应该为他们提供必要的培训和支持，帮助他们提升专业素养和综合能力。这些培训和支持可以包括专业发展课程、学术交流机会、实践锻炼机会等。

学校应该注重晋升激励的持久性和连续性。晋升激励不仅应该关注教师的短期发展，还应该关注他们的长期发展。学校应该建立长期的晋升机制和激励机制，让优秀教师能够持续得到激励和支持，不断实现自己的职业目标和发展愿景。

第四节　评价与激励中的伦理问题

一、评价中的伦理考量

（一）评价的公正性与客观性问题

1. 公正性与客观性的重要性

在高校教师的评价体系中，公正性和客观性不仅仅是一种道德要求，更是确保评价体系有效性和可信度的基础。只有当评价是公正和客观的，才能真实反映教师的实际表现，进而为教师的职业发展提供有益的反馈和指导。缺乏公正性和客观性的评价，不仅可能误导教师的职业发展，还可能损害学校的声誉和学生的学习体验。

2. 实现公正性与客观性的策略

为确保评价的公正性和客观性，首先需要建立明确、合理的评价标准。这些标准应该全面涵盖教师的教学、科研、社会服务等多个方面，以确保评价的全面性和准确性。同时，评价标准的制定过程应该公开透明，广泛征求教师和其他利益相关者的意见，以确保其科学性和合理性。

在评价过程中，应尽量避免主观偏见和不当影响。评价者应该保持中立，不受个人喜好、情感或其他非专业因素的影响。此外，评价过程应该接受学校管理层、教师同行以及学生的监督，以确保其公正性和客观性。

为提高评价结果的公信力，可以采用多种评价方法和数据来源，如学生评价、同行评价、自我评价以及专家评价等。通过多种方式的综合评价，可以更加全面、客观地反映教师的实际表现。

3. 公正性与客观性对教师职业发展的影响

公正且客观的评价对教师的职业发展具有积极的推动作用。它可以帮助教师了解自己的优点和不足，从而明确改进方向，提升教学质量和科研水平。同时，公正客观的评价结果也是学校进行人事决策、资源分配的重要依据，有助于营造一个公平、竞争、激励的工作环境。

（二）隐私保护与数据安全问题

1. 隐私保护的重要性

在信息化时代，高校教师评价涉及的个人信息和数据具有极高的价值，但同时也面临着泄露和滥用的风险。保护教师的隐私不仅是对其个人权利的尊重，也是维护评价体系公信力和学校声誉的必要举措。因此，在评价过程中，必须严格遵守相关的隐私保护法规，确保教师的个人信息安全不被侵犯。

2. 数据安全的保障措施

为保障数据安全，评价者应采取一系列技术和管理措施。首先，应建立完善的数据安全管理制度，明确数据的收集、存储、使用和共享等方面的规定。其次，应采用加密技术、访问控制等手段确保数据在传输和存储过程中的安全性。此外，还应定期对数据进行备份和恢复测试，以防止数据丢失或损坏。

除了技术措施外，还应加强人员培训和管理，提高评价者和相关人员的数据安全意识。通过定期的培训和教育活动，让他们了解数据安全的重要性，掌握正确的数据处理方法，从而避免因操作不当而导致的数据泄露或损坏。

3. 教师的知情权和更正权

在保护隐私和数据安全的同时，还应尊重教师的知情权和更正权。教师应有权知晓其个人信息被收集、使用和存储的情况，以便及时发现和纠正可能存在的问题。如果教师对自己的信息有异议或发现错误，应有权要求更正或删除相关数据。评价者应建立有效的信息更正机制，确保教师的合法权益得到保障。

（三）避免评价过程中的歧视与偏见

1. 歧视与偏见的危害

在教师评价过程中，任何形式的歧视和偏见都是不可接受的。这些行为不仅可能损害教师的权益和尊严，还可能影响评价结果的公正性和客观性。歧视和偏见可能导致某些教师因个人特征（如性别、年龄、种族等）而受到不公平的待遇或评价，从而挫伤其工作积极性和职业发展动力。

2. 避免歧视与偏见的措施

为避免评价过程中的歧视与偏见，首先应明确禁止任何形式的歧视行为，并在评价体系中加以强调。评价者应以事实为依据，客观全面地评价教师的表现，不受个人特征等因素的影响。同时，应加强对评价者的培训和教育，提高他们的专业素养和职业道德水平，从而确保评价的公正性和客观性。

3. 建立有效的投诉与申诉机制

为确保教师能够及时维护自己的权益，应建立有效的投诉和申诉机制。当教师认为自己在评价过程中受到歧视或偏见时，可以通过这些机制进行反映和申诉。学校应设立专门的机构或人员负责处理此类问题，确保教师的投诉和申诉能够得到及时、公正的处理。通过这种方式，可以及时发现并纠正评价过程中的不当行为，维护评价的公正性和教师的合法权益。

二、激励中的伦理责任

（一）激励政策的公平性与透明度

1. 公平性的重要性

在高校教师的激励机制中，公平性是最基本的伦理要求。每位教师都应该在同样的条件下，根据其个人的工作表现、教学质量、科研成果等获得相应的奖励。这种公平性不仅有助于维护教师团队的稳定性和凝聚力，还能激发教师的积极性和创造力。若激励政策缺乏公平性，可能会导致教师之间的不满和矛盾，进而影响整个团队的士气和工作效率。

2. 透明度的必要性

透明度是确保激励政策公平实施的关键。高校应公开激励政策的具体内容、标准和程序，让教师清楚地了解如何通过自己的努力获得奖励。这种透明度有助于减少暗箱操作和权力寻租的可能性，增强教师对激励政策的信任感和认同感。同时，透明度还能促进教师之间的良性竞争，推动整个团队向更高的目标努力。

3. 实现公平性与透明度的措施

为确保激励政策的公平性和透明度，高校可以采取以下措施：首先，建立公开、透明的激励机制，明确奖励标准和程序；其次，定期公布奖励结果，并接受教师的监督和反馈；最后，建立有效的申诉机制，处理教师对激励政策的异议和投诉。通过这些措施，可以确保激励政策的公平性和透明度得到有效落实。

（二）防止激励导致的过度竞争与压力

1. 过度竞争与压力的负面影响

虽然激励机制有助于激发教师的积极性和创造力，但过度竞争和压力也可能带来一系列负面影响。过度的竞争可能导致教师之间的关系紧张，甚至产生敌对情绪，影响团队协作。同时，过大的压力可能导致教师身心疲惫，影响教学质量和科研创新。因此，高校在制定激励机制时，必须充分考虑这些因素，避免过度强调物质奖励和竞争排名。

2. 平衡激励与压力的方法

为防止激励导致的过度竞争与压力，高校可以采取以下措施：首先，制定合理的奖励标准，避免过高或过低的奖励引发不必要的竞争；其次，关注教师的心理健康和工作状态，提供必要的心理辅导和支持；最后，鼓励教师之间的合作与交流，营造良好的团队氛围。通过这些措施，可以在激发教师积极性的同时，有效缓解过度竞争和压力带来的负面影响。

（三）激励与惩罚的伦理界限

1. 明确奖励与惩罚的伦理原则

在激励机制中，奖励和惩罚是两个重要的手段。然而，在使用这两个手段时，必须遵循一定的伦理原则。奖励应基于教师的实际表现和贡献，且应合理、适度，避免过度奖励导致的不公平感；惩罚则应针对教师的失职或不当行为，且应遵循公正、公开、适度的原则，避免滥用惩罚手段对教师造成不必要的伤害。

2. 合理运用奖励与惩罚

为确保奖励与惩罚的合理运用，高校可以采取以下措施：首先，明确奖励与惩罚的标准和程序，确保其在实施过程中具有明确性和可操作性；其次，加强对奖励与惩罚过程的监督和管理，确保其公正性和透明度；最后，建立有效的申诉机制，处理教师对奖励与惩罚结果的异议和投诉。通过这些措施，可以在确保激励机制有效性的同时，维护教师的合法权益和尊严。

3. 关注奖励与惩罚的心理效应

除了遵循伦理原则外，高校还应关注奖励与惩罚对教师心理的影响。过度的奖励可能让教师产生骄傲自满的情绪，而过度的惩罚则可能让教师感到沮丧和挫败。因此，高校在制定和实施激励政策时，应充分考虑教师的心理承受能力和需求，确保奖励与惩罚在激发教师积极性的同时，不对其造成过大的心理压力。

三、建立伦理规范与监督机制

（一）制定评价与激励的伦理准则

1. 伦理准则的重要性

制定评价与激励的伦理准则是确保高校教师评价与激励机制公正、公平、透明的基础。伦理准则不仅为评价与激励提供了明确的道德和行为规范，还能有效防止权力滥用、利益冲突和不公平现象的发生。通过制定和遵循这些准则，高校能够营造一个健康、和谐的教学与科研环境，进而促进教师的专业发展和学生的全面成长。

2. 伦理准则的主要内容

评价与激励的伦理准则应涵盖多个方面，以确保全面性和实用性。首先，评价标准应明确、合理且公开，以客观、可量化的指标为主，避免主观臆断和偏见。其次，评价程序应公正、透明，确保每位教师都能得到公平对待。此外，奖励和惩罚的原则也应明确，既要体现激励作用，又要避免过度或不当的奖惩措施。

3. 伦理准则的实施与监督

制定伦理准则后，高校需确保其得到有效实施和监督。一方面，高校应加强对评价与激励过程的监管，确保各方严格遵守伦理准则；另一方面，应建立有效的反馈机制，鼓励教师、学生和其他利益相关者积极反映问题，以便及时发现并纠正违规行为。

（二）加强伦理教育与培训

1. 提升伦理意识与素养的重要性

加强伦理教育与培训对于提升高校教师和相关管理人员的伦理意识和素养至关重要。通过教育与培训，相关人员能够更深入地理解评价与激励的伦理要求和规范，从而在实际工作中自觉遵守这些要求和规范。这不仅有助于维护高校的声誉和形象，还能促进教师的专业发展和学生的全面成长。

2. 伦理教育与培训的内容与方法

伦理教育与培训的内容应涵盖评价与激励的伦理原则、规范以及实际操作中的注意事项等。同时，可采用多种教学方法，如讲座、案例分析、角色扮演等，以提高教育与培训的效果。此外，还应定期组织相关人员参加外部伦理培训课程或研讨会，以拓宽视野并吸收先进经验。

3. 持续改进与效果评估

为确保伦理教育与培训的效果，高校应建立持续改进和效果评估机制。一方面，通过定期收集教师和管理人员的反馈意见，不断完善教育与培训内容和方法；另一方面，可通过考核、问卷调查等方式评估教育与培训的效果，以便及时发现问题并进行改进。

（三）设立独立的伦理监督机构或委员会

1. 伦理监督机构或委员会的设立意义

设立独立的伦理监督机构或委员会是确保评价与激励伦理性和公正性的有效手段。该机构或委员会能够独立行使监督权，对评价与激励政策、程序和结果进行审查，从而确保其符合伦理准则和法律法规的要求。同时，它还能为教师提供一个公正、透明的投诉和申诉渠道，维护教师的合法权益。

2. 伦理监督机构或委员会的职责与权力

伦理监督机构或委员会应承担以下职责：审查评价与激励政策、程序和结果的伦理性和公正性；接受并处理教师的投诉和申诉；向高校管理层报告监督结果和建议等。为确保其有效履行职责，该机构或委员会应拥有足够的权力和资源，包括调查权、建议权和一定的处罚权等。

3. 伦理监督机构或委员会的运作机制与保障措施

为确保伦理监督机构或委员会的高效运作，高校应建立完善的运作机制和保障措施。首先，明确该机构或委员会的工作流程和决策机制，确保其能够独立、公正地行使监督权。其次，为该机构或委员会提供必要的人力、物力和财力支持，确保其正常开展工作。最后，建立有效的信息共享和沟通机制，以便及时发现并解决问题。

第七章　新时代高校教师的师德师风建设

第一节　师德师风的内涵与重要性

一、师德师风的内涵

（一）师德的定义及其核心要素

1. 师德的定义

师德，即教师的职业道德，是教师在其职业生涯中应当坚守的道德底线和职业操守。它涵盖了教师在教育教学过程中的行为准则、价值观念以及对待学生、对待教育事业的态度。师德不仅仅是教师个体品质的体现，更是整个教育行业精神风貌的反映。一个具有良好师德的教师，不仅能够赢得学生和家长的尊重与信任，还能在潜移默化中影响学生的道德品质和价值观。

2. 师德的核心要素

（1）敬业精神

敬业精神是师德的首要要素。它体现了教师对教育事业的热爱与执着，是教师职业精神的重要体现。一个具有敬业精神的教师，会全身心投入到教育教学工作中，不断提升自己的专业素养和教学能力，为学生提供优质的教育服务。这种精神不仅彰显了教师对职业的敬重和热爱，也为学生树立了榜样，激励他们追求卓越、实现自我价值。

（2）责任意识

责任意识是师德的又一重要组成部分。作为教师，肩负着培养下一代的重任，他们的责任不仅在于传授知识，更在于引导学生形成正确的世界观、人生观和价值观。具备强烈责任感的教师会时刻关注学生的成长和发展，努力为他们创造一个良好的学习环境，帮助他们克服困难、实现自我提升。这种责任感也促使教师不断反思自己的教学方法和态度，以确保每一位学生都能得到最适合他们的教育。

（3）公正公平

公正公平是师德的基本要求之一。教师在对待学生时，必须做到一视同仁、不偏不倚。无论是在课堂教学、作业布置还是在评价考核方面，教师都应遵循公正公平的原则，确保每个学生都能得到平等对待和公正评价。这种公正公平的态度不仅有助于维护教育公平和社会正义，还能激发学生的积极性和创造力，促进他们的全面发展。

（4）关爱学生

关爱学生是师德的重要体现之一。一个优秀的教师会关心每一位学生的成长和进步，关注他们的心理健康和情感需求。他们会用心倾听学生的声音、了解他们的困惑和难题，并尽力提供帮助和支持。这种关爱不仅让学生感受到温暖和鼓励，还能激发他们的学习兴趣和动力，让他们在轻松愉快的氛围中茁壮成长。

（二）师风的含义及其表现形式

1. 师风的含义

师风，是指教师在教育教学过程中所形成的一种特有的风气和氛围。它不仅体现了教师的教学风格和态度，还反映了教师对学生的关爱与责任。良好的师风能够激发学生的学习兴趣和积极性，提高他们的学习效果和成长质量。同时，师风也是学校文化的重要组成部分，对于营造和谐、积极的校园氛围具有重要意义。

2. 师风的表现形式

（1）严谨认真的教学态度

严谨认真的教学态度是良好师风的重要体现之一。一个具备严谨认真教学态度的教师会精心备课、认真上课，并注重课后反思与总结。他们会严格要求学生，关注学生的学习过程和成果，确保每一位学生都能得到充分的指导和帮助。这种严谨认真的教学态度不仅提高了教学质量，也为学生树立了严谨治学的榜样。

（2）灵活多样的教学方法

灵活多样的教学方法是良好师风的又一重要表现形式。一个优秀的教师会根据学科特点和学生需求，灵活运用各种教学方法和手段，如启发式教学、情境教学、合作学习等，以激发学生的学习兴趣和积极性。他们会注重培养学生的自主学习能力和创新思维，鼓励学生在探究中学习、在实践中成长。这种灵活多样的教学方法不仅提高了教学效果，也促进了学生的个性发展和全面素质的提升。

（3）和谐融洽的师生关系

和谐融洽的师生关系是良好师风的重要组成部分。一个具备和谐融洽师生关系的教师会尊重学生、理解学生，与学生建立起平等、和谐的互动关系。他们会关注学生的情感需求和心理变化，及时给予关爱和支持，帮助学生解决学习和生活中遇到的问题。这种和谐融洽的师生关系不仅增强了学生的学习动力和信心，也促进了他们的身心健康和全面发展。同时，和谐融洽的师生关系还有助于营造积极向上的班级氛围和学校文化，为学生的学习和成长创造更加良好的环境。

二、师德师风的重要性

（一）对学生成长的深远影响

1. 塑造学生的学习态度与价值观

教师的师德师风，首先影响到的是学生的学习态度和价值观。教师的敬业精神和严谨认真的教学态度，会让学生认识到学习的重要性和价值，从而端正学习态度，明确学习目标。同时，教师的公正公平和关爱之心，也会在无形中传递给学生正直、善良、尊重等价值观，引导学生形成健全的人格和良好的道德品质。

2. 激发学生的学习兴趣与动力

具有良好师德师风的教师，通常能够以灵活多样的教学方法激发学生的学习兴趣，以真挚的关爱和耐心的引导激发学生的学习动力。当学生感受到教师的关心和期望时，他们会更加努力地学习，以回报教师的付出。因此，教师的师德师风在很大程度上决定了学生的学习积极性和学习效果。

3. 培养学生的创新精神与实践能力

具备高尚师德的教师，不仅关注学生的知识学习，还注重培养学生的创新精神和实践能力。他们会鼓励学生勇于尝试、敢于创新，为学生提供实践机会和平台，让学生在实践中成长和进步。这种教育理念和实践活动，对于培养学生的综合素质和未来发展具有重要意义。

（二）对教育质量提升的推动作用

1. 提升教师的教学水平与专业素养

师德师风的建设，促使教师不断追求专业成长和进步。在追求高尚师德的过程中，教师需要不断更新教育观念，提高教学水平和专业素养。这将有助于教师更好地履行教育职责，为学生提供更优质的教育服务，从而推动教育质量的整体提升。

2. 营造积极向上的教学氛围

良好的师风有助于形成积极向上的教学氛围。当教师以严谨认真的态度对待教学工作，以身作则、为人师表时，学生会受到感染并效仿教师的行为。这种积极向上的氛围将有利于提高教学效果和学生的学习效率，进而推动教育质量的提升。

3. 促进学生的全面发展与个性发挥

师德师风的建设还有助于促进学生的全面发展和个性发挥。具备高尚师德的教师会更加注重因材施教和个性化教育，关注学生的不同需求和特点，为每个学生提供适合他们的教育方式和内容。这将有助于培养学生的特长和兴趣，促进学生的全面发展，从而提高教育质量。

（三）对社会文明进步的贡献

1. 传播社会主义核心价值观

教师是社会的楷模和榜样，他们的言行举止对社会风尚具有引领作用。具备高尚师德的教师会通过自己的言行传播社会主义核心价值观，如诚信、友善、勤劳、守约等。这些价值观的传播将有助于提升整个社会的道德水平和文明程度，推动社会文明进步。

2. 培养高素质公民与社会责任感

良好的师德师风还有助于培养学生的社会责任感和公民意识。教师通过教育活动引导学生关注社会问题、参与社会实践，培养学生的团队合作精神和服务社会的意识。这些高素质公民将成为推动社会文明进步的重要力量，为社会的和谐稳定和持续发展做出贡献。

3. 营造尊师重教的社会氛围

师德师风的建设还有助于营造尊师重教的社会氛围。当教师以高尚的道德情操和专业的教育素养赢得社会的尊重和认可时，会激发更多人对教育事业的热情和投入。这种氛围将有助于提升整个社会对教育的重视程度和支持力度，为教育事业的发展提供良好的社会环境。同时，尊师重教的社会氛围也将进一步促进教师的职业发展和教育质量的提升，形成良性循环。

第二节　师德师风建设的路径

一、加强师德教育

（一）推广优秀师德案例

1. 树立榜样，激发职业荣誉感

通过挖掘和宣传身边的优秀师德案例，可以为广大教师树立可亲、可敬、可学的榜样。这些榜样不仅展现了教师职业的光辉形象，还能激发其他教师的职业荣誉感和使命感。当教师看到同行在教育教学、关爱学生、自我修养等方面的卓越表现时，他们会不自觉地产生向榜样看齐的动力。

2. 促进教师之间的交流与学习

推广优秀师德案例的一个重要作用是促进教师之间的交流与学习。通过组织分享会、座谈会等活动，让优秀教师分享自己的教学经验和育人理念，可以为其他教师提供宝贵的借鉴和参考。这种交流与学习不仅有助于提升教师的教育教学水平，还能增强教师团队的凝聚力和向心力。

3. 营造尊师重教的良好氛围

当优秀师德案例得到广泛宣传和认可时，会在校园内营造出一种尊师重教的良好氛围。这种氛围不仅有利于提升教师的社会地位和职业尊严，还能进一步激发教师的工作热情和创新精神。同时，它也会对学生产生潜移默化的影响，让学生更加尊敬和信任教师，从而形成良好的师生关系。

（二）引导教师自我反思与提升

1. 培养教师的自我反思能力

教师的自我反思能力是促进其专业成长的关键因素。通过引导教师定期对自己的教学行为、育人效果进行反思，可以帮助他们及时发现问题、分析问题并寻求解决问题的策略。这种自我反思能力不仅有助于教师提高教育教学水平，还能增强他们的创新意识和实践能力。

2. 明确职业目标，实现自我提升

引导教师进行自我反思与提升的另一个目的是帮助他们明确职业目标并实现自我提升。通过反思自己的教育教学实践，教师可以更加清晰地认识到自己的优势和不足，从而制定出更具针对性的职业发展规划。同时，在追求职业目标的过程中，教师会不断地学习新知识、掌握新技能，实现自我价值的最大化。

3. 增强教师的自主发展意识

当教师具备强烈的自我反思与提升意识时，他们就会更加主动地寻求发展机会和资源，不断提高自己的专业素养和教育教学能力。这种自主发展意识不仅有助于教师更好地适应新时代的教育要求，还能为他们的职业生涯注入持久的动力和活力。同时，它也会对整个教师队伍的建设产生积极的推动作用。

二、营造良好师风环境

在高等教育领域，营造良好的师风环境对于提升教师的师德师风具有至关重要的作用。一个优质的教学环境能够最大限度地激发教师的工作潜能，促使他们更加专注和热情地投身于教书育人的崇高事业中。

（一）构建和谐的校园文化

1. 举办丰富多彩的校园文化活动

校园文化活动是构建和谐校园不可或缺的一部分。高校作为培养人才的摇篮，应当注重通过文化活动来丰富师生的精神生活，增进彼此之间的交流与理解。

高校可以定期举办文化艺术节。这类活动可以涵盖音乐、舞蹈、戏剧、美术等多个艺术领域，让师生们有机会展示自己的才华和创意。通过举办音乐会、舞蹈表演、戏剧演出、美术展览等，不仅可以为师生提供一个展现自我、交流学习的平台，还能够让校园充满艺术气息，提升整体文化氛围。

此外，学术科技节也是校园文化活动的重要组成部分。这类活动以学术交流和科技创新为主题，旨在拓宽师生的学术视野，激发他们的创新思维和求知欲。通过举办学术讲座、研讨会、科技竞赛等，可以邀请校内外专家学者进行学术交流，分享最新的研究成果和学术思想。同时，还可以鼓励师生们积极参与科研项目和实践活动，培养他们的科研能力和创新精神。

丰富多彩的校园文化活动不仅能够满足师生的精神需求，还能够增进师生之间的友谊和了解。在参与活动的过程中，师生们可以共同学习、共同进步，形成和谐共进的校园氛围。同时，这些活动还能够提升教师的师德师风，让他们更加珍视自己的教师身份，努力为教育事业贡献自己的力量。

2. 加强校园学术氛围的营造

高校作为学术研究和文化传播的重要阵地，应当积极营造浓厚的学术氛围。一个良好的学术氛围可以激发师生的求知欲和创新精神，促进学术交流和合作，提升学校的整体学术水平。

高校可以定期举办学术讲座和研讨会。这些活动可以邀请校内外专家学者进行学术交流，分享最新的研究成果和学术思想。通过参与这些活动，教师可以拓宽自己的学术视野，了解学科前沿动态，提升自己的专业素养。同时，学生也可以从中受益，了解不同领域的学术研究和成果，激发自己的学术兴趣和热情。

高校可以加强科研项目的支持和投入。通过设立科研基金、提供实验室设备和场地等支持措施，鼓励师生们积极参与科研项目和实践活动。这些项目可以涉及各个领域和学科，旨在推动学术创新和科技进步。通过参与科研项目，师生们可以提升自己的科研能力和创新精神，为学校的学术发展做出贡献。

此外，高校还可以加强学术期刊和出版社的建设。学术期刊是学术交流的重要平台，可以为师生提供展示自己研究成果的机会。高校可以设立自己的学术期刊和出版社，鼓励师生们积极投稿和发表自己的研究成果。这不仅可以提升学校的学术影响力，还可以为师生提供更多的学术交流机会。

通过加强校园学术氛围的营造，高校可以激发师生的求知欲和创新精神，促进学术交流和合作，提升学校的整体学术水平。这种学术氛围的营造有助于提升教师的专业素养和师德师风，让他们更加珍视自己的教育事业，为培养优秀人才做出更大的贡献。

3. 倡导尊师重教的校园价值观

尊师重教是中华民族的传统美德，也是高校校园文化的重要组成部分。高校应当通过各种渠道和方式，倡导师生尊重教师、重视教育的价值观。

高校可以在校园内设置尊师重教的标语和横幅。这些标语和横幅可以提醒师生们要尊重教师、珍惜教育机会，同时也可以营造一种尊师重教的氛围。例如，可以在教学楼、图书馆、食堂等公共场所悬挂“尊师重教、感恩教师”等标语，让师生们时刻铭记这一传统美德。

高校可以举办尊师重教的主题活动。这些活动可以包括教师节庆祝活动、优秀教师表彰大会等，旨在表彰和奖励那些在教育事业中做出杰出贡献的教师们。通过举办这些活动，可以让师生们更加了解教师的辛勤付出和无私奉献精神，从而更加尊重和感激他们。

此外，高校还可以将尊师重教的理念融入课程教学中。在教学过程中，教师可以向学生传授尊师重教的思想和价值观，引导学生尊重教师、珍惜学习机会。同时，学生也可以通过参与课程学习和社会实践等活动，了解教师的职业特点和工作内容，从而更加理解和支持教师的工作。

倡导尊师重教的校园价值观不仅可以提升教师的职业价值和社会地位，还可以让师生们更加珍视和热爱自己的教育事业。在这种氛围下，教师可以更加投入地工作、更加关心学生的成长和发展；学生也可以更加尊重教师、更加珍惜学习机会，为自己的未来奠定坚实的基础。

（二）树立正面的教师形象

在高等教育领域，教师的形象与师德师风对于学校的整体发展、学生的成长成才以及社会的和谐稳定都具有至关重要的影响。因此，高校应积极采取措施，构建正面的教师形象，提升师德师风，为师生营造一个积极向上的学习环境和成长氛围。

1. 宣传优秀教师的先进事迹

优秀教师的先进事迹是激励师生、树立榜样的重要资源。高校应深入挖掘和宣传身边的优秀教师事迹，通过校园网、微信公众号等渠道进行广泛传播，让更多的人了解他们的优秀品质和卓越成就。

高校可以设立专门的优秀教师事迹宣传栏或网站，定期发布优秀教师的先进事迹和感人故事。这些事迹可以包括教师在教学、科研、社会服务等方面的突出贡献，以及他们对学生成长的关心和帮助等。通过这些宣传，可以激发其他教师的责任感和使命感，促使他们更加努力地投入到教学科研工作中。

高校可以利用社交媒体平台如微信公众号等，发布优秀教师的先进事迹和感言。这种方式具有传播速度快、覆盖面广的特点，可以让更多的人了解优秀教师的风采和品质。同时，通过互动评论和分享功能，还可以让师生们表达自己对优秀教师的敬意和感激之情，增强校园的凝聚力和向心力。

高校可以组织优秀教师事迹报告会或座谈会等活动，邀请优秀教师分享自己的经验和心得。这些活动可以让师生们更加深入地了解优秀教师的成长历程和心路历程，从而激发他们对教师职业的崇敬和向往。同时，这些活动也可以为师生们提供一个交流互动的平台，促进彼此之间的了解和友谊。

通过宣传优秀教师的先进事迹，可以树立正面的教师形象，提升师德师风。这些优秀教师的事迹不仅可以为其他教师树立榜样，还可以激发学生对教师职业的崇敬和向往。同时，这种宣传也可以增强师生之间的信任和尊重，促进校园的和谐稳定。

2. 展示教师的教学成果和学术贡献

教师的教学成果和学术贡献是衡量其专业素养和师德水平的重要指标。高校应定期举办教学成果展、学术研究成果展等活动，展示教师在教学、科研等方面的突出成果。

高校可以设立专门的教学成果展示区或展览室，展示教师在教学方面的优秀案例、创新教学方法和成果等。这些展示可以让师生们更加直观地了解教师的教学水平和创新能力，从而增强对教师的信任和尊重。同时，这些展示也可以为其他教师提供学习和借鉴的机会，促进教学方法的创新和改进。

高校可以组织学术研究成果展或学术研讨会等活动，展示教师在科研方面的成果和贡献。这些展示可以让师生们了解教师的研究方向和研究成果，增强对教师的学术认可和尊重。同时，这些活动也可以为师生们提供一个学术交流的平台，促进不同学科之间的交叉融合和创新发展。

此外，高校还可以将教师的教学成果和学术贡献纳入职称评定和绩效考核等评价体系中，作为教师晋升和奖励的重要依据。这种评价方式可以激励教师更加努力地投入到教学科研工作中，提升自己的专业素养和师德水平。

通过展示教师的教学成果和学术贡献，可以提升教师在学术界的知名度和影响力，增强学生的向师性。同时，这种展示也可以激发教师的职业荣誉感和成就感，促使他们更加努力地提升自己的专业素养和师德水平。

3. 建立完善的教师评价机制

建立完善的教师评价机制是树立正面教师形象、提升师德师风的重要保障。高校应通过学生评价、同行评价、专家评价等多种方式，对教师的教学质量、科研能力、师德表现等方面进行全面客观的评价。

高校应建立学生评价制度，让学生参与到教师评价中来。学生作为教学活动的直接参与者，对教师的教学质量有着最直观的感受和认识。因此，高校可以通过问卷调查、座谈会等方式收集学生对教师的评价意见，作为教师评价的重要依据。同时，高校还应建立学生评价结果的反馈机制，及时将评价结果反馈给教师本人和学校管理层，以便教师及时了解自己的教学情况和改进方向。

高校应建立同行评价制度，邀请校内外的专家学者对教师进行同行评价。同行评价可以从专业的角度对教师的教学质量、科研能力等方面进行客观评价，为教师提供有价值的改进建议。同时，同行评价还可以促进教师之间的交流和合作，提升学校的整体学术水平。

高校应邀请行业专家、企业代表等外部力量对教师进行评价。这些外部评价可以从社会需求的角度对教师的实践能力、社会服务能力等方面进行评价，为教师提供更全面的反馈和建议。同时，这种外部评价也可以促进学校与社会的联系和合作，提升学校的社会影响力和知名度。

通过建立完善的教师评价机制，可以全面客观地评价教师的专业素养和师德水平，为教师提供有价值的反馈和建议。这种评价机制不仅可以督促教师不断提升自己的专业素养和师德水平，还可以为学校选拔和培养优秀教师提供有力支持。同时，这种评价机制也可以增强师生之间的信任和尊重，促进校园的和谐稳定。

（三）鼓励教师间的交流与合作

1.搭建多元化的教师交流平台

在当今高等教育快速发展的背景下，教师之间的交流与合作对于提升教学质量、推动学科交叉融合具有重要意义。高校应积极搭建多元化的教师交流平台，为教师提供相互学习、共同进步的机会。

教学沙龙：教学沙龙是一种轻松、自由的交流形式，教师可以就教学过程中的疑惑、经验进行分享和讨论。高校可以定期组织教学沙龙活动，邀请校内外的专家、学者、优秀教师参与，通过主题演讲、小组讨论、案例分享等方式，激发教师的教学热情和创新思维。同时，教学沙龙还可以为年轻教师提供学习、成长的机会，促进他们快速融入教学团队。

学术论坛：学术论坛是展示学术成果、交流学术思想的重要平台。高校可以定期举办学术论坛活动，邀请校内外的专家学者就某一学科领域的前沿问题进行深入探讨。通过学术论坛，教师可以了解最新的学术动态和研究成果，拓宽自己的学术视野。同时，学术论坛还可以促进不同学科之间的交叉融合和创新发展，为高校的学科建设和人才培养提供有力支持。

网络交流平台：随着互联网技术的不断发展，网络交流平台已成为教师交流的重要渠道。高校可以建立自己的教师交流网站或社交媒体群组，为教师提供便捷的在线交流服务。通过网络交流平台，教师可以随时随地分享自己的教学经验和学术成果，与其他教师进行实时互动和讨论。这种交流方式不仅方便快捷，还可以促进教师之间的跨地域、跨学校合作与交流。

搭建多元化的教师交流平台，不仅可以促进教师之间的相互学习和共同进步，还可以推动高校的学科建设和人才培养工作。通过交流与合作，教师可以汲取他人的智慧和经验，不断丰富自己的教学理念和育人方法，提升教学质量和水平。

2.组织教师参加学术研讨会和教学观摩活动

学术研讨会和教学观摩活动是教师获取新知识、新思想的重要途径。高校应定期组织教师参加各类学术研讨会和教学观摩活动，让他们有机会接触到最前沿的学术思想和教学方法。

学术研讨会：学术研讨会是展示最新研究成果、交流学术思想的重要场合。高校可以组织教师参加国内外各类学术研讨会，让他们了解最新的学术动态和研究成果。通过参加学术研讨会，教师可以拓宽自己的学术视野，提高自己的学术水平。同时，学术研讨会还可以为教师提供与同行交流、合作的机会，促进不同学科之间的交叉融合和创新发展。

教学观摩活动：教学观摩活动是教师学习优秀教学经验、提升教学水平的重要途径。高校可以组织教师参加校内外的教学观摩活动，让他们观摩其他优秀教师的教学实践。通过观摩其他教师的教学实践，教师可以发现自己的不足并汲取他人的优点和经验教训。同时，教学观摩活动还可以激发教师的创新思维和实践能力，促进教学方法的改革和创新。

组织教师参加学术研讨会和教学观摩活动，不仅可以拓宽教师的视野和知识面，还可以激发他们的创新思维和实践能力。通过参加这些活动，教师可以接触到最前沿的学术思想和教学方法，了解最新的教育理念和育人模式。同时，这些活动还可以为教师提供与其他同行交流、合作的机会，促进不同学科之间的交叉融合和创新发展。

3.建立团队协作机制促进教师共同成长

团队协作是提升教师整体实力和创新能力的重要途径。高校应建立团队协作机制，鼓励教师之间形成紧密的合作关系和团队精神。

组建跨学科、跨领域的教研团队：高校可以根据学科特点和发展需求，组建跨学科、跨领域的教研团队。这些团队可以由不同专业背景的教师组成，共同开展教学研究和科研项目。通过团队协作，教师可以相互支持、共同进步，形成良好的师风环境和学术氛围。同时，跨学科、跨领域的教研团队还可以促进不同学科之间的交叉融合和创新发展，为高校的学科建设和人才培养提供有力支持。

建立激励机制和评价体系：高校可以建立激励机制和评价体系，鼓励教师积极参与团队协作和教学改革。通过设立教学成果奖、科研成果奖等奖项，表彰在团队协作和教学改革中做出突出贡献的教师。同时，高校还可以建立评价体系，对教师在团队协作中的表现进行客观评价，并将评价结果作为教师晋升、评优等的重要依据。这种激励机制和评价体系可以激发教师的积极性和创造性，促进团队协作和教学改革的深入发展。

建立团队协作机制，不仅可以提升教师的整体实力和创新能力，还可以培养他们的团队协作精神和集体荣誉感。在团队协作中，教师可以相互支持、共同进步，形成良好的师风环境和学术氛围。同时，团队协作还可以促进不同学科之间的交叉融合和创新发展，为高校的学科建设和人才培养提供有力支持。

三、完善评价与激励机制

在推动高校教师师德师风建设的过程中，完善评价与激励机制发挥着至关重要的作用。一个合理且有效的评价与激励机制，不仅能够准确地衡量教师的师德师风，还能激发教师的内在动力，促使他们不断自我提升。

（一）设立师德师风评价标准

1. 制定科学的评价标准

为了全面、客观地评价教师的师德师风，高校应首先制定一套科学的评价标准。这些标准应涵盖教师的职业操守、教学态度、学生关怀、学术诚信等多个方面，确保能够全面反映教师的师德表现。同时，评价标准的制定应基于广泛调研和深入讨论，确保其科学性和实用性。

2. 明确评价标准的可操作性

评价标准不仅要全面，还要具有可操作性。这意味着每一项标准都应有明确的定义和衡量指标，便于评价者进行客观公正的评判。例如，对于“教学态度”这一标准，可以细化为备课情况、课堂表现、课后辅导等多个具体指标，使评价更加具体和有针对性。

3. 鼓励教师参与评价标准的制定

教师在师德师风建设中既是主体也是对象，因此他们的意见和反馈对于评价标准的制定至关重要。高校应鼓励教师积极参与评价标准的讨论和制定过程，充分听取他们的意见和建议，确保评价标准能够真实反映教师的实际需求和期望。

（二）将师德表现纳入教师考核体系

1. 师德表现在考核中的权重

将师德表现纳入教师考核体系时，应合理设定其在考核中的权重。师德作为教师职业素养的重要组成部分，应在考核中占有一定比例，以体现高校对师德建设的重视。同时，权重的设定也应根据不同学科、不同岗位的特点进行适当调整。

2. 考核方式的多样性与灵活性

在考核师德表现时，应采用多种方式和手段进行综合评价。除了传统的问卷调查、学生评价等方式外，还可以引入同行评价、专家评价以及自我评价等方式，确保考核结果的客观性和准确性。此外，考核方式还应具有灵活性，能够根据教师的实际情况进行调整和优化。

3. 考核结果的反馈与运用

考核结束后，应及时向教师反馈考核结果，并指出其在师德方面的优点和不足。同时，高校还应根据考核结果对教师进行有针对性的指导和帮助，促进他们不断提升自己的师德水平。此外，考核结果还应作为教师职称评审、岗位晋升等重要依据之一。

（三）实施师德激励措施

1. 设立师德奖励基金

为了表彰在师德方面表现突出的教师，高校可以设立专门的师德奖励基金。该基金可以用于奖励那些在教学、科研以及学生关怀等方面做出杰出贡献的教师，激励他们继续发扬优良传统和作风。同时，奖励基金的设立还能起到榜样示范作用，引导其他教师向优秀看齐。

2. 开展师德标兵评选活动

定期开展师德标兵评选活动是激发教师积极性的有效手段之一。通过评选活动，可以挖掘和宣传身边的优秀教师事迹，为其他教师树立学习的榜样。同时，评选活动还能增强教师的荣誉感和归属感，促使他们更加珍惜和热爱自己的教育事业。

3. 提供职业发展机会和晋升空间

除了物质奖励外，高校还应为教师提供丰富的职业发展机会和晋升空间作为激励措施。这包括提供进修学习、参加学术会议等机会，帮助教师拓宽视野、提升专业素养；

同时建立公平的晋升机制，让优秀教师能够在职业道路上不断进步和发展。这些措施能够让教师感受到学校的关怀和支持，从而更加努力地投入到教育教学工作中去。

第三节　师德师风问题的预防与纠正

在新时代，高校教师的师德师风问题越来越受到社会的广泛关注。为了维护教育的纯洁性和教师的职业形象，预防与纠正师德师风问题显得尤为重要。

一、问题的预防

在高等教育领域，预防师德师风问题的发生至关重要。通过前置性的措施和有效的管理机制，可以显著降低师德师风问题的出现概率，维护教育环境的纯净和教育质量的优良。

（一）加强教师入职前的师德考察

1. 严格筛选机制的重要性

在教师入职前进行严格的师德考察是预防师德师风问题的第一道防线。高校应建立一套完善的筛选机制，旨在从源头上确保新入职教师的师德品质。这一机制应涵盖教育背景核查、教学实习经历评估以及个人品德调查等多个方面，以全面评估候选教师的综合素养。

2. 多维度考察方法的运用

为了更有效地进行师德考察，高校可以采用多种方法相结合的方式。例如，通过设置针对性的面试环节，深入了解候选教师的教育理念、职业操守和人际交往能力；通过心理测评，评估其心理健康状况和应对压力的能力；通过背景调查，核实其教育和工作经历，并了解其过往行为表现。

3. 在职教师的师德教育与评估

除了对新入职教师进行严格的师德考察外，高校还应重视对在职教师的师德教育和评估。定期组织师德培训活动，提升教师的职业道德水平；同时，建立定期的师德评估机制，对教师的师德表现进行跟踪和反馈，确保其始终保持良好的师德风范。

（二）定期开展师德风险排查

1. 全面深入的风险排查

定期开展师德风险排查是预防师德师风问题的关键环节。高校应通过问卷调查、座谈会、个别访谈等多种方式，全面了解教师的思想动态、教学行为以及与学生、家长、同事的互动情况。这些排查活动应深入到教师日常工作的各个方面，以便及时发现潜在的师德风险。

2. 重点关注与及时干预

在排查过程中，高校要重点关注教师是否存在违反师德规范的行为。例如，体罚或变相体罚学生、收受学生或家长财物、有偿补课等不当行为都应被视为重点排查对象。一旦发现这些潜在风险，高校应立即采取措施进行干预，包括与教师进行谈话、提醒和警告等，以防止问题进一步恶化。

3. 建立问题整改与跟踪机制

对于在排查中发现的问题，高校应建立整改与跟踪机制。要求教师针对问题进行整改，并设定明确的整改期限和目标。同时，学校应对整改情况进行定期检查和评估，确保问题得到有效解决并防止类似问题的再次发生。

（三）建立师德问题预警机制

1. 设立专门的师德监督机构

为了及时发现并处理师德问题，高校应设立专门的师德监督机构。该机构负责收集、整理和分析相关信息，对可能出现的师德问题进行预警。通过定期的监测和评估，及时发现并报告潜在的师德风险点，为学校管理层提供决策支持。

2. 畅通举报渠道与保护机制

高校应建立畅通的举报渠道，鼓励学生、家长和社会各界人士积极反映教师师德问题。为了确保举报人的权益和安全，学校应建立完善的保护机制，对举报人的身份和举报内容进行严格保密。同时，对于经查实的举报内容，学校应给予相应的奖励或表彰以鼓励更多人参与到师德监督中来。

3. 快速响应与严肃处理机制

当收到关于师德问题的举报或预警信息时，高校应迅速响应并启动相应的处理机制。这包括对涉事教师进行初步调查、核实情况并采取相应的措施如暂停教学、接受进一步调查等。对于查实的师德问题行为应依法依规进行严肃处理并向社会公布处理结果以儆效尤。同时加强对其他教师的警示教育和师德宣传工作，提高整个教师群体的师德意识和自律性。

二、问题的纠正

在高等教育环境中，当发现师德师风问题时，采取迅速而有效的纠正措施至关重要。

这不仅能够维护教育的公平性，还能保护教师的职业形象，确保学生接受到高质量的教育。

（一）对师德失范行为的调查与处理

1. 迅速启动调查程序

在高校环境中，师德失范行为一旦被发现或举报，其影响往往不仅仅局限于个别教师，还可能对整个教育环境和学生群体产生负面影响。因此，迅速启动调查程序至关重要。高校应立即成立由专业人士组成的调查小组，对举报内容进行初步核实，并启动正式的调查程序。

调查小组的成员应具备丰富的教育经验和专业知识，包括但不限于教育学、心理学、法律等领域。这样的团队组合可以确保调查的全面性和深入性，避免遗漏重要信息或误导调查结果。

在调查过程中，调查小组应严格遵守法律法规和高校规章制度，确保调查程序的合法性和规范性。同时，还应充分尊重涉事教师的合法权益，保障其申辩和辩护的权利。

2. 确保调查的客观性与公正性

调查的客观性和公正性是确保调查结果可信度的关键。调查小组在收集证据和听取陈述时，应保持中立和客观的态度，不受任何外部因素的干扰。

为了确保调查的公正性，调查小组应避免与涉事教师存在直接利害关系的人员参与调查。同时，在调查过程中，应充分听取涉事教师的陈述和申辩，并给予其合理的解释和辩护机会。

此外，调查小组还应注重证据的收集和整理工作。在收集证据时，应遵循法定程序，确保证据的真实性和合法性。对于关键证据，应进行多次核实和比对，以确保其准确性和可靠性。

3. 依法依规进行处理

根据调查结果，如果证实教师存在师德问题，高校应依法依规进行处理。处理措施应根据问题的严重程度和教师的态度来决定，以维护教育的公平性和教师的职业形象。

对于轻微的师德问题，高校可以采取警告、记过等处罚措施，并要求涉事教师写出书面检查，明确认识错误并承诺改正。对于较为严重的师德问题，高校可以给予降级、停职等更严厉的处罚，并通报全校师生，以起到警示作用。

对于涉及违法犯罪的行为，高校应积极配合司法机关进行调查和处理。在案件处理过程中，高校应提供必要的支持和协助，确保案件得到公正、公平的处理。

（二）实施师德重塑计划

1. 组织师德教育培训

师德教育培训是重塑教师师德的重要手段。高校应定期组织存在师德问题的教师参加师德教育培训，帮助他们重新审视自己的教育理念和行为方式。

培训内容应包括教师职业道德规范、教育法律法规、学生心理健康等方面的知识。通过培训，教师可以了解师德的重要性和要求，掌握教育法律法规的基本内容，提高自我约束和自律能力。

此外，高校还可以邀请优秀教师分享经验，为存在师德问题的教师提供榜样和借鉴。通过分享优秀教师的教育经验和教学方法，可以激发教师的教育热情和创造力，促进他们的专业成长和发展。

2. 引导教师深刻反思与改进

在师德重塑计划中，高校应引导存在师德问题的教师进行深刻反思。反思是认识问题、解决问题的前提和基础。教师可以通过撰写反思报告、参加座谈会等方式，分析自己失范行为的原因和后果，并找出问题所在。

在反思过程中，教师应深入挖掘自己的内心世界，找出导致失范行为的根源。同时，还应积极寻求解决问题的方法和途径，制定具体的改进措施。这些措施可以包括加强学习、提高自我约束能力、改善与学生和家长的沟通方式等。

高校还可以为存在师德问题的教师提供必要的支持和帮助。例如，可以安排专业心理咨询师为他们提供心理咨询和辅导服务，帮助他们缓解压力和焦虑情绪；可以组织专家团队为他们提供个性化的指导和建议，帮助他们更好地解决问题和改进自己。

3. 提供持续的支持与监督

在实施师德重塑计划的过程中，高校应为存在师德问题的教师提供持续的支持和监督。这包括定期与教师进行沟通、解答疑惑、提供必要的资源和帮助等。

高校可以建立专门的师德重塑小组或部门，负责与教师进行沟通和联系。这些小组或部门可以定期与教师进行面谈或电话沟通，了解他们的思想动态和改进情况，为他们提供必要的指导和帮助。

同时，高校还应对教师的改进情况进行监督。这可以通过定期评估、检查等方式来实现。如果教师在改进过程中取得了明显的进步和成效，高校可以给予适当的奖励和表彰；如果教师在改进过程中仍然存在问题或不足，高校可以给予必要的指导和帮助，促进其尽快改进和提高。

（三）加强纠正后的跟踪与评估

1. 定期进行回访与评估

为了确保师德纠正措施的有效性，高校应定期对存在师德问题的教师进行回访和评估。通过面对面的交流、问卷调查等方式，了解教师的改进情况和思想动态。这有助于及时发现并解决问题，确保教师能够持续改进自己的师德行为。

2. 建立师德档案与长期监督机制

高校还应为每位教师建立师德档案，记录其师德表现和纠正情况。这有助于进行长期的监督和管理，确保教师始终保持高尚的师德风范。同时，高校应定期对师德档案进行审查和分析，总结经验教训，不断完善师德师风建设机制。

3. 激励与约束并存

在跟踪与评估过程中，高校应注重激励与约束并存的原则。对于在师德重塑过程中表现突出的教师，应给予适当的奖励和表彰，以激发其持续改进的动力。同时，对于未能按照计划进行改进或再次出现师德问题的教师，应采取相应的约束措施，如暂停教学、接受进一步培训等。

三、长效机制的建立

为了从根本上解决师德师风问题，确保教育质量，并维护教师的专业形象，高校必须致力于建立一套全面而持久的机制。这一机制不仅需要明确教师的职业道德标准，还需要提供相应的培训和监督，以确保每位教师都能达到这些标准。

（一）完善师德师风建设制度体系

1. 制定明确的师德师风规范

高校作为培养未来人才的重要基地，其教师的师德师风对于塑造学生的品格和价值观具有至关重要的影响。因此，制定一套明确、全面且具体的师德师风规范至关重要。这些规范应覆盖教师的教育教学行为、学术研究态度、与学生及同事的交往方式等多个方面。

规范应明确教师在教育教学中的责任和义务。教师应秉持敬业、爱生、严谨、创新的职业精神，以高度的责任心和使命感对待教学工作。他们应尊重学生的人格和差异，关心学生的成长和发展，努力为学生提供优质的教育服务。

规范应强调教师的学术诚信和道德责任。教师应遵守学术规范，尊重知识产权，杜绝学术不端行为。他们应秉持求真务实的科研态度，追求高质量的学术成果，为学校的学术声誉和学科发展贡献力量。

规范应涉及教师与同事、学生和社会的交往方式。教师应保持良好的职业道德和职业操守，与同事和睦相处、互相尊重；与学生建立和谐的师生关系，关注学生的身心健康；积极参与社会公益活动，为社会发展贡献自己的力量。

2. 建立师德考核评价体系

为了全面、客观地评估教师的师德表现，高校应建立一个科学的师德考核评价体系。这个体系应该包括师德自评、学生评价、同事评价、领导评价等多个方面，以确保评价的全面性和客观性。

教师应进行师德自评。他们可以通过回顾自己的教育教学行为、学术研究态度以及与学生和同事的交往方式等方面，对自己的师德表现进行客观评价。自评过程可以帮助教师更好地认识自己的不足和优点，从而有针对性地改进和提高。

学生评价是师德考核评价体系中的重要组成部分。学生作为教育教学的直接受益者，对教师的师德表现有着深刻的感受和认识。高校可以通过问卷调查、座谈会等方式收集学生对教师的师德评价信息，并将其作为评价教师师德的重要依据。

此外，同事评价和领导评价也是不可或缺的。同事之间互相了解、互相监督，可以为评价教师师德提供有益的参考。领导评价则可以从更高的角度审视教师的师德表现，为教师的职业发展和学校的发展提供指导。

3. 设立师德奖励与惩戒机制

为了进一步强化师德建设，高校应设立师德奖励与惩戒机制。通过奖励优秀、惩戒违规的方式，可以激励教师更加注重自己的师德修养，形成积极向上的师德氛围。

对于在师德方面表现突出的教师，高校可以给予物质或精神上的奖励。这些奖励可以包括荣誉证书、奖金、晋升机会等，以资鼓励教师继续保持良好的师德表现。同时，高校还可以通过媒体等渠道宣传这些优秀教师的先进事迹和精神风貌，以扩大其影响力。

对于违反师德规范的教师，高校应根据情节的严重程度给予相应的惩戒。这些惩戒措施可以包括警告、记过、降级、开除等，以维护教育的公平性和教师的职业形象。同时，高校还应积极与司法机关配合，将涉及违法犯罪的案件移交处理。

（二）强化师德监督与反馈机制

1. 设立专门的师德监督机构

为了确保师德规范的执行，高校应设立一个专门的师德监督机构。这个机构应具备高度的独立性和权威性，负责定期检查教师的师德表现，接受并处理关于教师师德问题的投诉和举报。

师德监督机构可以定期对教师进行师德检查和评估，确保他们遵守师德规范并履行教育教学职责。同时，他们还应积极收集和处理关于教师师德问题的投诉和举报，及时采取措施解决问题并防止类似问题再次发生。

2. 建立多渠道的反馈系统

除了专门的监督机构外，高校还应建立一个多渠道的反馈系统，鼓励学生、家长和同事对教师的师德表现进行反馈。这可以通过设置匿名举报箱、在线反馈平台或定期进行师德满意度调查等方式实现。

通过多渠道的反馈系统，高校可以及时了解并解决教师师德问题。同时，这些反馈信息还可以为高校提供宝贵的参考，帮助其不断完善师德师风建设制度体系并提升教师的职业道德水平。

3. 公开透明的处理流程

当收到关于教师师德问题的投诉或举报时，高校应确保处理流程的公开和透明。这不仅可以增强公众对高校的信任度，还可以为教师提供一个公正、公平的环境。

高校应建立公开透明的处理流程，明确投诉或举报的受理、调查、处理和反馈等各个环节。在处理过程中，高校应尊重当事人的权益和隐私，确保处理结果的公正性和准确性。同时，高校还应及时将处理结果向公众通报，并接受社会的监督。

（三）促进教师职业道德的持续提升

1. 定期开展师德培训活动

为了提升教师的职业道德水平，高校应定期开展师德培训活动。这些活动可以涵盖师德理论、教育法律法规、教育心理学等多个方面，旨在帮助教师深入理解师德的内涵和重要性，并提高其在实际工作中的师德修养。

师德培训活动可以采用多种形式进行，如专题讲座、案例分析、小组讨论等。通过这些活动，教师可以了解最新的师德理论研究成果和实践经验，学习如何更好地履行教育教学职责并提升自己的职业道德水平。

2. 搭建师德交流平台

高校可以搭建师德交流平台，鼓励教师之间分享自己在师德方面的经验和心得。这样的平台可以为教师提供一个互相学习和借鉴的机会，促进校园内师德文化的形成和发展。

师德交流平台可以通过线上或线下的方式进行。在线上平台上，教师可以发表自己的师德文章、分享教学经验或参与讨论；在线下平台上，则可以组织师德论坛、座谈会等活动，邀请优秀教师分享自己的经验和心得。通过这些活动，教师可以互相学习、互相启发，形成积极向上的师德氛围。

3. 树立师德榜样

通过评选和表彰师德标兵或优秀教师等方式，高校可以为其他教师树立榜样。这些榜样可以激励更多的教师努力提升自己的师德水平，形成积极向上的校园氛围。

高校可以设立师德标兵或优秀教师的评选活动，邀请全校师生参与评选过程。评选标准应涵盖教师的师德表现、教育教学成果、学术研究成果等多个方面。评选出的师德标兵或优秀教师将获得荣誉证书、奖金等奖励，并有机会在全校范围内进行经验分享和交流。这些榜样的事迹和精神风貌将通过媒体等渠道进行广泛宣传，以扩大其影响力并激励更多的教师追求高尚的师德境界。

第八章　新时代高校教师队伍的国际化发展

第一节　国际化教师队伍建设的意义

随着全球化的不断深入，高等教育国际化已成为当今世界教育领域的重要趋势。在这一背景下，高校国际化教师队伍的建设显得尤为重要。国际化教师队伍不仅能为高校带来新的发展动力和机遇，还能为学生提供更广阔的视野和更丰富的学习资源。

一、提升高校国际影响力

随着全球化的不断深入，高校国际影响力的提升变得越来越重要。这不仅是衡量一个高校综合实力的重要标志，也是高校走向世界、参与国际竞争与合作的关键。

（一）国际化教师队伍有助于增强高校的国际声誉

1. 国际化教师队伍的建设意义

高校教师的国际化水平是衡量大学综合实力的重要因素。拥有一支高水平的国际化教师队伍，不仅代表着高校在学术研究、教学质量上的高水平，更意味着高校具备了与国际接轨的教育资源和视野。这样的教师队伍，通过其广泛的国际联系和学术影响力，为高校赢得更多的国际声誉和认可，从而提升高校的整体形象。

2. 展示学术实力与研究成果

国际化教师队伍是高校展示学术实力和研究成果的重要窗口。他们通过参与国际学术会议、发表高水平学术论文，向全球学术界展示高校的科研实力和学术水平。这些活动不仅提升了高校在国际学术舞台上的知名度，还为高校吸引了更多的国际合作机会和资源，进一步推动了高校的国际化进程。

3. 拓展国际合作与交流机会

国际化教师队伍的建设还为高校带来了更多与国际知名大学和研究机构合作的机会。通过这些合作，高校可以引进更先进的教育理念、教学方法和科研技术，提高自身的教育质量和科研水平。同时，这些合作也为高校师生提供了更广阔的学术视野和国际交流平台，有助于培养具有国际视野和竞争力的人才。

（二）吸引更多国际学生，促进文化多样性和学术交流

1. 提高国际学生的吸引力

国际化教师队伍的存在，无疑增加了高校对国际学生的吸引力。他们具备跨文化交流的能力和经验，能够更好地理解和适应不同文化背景的学生需求。这不仅为国际学生提供了更加贴心和专业的服务，还让他们感受到高校的温暖和关怀。因此，更多有志于接受国际化教育的优秀学生会选择这样的高校作为他们的求学之地。

2. 丰富校园文化氛围

国际化教师队伍的建设为校园文化注入了新的活力。来自不同文化背景的教师在教学和生活中会带入各自的文化元素和价值观，使得校园文化更加丰富多彩。学生们在这种多元文化的环境中学习、生活，不仅能够拓宽他们的视野和思维方式，还能够培养他们的跨文化交流能力和全球意识。这对于他们未来走向社会、参与国际竞争与合作具有重要意义。

3. 推动学术交流与发展

国际化教师队伍的建设还有助于推动学术交流与发展。这些教师通常具有丰富的国际学术资源和人脉关系，能够为高校引进更多的学术活动和合作项目。通过这些交流和合作，高校可以及时了解国际学术前沿动态，提高自身的科研水平和创新能力。同时，这些活动也为师生提供了与国内外专家学者面对面交流的机会，有助于激发他们的学术热情和创新精神。

二、拓宽学生国际视野

在全球化日益加速的今天，拓宽学生的国际视野显得尤为重要。国际视野不仅有助于学生更好地融入这个多元化的世界，还能够为他们的未来发展打开更多的可能性。

（一）国际化教师能带来全球前沿的学术知识和实践经验

1. 引入全球前沿学术知识

国际化教师队伍具备丰富的国际学术背景，他们通常与世界各地的学者保持着紧密的联系，能够及时跟踪全球最前沿的学术动态。因此，他们能够将最新的学术理念、研究成果和教学方法引入课堂，为学生提供最新、最全面的学术知识。这些知识不仅有助于学生了解世界范围内的学术发展趋势，还能够激发他们对未知领域的探索欲望，从而提升他们的学术素养和认知水平。

2. 分享国际实践经验

除了学术知识，国际化教师还能够分享他们在世界各地的实践经验。这些经验可能

包括国际项目的合作、跨文化交流的技巧、国际市场的洞察等。通过分享这些宝贵的经验，国际化教师不仅能够帮助学生了解国际社会的运作规则，还能够为他们提供实用的职业指导和人生建议。这对于学生未来的职业发展和人生规划具有重要的指导意义。

3. 提供国际实习与交流机会

国际化教师队伍通常与国外的高校、研究机构和企业有着广泛的联系。通过这些联系，他们能够为学生提供丰富的国际实习和交流机会。这些机会不仅有助于学生增长见识、锤炼技能，还能够培养他们的国际竞争力和跨文化交流能力。在实习和交流过程中，学生还能够结交来自世界各地的朋友，拓展自己的人际网络，为未来的职业发展奠定坚实的基础。

（二）培养学生具备跨文化交流和合作的能力

1. 增强跨文化理解力

通过与国际化教师的交流，学生能够更加深入地了解不同文化背景下的价值观、思维方式和行为习惯。这种跨文化的理解力有助于学生更好地融入多元化的国际社会，减少因文化差异而产生的误解和冲突。同时，这种能力还能够提升学生的个人素养和综合素质，使他们在面对不同文化背景的人时更加自信、从容。

2. 提升沟通能力

在跨文化交流中，沟通能力显得尤为重要。国际化教师队伍能够为学生提供丰富的语言实践机会，帮助他们提升外语水平和口语表达能力。同时，通过模拟真实的跨文化交流场景，国际化教师还能够教会学生如何运用恰当的语言和方式进行有效的沟通，避免不必要的误解和尴尬。这种沟通能力的提升对于学生未来的职业发展和国际合作具有重要的意义。

3. 培养国际合作精神

在全球化时代，国际合作已成为解决许多全球性问题的关键途径。通过与国际化教师的合作和交流，学生能够培养起良好的国际合作精神。这种精神不仅有助于学生更好地融入国际社会，还能够提升他们的团队协作能力和领导力。在未来的职业生涯中，具备国际合作精神的学生将更加受欢迎和认可，从而获得更多的发展机会和空间。

三、推动学科建设与科研创新

（一）引入国际先进的教育理念和教学方法

1. 提升教学质量与效果

随着全球化的加速和国际交流的日益频繁，引入国际先进的教育理念和教学方法已成为高校提升教学质量和效果的重要途径。国际化教师队伍通常具备丰富的国际教学经验和先进的教育理念，他们能够将国际上最新的教学理论、教学方法和教学技术引入高校，为教育教学注入新的活力和动力。

这些先进的教育理念和教学方法强调学生的主体地位和教师的引导作用，注重培养学生的自主学习、合作学习和创新思维能力。通过引入这些理念和方法，高校能够打破传统的教学模式，推动教学方式的创新和改革。例如，采用项目式学习、翻转课堂等新型教学模式，激发学生的学习兴趣和积极性，提高学生的学习效果和实践能力。

同时，国际化教师队伍还能够为高校带来国际化的教学资源。他们通常与国外的知名高校和研究机构建立了广泛的合作关系，能够引进国外优质的教材、课件和教学资源，为学生提供更加广阔的学习视野和更加丰富的学习内容。这些资源的引入不仅丰富了高校的教学资源，也提高了教学质量和效果。

2. 培养具有国际竞争力的高素质人才

引入国际先进的教育理念和教学方法还能够培养出具有国际竞争力的高素质人才。这些人才具备国际化的视野和跨文化的交流能力，能够适应全球化背景下的人才需求和市场变化。

国际化教师队伍通常具备丰富的国际经验和跨文化交流能力，他们能够将国际化的教育理念和方法融入教学中，帮助学生拓展国际视野和跨文化交流能力。同时，他们还能够为学生提供更多的国际交流和合作机会，如参加国际学术会议、参与国际项目合作等，让学生更好地了解国际前沿的学术动态和市场需求。

通过培养具有国际竞争力的高素质人才，高校能够更好地服务国家和社会的发展需求，提高人才培养的质量和效益。同时，这些人才还能够为高校带来更多的国际声誉和影响力，提升高校在国际上的地位和竞争力。

3. 拓展学科发展思路和研究方法

国际化教师队伍的建设还能够为高校的学科发展带来新的思路和研究方法。他们通常具备较为开阔的学术视野和敏锐的学术洞察力，能够为高校的学科建设和科研工作提供有益的指导和建议。

通过与国际化教师的合作和交流，高校能够了解国际上的学科发展趋势和前沿研究动态，拓展学科的研究领域和研究方向。同时，国际化教师还能够为高校带来新的研究方法和技术手段，推动学科研究的深入和创新。

例如，在交叉学科领域的研究中，国际化教师能够利用自身的学科背景和资源优势，推动不同学科之间的交叉融合和创新发展。他们可以将其他学科的理论和方法引入本学科的研究中，形成新的研究视角和思路。这种交叉融合不仅能够产生新的学术思想和研究成果，还能够为高校培养更多具有创新精神和跨学科背景的高素质人才。

（二）促进学科交叉融合，提高科研水平

1. 推动学科交叉融合

国际化教师队伍的建设能够促进不同学科之间的交叉融合和合作。他们来自不同的学科背景和研究领域，具备不同的学术观点和研究方法。通过他们的交流和合作，可以打破学科之间的壁垒和界限，促进不同学科之间的交流和融合。

这种交叉融合不仅能够产生新的学术思想和研究成果，还能够为高校培养更多具有跨学科背景和创新精神的高素质人才。同时，它还能够推动高校学科结构的优化和升级，提高高校的学科竞争力和影响力。

为了促进学科交叉融合，高校可以加强国际化教师队伍的建设和管理。通过引进具有跨学科背景和丰富研究经验的国际化教师，为高校带来更多的学术资源和研究思路。同时，高校还可以加强学科之间的交流和合作机制建设，鼓励教师之间的合作和交流，推动不同学科之间的交叉融合和创新发展。

2. 提高科研水平和能力

国际化教师队伍的建设还能够提高高校的科研水平和能力。他们通常具备较为丰富的科研经验和实力，能够带领和指导高校师生开展高水平的科学研究工作。

通过与国际化教师的合作和研究，高校可以接触到更多的国际前沿研究动态和学术资源，了解国际上的最新科研成果和技术手段。同时，国际化教师还能够为高校提供有益的科研指导和建议，帮助高校师生更好地把握研究方向和方法，提高研究的质量和水平。

此外，国际化教师队伍还能够为高校带来更多的科研合作机会和平台。他们通常与国际上的知名高校和研究机构建立了广泛的合作关系和合作网络。通过与这些机构和人员的合作和交流，高校可以拓展自身的科研合作渠道和平台，获得更多的科研支持和资源。这将有助于提升高校的科研水平和能力，产出更多具有创新性和影响力的学术成果。

3. 营造浓厚的科研氛围和文化

国际化教师队伍的建设还能够为高校营造浓厚的科研氛围和文化。他们通常具备较高的学术追求和科研热情，能够激发高校师生的科研兴趣和热情。

通过与国际化教师的合作和交流，高校可以了解国际上的科研动态和趋势，了解最新的科研成果和技术手段。这将有助于激发高校师生的科研兴趣和热情，提高他们的科研能力和水平。同时，国际化教师还能够为高校师生提供更多的科研指导和帮助，帮助他们更好地开展科研工作并取得更多的成果。

此外，国际化教师队伍还能够为高校营造一种开放、包容和创新的科研文化。他们通常具有开放的心态和创新的精神，能够推动高校科研文化的变革和创新。通过与他们的合作和交流，高校可以打破传统的科研模式和思维定式，推动科研工作的创新和发展。这将有助于提升高校的科研水平和能力，为高校的长期发展奠定坚实的基础。

第二节　国际化教师的选拔与培养

随着全球化的加速和教育国际化的趋势，高校对于国际化教师的需求日益增强。国际化教师不仅具备深厚的学术背景，还拥有跨文化交流的能力，对于提升学生的国际视野和竞争力具有重要意义。因此，建立一套科学、公正的选拔与培养机制，对于高校国际化教师队伍的建设至关重要。

一、选拔机制

在全球化背景下，高等教育日益国际化，国际化教师的选拔成为高校发展的重要环节。一个优秀的国际化教师不仅要具备深厚的学术功底，还应有跨文化交流的能力和国际化的教育视野。为了选拔出符合这些要求的国际化教师，需要建立一套科学、公正的选拔机制。

（一）明确选拔标准

选拔国际化教师的首要任务是明确选拔标准，以确保选拔过程的公正性和选拔结果的质量。这些标准应全面、具体，能够真实反映一个优秀国际化教师应具备的各方面素质和能力。

1. 学术背景的考量

在选拔国际化教师时，学术背景是一个重要的考量因素。首先，候选人的学历应达到一定的要求，通常应具有博士学位，以证明其在某一学术领域内的深厚底蕴。其次，研究方向也是一个关键的考察点。一个优秀的国际化教师应在其研究领域内有所建树，能够引领学术潮流，推动学科发展。最后，发表论文的质量和数量也是评价一个学者学术水平的重要指标。通过综合评估候选人的学术背景，可以初步判断其是否具备成为优秀国际化教师的潜力。

2. 教学经验的评估

除了学术背景外，教学经验也是选拔国际化教师时不可忽视的方面。一个优秀的教师应该具备丰富的教学经验和出色的教学能力。在评估候选人时，可以考察其课程设计的能力、教学方法的多样性以及学生评价等。课程设计能力是反映教师教学水平的重要标志，一个优秀的教师应能够根据学科特点和学生需求，制定出科学合理的教学计划。同时，灵活多样的教学方法也是激发学生学习兴趣和创新能力的关键。通过学生评价，可以更加直观地了解教师的教学效果和受学生欢迎的程度。

3. 跨文化交流能力的检验

跨文化交流能力是国际化教师的核心素质之一。在选拔过程中，应重点考察候选人的语言能力、文化敏感度和国际视野。语言能力是跨文化交流的基础，一个优秀的国际化教师应能够熟练掌握并运用至少一门外语进行教学和交流。此外，文化敏感度也是必不可少的素质，它能够帮助教师更好地理解和尊重不同文化背景的学生，从而建立起良好的师生关系。最后，国际视野也是一个重要的考察点，它决定了教师是否能够紧跟国际学术前沿，引领学生进行全球化的学习和探索。

（二）设立专门的选拔委员会

为确保选拔过程的公正性、专业性和权威性，应设立专门的选拔委员会来负责国际化教师的选拔工作。该委员会应由校内外的专家、学者组成，他们应具备丰富的学术和教学经验，以确保选拔结果的质量和认可度。

1. 委员会的职责与运作

选拔委员会的主要职责包括制定选拔标准、审核候选人材料、组织面试和试讲等环节，并最终确定入选名单。在制定选拔标准时，委员会应充分考虑学科特点、教学需求和国际化发展方向等因素，确保标准的科学性和前瞻性。在审核候选人材料时，委员会应严格把关，对候选人的学术背景、教学经验和跨文化交流能力进行全面评估。面试和试讲环节是选拔过程中的重要环节，通过面对面的交流和实地考察，可以更加准确地判断候选人的综合素质和教学能力。最终确定的入选名单应经过委员会成员的充分讨论和一致通过，以确保选拔结果的公正性和权威性。

2. 委员会的专业性与权威性

选拔委员会的专业性和权威性对于提升选拔结果的质量和认可度至关重要。首先，委员会成员应具备深厚的学术功底和丰富的教学经验，能够在选拔过程中提供有价值的意见和建议。其次，委员会应保持与国内外学术界的密切联系，及时了解最新的学术动态和教育理念，以确保选拔标准的先进性和科学性。最后，委员会应坚持公正、公平、公开的原则，严格遵守选拔程序和规范，确保每一个候选人都能得到公正的评价和机会。

二、培养策略

随着高等教育的国际化发展，国际化教师的培养显得尤为重要。为了更好地适应全球教育环境，提升教师的专业素养和国际化能力，高校需要制定一系列针对性的培养策略。

（一）提供跨文化沟通和教学能力培训

在国际化背景下，教师的跨文化沟通和教学能力成为其职业素养的重要组成部分。因此，高校应为国际化教师提供专门的跨文化沟通和教学能力培训，以提升他们的专业素养。

1. 加强语言培训

语言是跨文化沟通的基础。高校应为国际化教师提供外语培训，特别是英语培训，以提高他们的外语水平。通过外语培训，教师可以更流畅地与外籍同事、学生进行交流，同时也能更好地理解和运用国际教育资源。此外，针对特定学科的专业外语培训也是必不可少的，这有助于教师在国际学术交流中更准确地表达自己的观点。

2. 增强文化敏感性训练

文化敏感性是跨文化沟通中的关键因素。高校应通过文化敏感性训练，帮助国际化教师了解不同文化背景下的价值观和习俗，从而避免在跨文化交流中出现误解和冲突。这种训练可以通过文化讲座、模拟场景演练等方式进行，使教师在实践中提高文化适应能力。

3. 开展国际教学方法研讨

教学方法的国际化也是提升教师教学能力的重要环节。高校应定期组织国际教学方法的研讨活动，让国际化教师了解并学习国际上先进的教学理念和方法。通过研讨，教师可以交流教学经验，探讨如何更好地将国际教育理念融入课堂教学，提高教学效果。

（二）鼓励教师参与国际学术会议和研究项目

参与国际学术会议和研究项目是提升国际化教师学术水平和国际视野的重要途径。高校应积极鼓励并支持教师参与这些活动。

1. 拓宽学术视野

通过参与国际学术会议，国际化教师可以接触到最前沿的学术研究成果，了解国际学术界的发展趋势。这不仅有助于拓宽教师的学术视野，还能激发他们的创新思维和研究灵感。

2. 增强国际合作与交流能力

参与国际学术会议和研究项目，需要教师与来自不同文化背景的学者进行交流和合作。这不仅能提升教师的外语水平，还能增强他们的国际合作与交流能力。通过这些活动，教师可以建立广泛的学术联系和合作网络，为未来的研究和发展奠定坚实基础。

（三）设立激励机制

为了激发国际化教师的积极性和创造力，高校应设立相应的激励机制，为他们提供更多的职业发展机会和晋升空间。

1. 设立国际交流基金

高校可以设立专门的国际交流基金，用于支持国际化教师出国访学与进修。这不仅是对教师个人发展的有力支持，也是推动学校国际化发展的重要举措。通过出国访学与进修，教师可以接触到更先进的教育理念、教学方法和研究技术，从而提升自身的专业素养和学术水平。

2. 提供职业发展机会和晋升空间

高校应为国际化教师提供更多的职业发展机会和晋升空间。例如，可以设立专门的国际化教师职业发展计划，为他们提供个性化的职业规划和指导。同时，高校还可以建立公平的晋升机制，根据教师的教学成果、学术贡献和国际交流情况等因素进行综合评价，给予相应的晋升和奖励。这将有助于激发教师的积极性和创造力，推动他们为学校的国际化发展做出更大的贡献。

三、评估与反馈

在高等教育国际化的大背景下，国际化教师的培养与发展显得尤为重要。为了确保培养策略的有效性及教师的持续进步，高校需要构建一套科学的评估与反馈机制。这套机制旨在定期对国际化教师的教学与科研进行全面评估，并通过有效的反馈，促进教师的专业成长和提升。

（一）定期对国际化教师的教学和科研进行评估

为确保国际化教师的教学质量和科研水平，高校应建立一套全面、客观的评估体系，定期对他们的教学和科研活动进行深入评估。这种评估不仅有助于了解教师的工作状态，还能及时发现并解决问题，推动教师的专业发展。

1. 教学评估

教学评估是国际化教师评估体系的重要组成部分。评估内容应涵盖课程设计、教学方法、学生评价等多个方面。课程设计评估主要考察教师是否能根据学科特点和学生需求，制定出科学合理的教学计划。教学方法评估则关注教师是否能灵活运用多样化的教学手段，激发学生的学习兴趣和创新能力。学生评价则是从学生的角度出发，对教师的教学效果进行直观反馈。

通过定期的教学评估，高校可以及时了解国际化教师在教学过程中的优势和不足，为他们提供有针对性的指导和帮助。同时，教学评估结果也可以作为教师绩效考核和晋升的重要依据，激励教师不断提升教学水平。

2. 科研评估

科研评估是对国际化教师科研能力和成果的综合评价。评估内容应包括科研项目、学术论文、专利申请、科技成果转化等多个方面。科研项目评估主要考察教师承担科研项目的层次、数量和完成情况。学术论文评估则关注教师发表论文的质量、数量和影响力。专利申请和科技成果转化评估则是衡量教师科研创新能力和实际应用价值的重要指标。

科研评估的结果可以为高校提供国际化教师科研能力的全面画像，有助于高校合理配置科研资源，优化科研团队结构。同时，科研评估也能激励国际化教师积极投身科研工作，提升科研水平，为高校的科研事业做出更大贡献。

（二）建立反馈机制

评估之后，一个有效的反馈机制对于国际化教师的成长至关重要。这不仅能帮助教师了解自身的优点和不足，还能为他们提供改进的方向和动力。

1. 提供详细的评估报告

在评估结束后，高校应为每位国际化教师提供一份详细的评估报告。报告应客观、全面地反映教师在教学和科研方面的表现，明确指出他们的优点和不足。同时，报告还应根据教师的实际情况，提出具体的改进建议和发展方向。

通过评估报告，国际化教师可以清晰地了解自己的工作状态，明确未来的努力方向。这种有针对性的反馈，有助于激发教师的自我提升意识，推动他们不断追求卓越。

2. 鼓励教师之间的交流与分享

除了提供个性化的评估报告外，高校还应鼓励国际化教师之间进行交流与分享。这种交流可以是定期的研讨会、教学经验分享会或科研成果展示会等形式。通过交流与分享，教师可以相互学习、借鉴经验，共同提高教学和科研水平。

同时，交流与分享还能促进教师之间的团队合作和精神共鸣，增强教师队伍的凝聚力和向心力。这种积极的团队氛围，有助于激发教师的创新精神和工作热情，推动国际化教师队伍的持续优化和发展。

第三节　国际交流与合作项目的开展

随着全球化的不断深入，高校教师国际交流与合作日益成为提升教育质量、推动科研创新的重要途径。通过与国际同行开展深入的合作与交流，可以引进先进的教育理念、教学方法和科研资源，从而提高教师的专业素养和教学水平，培养学生的国际视野和跨文化交流能力。

一、合作项目策划与实施

（一）确定合作目标与领域

1. 明确合作目标的重要性

在开展国际交流与合作项目之前，明确合作目标是至关重要的第一步。合作目标不仅为整个项目提供了明确的方向，还是评估项目成功与否的重要标准。通过设定清晰的目标，可以确保项目团队在实施过程中始终保持一致的努力方向，从而提高项目的效率和效果。

在确定合作目标时，需要综合考虑多方面的因素。首先，要分析高校自身的需求和优势，明确希望通过国际合作达到哪些具体目标。这些目标可以包括提升教学质量、加强科研能力、推动学术交流等。其次，要了解合作伙伴的需求和资源，以便找到双方合作的共同点和契合点。最后，还要考虑国际环境、政策导向等外部因素，确保合作目标的现实性和可行性。

通过明确合作目标，可以为后续的项目策划和实施奠定坚实的基础，确保项目的顺利推进和预期成果的达成。

2. 选择合作领域的策略

选择合作领域是国际交流与合作项目策划中的关键环节。合作领域的选择不仅关系到项目的成败，还直接影响到双方资源的有效整合和利益的最大化。在选择合作领域时，应遵循以下几个策略：

充分利用高校的优势学科和研究方向。每所高校都有其独特的学科优势和研究方向，这些领域往往拥有丰富的研究资源和成果积累。通过在这些领域开展国际合作，可以更有效地整合资源，提升研究水平，并推动学术创新。

关注国际前沿和热点领域。随着科技的不断进步和全球化的深入发展，新的研究领域和热点不断涌现。选择这些领域进行合作，不仅有助于高校跟上国际学术潮流，还能提升其在国际学术界的影响力。

跨学科合作是一个值得考虑的方向。通过跨学科合作，可以打破传统学科界限，促进不同领域之间的交流与融合，从而推动学术创新和发展。这种合作模式有助于发现新的问题、提出新的观点和方法，为学术界带来新的活力。

（二）制定详细的项目计划和时间表

1. 项目计划的制定

制定详细的项目计划是国际交流与合作项目实施的关键步骤。一个好的项目计划能够确保项目的有序进行，提高资源的使用效率，降低风险，并最终实现项目的目标。在制定项目计划时，需要考虑以下几个方面：

明确项目的具体目标和预期成果。这有助于确保项目的每一项活动都紧密围绕核心目标展开，从而实现资源的有效配置。

对项目进行详细的任务分解。将项目拆分为若干个具体的任务，并为每个任务分配明确的责任人和资源。这样做可以确保项目的每个环节都得到充分落实和监控。

项目计划应包括风险评估和应对措施。通过预先识别潜在的风险点，并制定相应的应对策略，可以降低项目在实施过程中可能遇到的问题。

最后，项目计划需要具备一定的灵活性和可调整性。在实施过程中，可能会遇到各种预料之外的情况，因此计划需要能够根据实际情况进行调整和优化。

2. 时间表的设定与优化

设定和优化时间表在国际交流与合作项目中至关重要。一个合理的时间表能够确保项目按照既定的进度进行，及时发现并解决问题，最终达成项目目标。

在设定时间表时，首先要明确项目的关键阶段和里程碑。这些关键节点可以帮助团队监控项目的进度，并在必要时进行调整。时间表应详细列出每个阶段的开始和结束时间，以及相关的任务和责任人。

优化时间表的过程中，需要考虑资源的可用性、任务的依赖关系以及潜在的风险因素。例如，如果某个阶段的任务需要等待其他任务的完成，那么这个时间依赖关系就需要在时间表中体现出来。同时，对于可能出现的问题和风险，应预留一定的缓冲时间以应对不可预见的情况。

在实施过程中，要定期回顾和更新时间表。通过对比实际进度和计划进度，可以及时发现偏差并采取相应的纠正措施。此外，与项目团队成员保持密切沟通，确保每个人都清楚自己的任务和时间要求，也是优化时间表的重要环节。

（三）分配资源和责任

1. 合理分配资源的重要性与方法

在国际交流与合作项目中，合理分配资源是确保项目成功的关键因素之一。资源的分配不仅涉及到资金、设备和人力等有形资源，还包括技术、知识和信息等无形资源。合理的资源分配能够确保项目的顺利进行，提高资源利用效率，并最终实现项目目标。

对项目所需的资源进行全面的分析和评估。这包括明确项目所需的人力、物力、财力和时间等资源，以及每种资源的需求量和需求时间。通过对资源的详细规划，可以确保在项目执行过程中不会出现资源短缺或浪费的情况。

根据项目的优先级和紧急程度来分配资源。对于关键任务和重要环节，应给予更多的资源支持，以确保这些任务的顺利完成。同时，要避免在次要任务上过度投入资源，以免造成资源的浪费。

在分配人力资源时，要注重团队成员的技能和经验与项目需求的匹配度。将合适的人放在合适的岗位上，可以最大限度地发挥他们的能力，提高项目的执行效率和质量。

建立有效的资源监控和调整机制。在项目执行过程中，要密切关注资源的利用情况，及时发现和解决资源分配中的问题。当项目需求或外部环境发生变化时，要及时调整资源分配计划，以确保项目的顺利进行。

2. 明确责任分工与建立沟通机制

明确责任分工和建立有效的沟通机制是国际交流与合作项目成功的关键。责任分工能够确保每个团队成员都清楚自己的职责和任务，从而提高工作效率和质量。而有效的沟通机制则能够促进团队成员之间的信息交流与合作，及时解决问题，推动项目的顺利进行。

在明确责任分工时，应根据团队成员的专业技能和项目需求进行合理分配。每个人应明确自己的工作职责、工作范围和预期成果。同时，要建立相应的考核机制，对团队成员的工作进行定期评估，以确保各项任务的落实和执行效果。

在建立沟通机制时，应注重多渠道、多形式的沟通方式。可以定期召开项目进展会议，让团队成员分享工作进展、遇到的问题及解决方案。同时，也可以利用现代通讯工具进行实时沟通和信息反馈，确保团队成员之间的信息交流畅通无阻。此外，还可以建立问题反馈机制，鼓励团队成员积极提出意见和建议，以便及时调整项目策略和优化工作流程。

二、学术交流平台的搭建

（一）举办国际学术会议和研讨会

1. 学术会议与研讨会的重要性

国际学术会议和研讨会在学术交流平台的搭建中扮演着至关重要的角色。它们不仅是学者们交流思想、分享研究成果的场所，更是推动学术进步和创新思维的重要引擎。通过这类活动，国内外知名学者和专家得以聚集一堂，共同探讨学术前沿问题，从而促进学术界的繁荣与发展。

对于高校而言，举办国际学术会议和研讨会还具有特别的意义。这些活动为高校提供了一个展示自身学术实力和研究成果的平台，有助于提升其在国际学术界的知名度和影响力。同时，通过与会学者的交流和互动，高校还能够及时了解国际学术动态，拓展国际合作渠道，为自身的长远发展奠定坚实基础。

2. 策划与组织的关键环节

策划与组织国际学术会议和研讨会是确保活动成功的关键。明确会议或研讨会的主题和目标，以确保活动具有明确的方向和重点。在选择主题时，应结合高校的研究优势和国际学术热点，以吸引更多学者参与。

制定详细的策划方案，包括活动流程、嘉宾邀请、论文征集、宣传推广等方面的内容。在邀请嘉宾时，应注重嘉宾的学术背景和影响力，以确保活动的高质量。同时，论文征集环节也是关键，应设定明确的征集标准和评选流程，以选拔出优秀的学术论文。

在活动宣传方面，要充分利用各种渠道进行推广，包括学术网站、社交媒体等，以扩大活动的影响力。此外，还要注重与参会学者的沟通与互动，及时解答他们的疑问，提供良好的参会体验。

3. 活动效果评估与总结

国际学术会议和研讨会结束后，应对活动效果进行评估和总结。通过收集参会学者的反馈意见和数据统计，可以全面了解活动的优点和不足。针对存在的问题，要及时进行改进和优化，以提升未来活动的质量和效果。

同时，要对活动取得的成果进行总结和宣传。这包括优秀论文的汇编与出版、重要学术观点的提炼与传播等。通过这些举措，可以进一步巩固和提升高校在国际学术界的地位和影响力。

（二）建立联合研究中心或实验室

1. 联合研究中心或实验室的意义

建立联合研究中心或实验室是深化国际交流与合作、推动科研创新的重要途径。这种合作模式能够充分发挥合作双方的优势资源，实现科研资源的共享和优化配置。通过联合研究中心或实验室，国内外高校和研究机构可以共同开展前沿科学研究，促进科研成果的转化和应用。

此外，联合研究中心或实验室还为双方教师提供了深度交流与合作的机会。在这种合作模式下，教师们可以共同承担科研项目、交流教学经验和方法，从而提升自身的科研水平和教学能力。同时，这也有助于培养具有国际视野的科研团队，为未来的学术研究和创新发展奠定坚实基础。

2. 建设与管理策略

在建设联合研究中心或实验室时，应明确合作双方的目标和期望，制定详细的建设规划和管理制度。选择合适的合作伙伴，确保双方在研究领域、科研实力和资源互补等方面具有高度的契合性。

明确联合研究中心或实验室的研究方向和重点任务。这需要根据国际学术前沿和双方的研究优势来确定，以确保研究工作的创新性和实用性。

在管理方面，应建立完善的组织架构和运行机制。这包括人员配置、经费管理、项目申请与评审、成果转化与推广等方面的内容。通过科学规范的管理，可以确保联合研究中心或实验室的高效运行和持续发展。

3. 合作成果与展望

通过建立联合研究中心或实验室，可以取得一系列的合作成果。这包括发表学术论文、申请专利、开发新产品或技术等。这些成果不仅提升了合作双方的学术地位和影响力，还为经济社会发展提供了有力支持。

三、教师与学生的国际流动

（一）鼓励学生参与国际交换生项目

1. 拓宽国际视野，增强跨文化交流能力

随着全球化的不断发展，具备国际视野和跨文化交流能力的人才需求日益凸显。鼓励学生参与国际交换生项目，可以让学生走出国门，亲身体验不同国家的文化、教育和社会环境。在这一过程中，学生将直接面对文化差异，学会在多元文化中生存和交流，从而有效拓宽自身的国际视野，并显著增强跨文化交流能力。

此外，通过与来自不同文化背景的同学共同学习和生活，学生还能够培养团队协作精神和全球意识，这对于未来在国际舞台上工作和生活具有重要意义。

2. 促进不同文化背景下的学术和思想交流

国际交换生项目不仅为学生提供了学习不同文化的机会，还搭建了一个学术和思想交流的平台。在国外高校学习期间，学生将接触到不同的学术观点和研究方法，这有助于激发他们的创新思维和批判性思维。

同时，通过与国外学生的深入交流，学生可以了解到不同文化背景下的学术传统和思维方式，从而丰富自身的知识体系和认知结构。这种跨文化的学术和思想交流，对于培养学生的全球视野和创新能力具有积极作用。

3. 培养国际化人才，提升学生综合素质和竞争力

参与国际交换生项目是培养国际化人才的重要途径。在国外高校的学习经历，将使学生更加熟悉国际规则和惯例，提高他们在国际环境中的适应能力和竞争力。

此外，国际交换生项目还能帮助学生建立广泛的人际关系网络，为他们未来的职业发展奠定坚实基础。通过参与这类项目，学生的综合素质将得到全面提升，包括语言能力、沟通协调能力、独立解决问题的能力等，这些都将成为他们未来职业生涯中的宝贵财富。

（二）支持教师到国外高校进行教学和研究活动

1. 拓宽教师的学术视野和教学资源

支持教师到国外高校进行教学和研究活动，可以让教师接触到更广阔的学术领域和前沿研究成果。通过与国外同行的深入交流与合作，教师可以了解到不同的教育理念、教学方法和研究范式，从而拓宽自身的学术视野。

同时，教师还可以利用国外高校丰富的教学资源，包括先进的实验设备、丰富的图书资料和优秀的学术团队等，为自身的教学和研究工作提供有力支持。这将有助于教师提升专业素养和教学水平，更好地服务于学生的成长和发展。

2. 引进先进的教育理念和教学方法

国外高校在教育理念和教学方法方面往往具有独到之处。通过到国外高校进行教学和研究活动，教师可以亲身体验和了解这些先进的教育理念和教学方法，并将其引入到自身的教学实践中。

这不仅有助于激发学生的学习兴趣和积极性，提高教学效果和质量，还能够推动教育教学改革的不断深化。同时，教师还可以借鉴国外高校在课程设置、教材选用、考核方式等方面的经验做法，进一步完善自身的教学体系和方法论体系。

3. 建立广泛的学术联系和合作网络

支持教师到国外高校进行教学和研究活动，还为教师提供了建立广泛学术联系和合

作网络的机会。通过与国外同行的深入交流与合作，教师可以结识更多的学术伙伴和朋友，共同探讨学术问题和发展方向。

这将有助于教师在未来的科研创新和教学合作中取得更多的成果和突破。同时，广泛的学术联系和合作网络还能够为教师提供更多的学术资源和信息渠道，促进他们不断了解和掌握最新的学术动态和发展趋势。这将有助于提升教师的科研水平和学术影响力，为高校的整体发展做出积极贡献。

四、合作成果的评价与推广

（一）对合作项目进行定期评估

1. 项目进度评估的重要性

对合作项目进行定期评估的首要环节是评估项目的进度。这不仅是项目管理的基本要求，也是确保项目能够按时完成并达到预期目标的关键。项目进度评估可以帮助项目团队及时识别和解决潜在的问题，调整项目计划以应对不可预见的风险和挑战。同时，通过对比实际进度与计划进度，可以为后续的资源分配和工作安排提供决策依据。

在评估项目进度时，应关注关键任务的完成情况、里程碑事件的达成情况以及整体工作量的完成比例等指标。这些指标能够客观地反映项目的推进状况，为项目团队和管理层提供有价值的信息。

2. 成果质量评估的标准与方法

除了项目进度，成果质量也是合作项目评估的重要方面。成果质量评估旨在确保项目产出的成果符合预期的标准和要求，具有实际应用价值和意义。在进行成果质量评估时，应依据项目初期设定的目标和预期成果来制定具体的评估标准。

评估方法可以包括专家评审、用户反馈、性能测试等多种形式。通过这些方法，可以全面、客观地了解成果的质量水平，为后续的改进和优化提供方向。同时，成果质量评估还有助于提升项目团队的质量控制意识，确保未来类似项目的成功实施。

3. 团队协作评估与改进建议

团队协作是合作项目成功的关键因素之一。因此，在定期评估中，对团队协作的评估同样重要。团队协作评估应关注团队成员之间的沟通效率、任务分配与执行情况、团队成员的满意度等方面。

通过问卷调查、访谈或观察等方式收集数据，可以深入了解团队协作的现状和问题。基于评估结果，项目团队可以及时调整协作策略，如加强团队成员之间的沟通与协调、优化任务分配机制等，以提升团队协作效率和质量。

（二）推广合作成果

1. 发表学术论文以展示研究成果

发表学术论文是推广合作成果的重要途径之一。通过在国际知名的学术期刊或会议上发表论文，可以展示合作项目的研究进展和成果，提升项目团队和所在高校的学术影响力。同时，学术论文的发表还有助于吸引更多的学者和专家关注并参与到相关研究领域中来，推动学术交流和合作。

在撰写和发表论文时，应注重论文的质量和创新性，确保研究成果能够得到同行的认可和关注。此外，与期刊编辑和审稿人的沟通与协作也是论文成功发表的关键环节。

2. 参加国际学术会议以扩大影响力

参加国际学术会议是一种有效的推广合作成果的方式。通过在国际学术会议上作报告或展示研究成果，可以直接与来自世界各地的学者和专家进行交流和讨论，进一步扩大项目的影响力。此外，国际学术会议还为项目团队提供了了解最新研究进展、结识潜在合作伙伴以及拓展国际合作机会的平台。

在选择参加的国际学术会议时，应考虑会议的主题与项目研究领域的相关性、会议的知名度和影响力等因素。同时，准备好高质量的会议论文和演讲材料也是提升项目团队在会议上的影响力和认可度的重要前提。

3. 利用网络平台和社交媒体进行广泛宣传

随着互联网技术的不断发展，网络平台和社交媒体已成为推广合作成果的重要渠道。通过搭建项目官方网站、发布项目进展和成果信息、分享相关学术资源和经验等方式，可以让更多的人了解和关注合作项目。同时，利用社交媒体如微博、微信公众号等平台的广泛传播效应，可以迅速扩大项目的影响力并吸引更多的关注和参与。

在利用网络平台和社交媒体进行宣传时，应注重内容的更新频率和质量以及互动性的提升。通过与关注者进行积极的互动和交流可以及时了解他们的反馈和需求为后续的推广策略调整提供参考依据。。

第九章　新时代高校教师队伍建设的政策与制度保障

第一节　政策环境分析

新时代，随着教育改革的不断深化，高校教师队伍建设日益受到各级政府和社会的广泛关注。政策环境作为影响教师队伍建设的重要因素，其优劣直接关系到教师队伍的稳定与发展。

一、国家政策导向

（一）国家教育政策对教师队伍建设的影响

1. 明确教师队伍建设目标与方向

国家教育政策首先为高校教师队伍建设明确了目标和方向。通过一系列政策文件的发布，国家不仅强调了教师在教育事业中的核心地位，还具体规划了教师队伍建设的长远目标。这些目标通常包括提升教师的整体素质、优化教师队伍结构、增强教师的教育教学能力等。例如，政策中常提及的培养高素质专业化创新型教师队伍，就是对教师队伍建设目标的明确阐述。

2. 提供具体的操作指南与措施

国家教育政策不仅提出了目标，还为高校提供了实现这些目标的具体操作指南和措施。这些措施涵盖了教师培训、待遇提升、结构优化等多个方面。例如，政策中可能会详细规定教师培训的内容、方式和周期，以确保教师的专业技能和知识水平能够持续更新和提升。同时，政策还会关注教师的待遇问题，通过提高薪资、改善工作环境等方式，激励教师更加投入地工作。

3. 深远影响高校教师队伍建设

国家教育政策的出台和实施，对高校教师队伍建设产生了深远的影响。一方面，这些政策推动了高校教师队伍整体素质的提升，使得教师队伍更加专业化、高素质化。另一方面，政策的实施也促进了高校教师队伍结构的优化，使得教师队伍的年龄、学历、学科背景等更加合理和多样化。这些变化不仅有利于提升高校的教学质量，还有助于推动高校的科研创新和社会服务能力的提升。

（二）国家对高校教师发展的战略规划和支持措施

1. 设立专项基金支持科研创新

为实现教育现代化，国家高度重视高校教师的科研创新能力，并为此设立了专项基金。这些基金旨在支持教师进行前沿科学研究、技术创新和成果转化。通过提供科研经费和资源，国家鼓励教师勇于探索未知领域，产出高水平的科研成果。这不仅有助于提升教师的科研能力，还能推动整个学术界的进步和发展。

2. 推动国内外交流与合作

国家积极推动高校教师参与国内外学术交流与合作。通过组织国际会议、访问学者项目、合作研究等形式，为教师提供了与世界顶尖学者和研究机构交流的机会。这种交流与合作不仅有助于教师拓宽学术视野，了解国际前沿动态，还能促进不同文化背景下的学术思想碰撞和创新。同时，国家还支持高校教师走出国门，参与国际教育合作项目，提升我国教育的国际影响力。

3. 建立教师荣誉制度激发积极性

为表彰在教学、科研等方面做出突出贡献的教师，国家建立了教师荣誉制度。通过设立各种奖项和荣誉称号，如“全国优秀教师”、“国家级教学名师”等，国家充分肯定了教师的辛勤付出和卓越成就。这种荣誉制度不仅激发了教师的职业荣誉感和归属感，还为他们提供了持续努力和奋斗的动力。同时，这些荣誉称号也成为教师职业发展的重要资本，有助于提升他们在学术界的地位和影响力。

二、地方政策衔接

（一）地方政府如何落实和补充国家政策

1. 结合地方实际，细化国家政策

地方政府在落实国家政策时，首要任务是深入理解和把握国家政策的精髓，然后根据地方的实际情况，对国家政策进行细化和具体化。这一过程旨在确保国家政策在地方层面能够得到有效执行，同时考虑地方的特殊性。例如，针对教师队伍建设，地方政府可能会根据当地的教育资源、人才需求以及教师队伍的现状，制定更为具体的招聘、培训、评价和激励机制。

2. 设立地方特色项目，补充国家政策

除了细化国家政策外，地方政府还经常设立具有地方特色的项目，以补充和增强国家政策的效果。这些特色项目通常针对地方教师队伍建设的特定需求或问题，旨在提供更加精准和有效的支持。例如，设立地方性的教师奖励基金，不仅可以激励教师在教学和科研方面取得更好的成绩，还能提升教师的职业荣誉感和归属感。

3. 与高校紧密合作，共同推进政策落实

地方政府在落实国家政策过程中，注重与高校的紧密合作。通过与高校建立沟通机制，地方政府能够更准确地了解高校教师队伍的实际需求，从而制定更加符合实际的政策措施。同时，高校也能为地方政府提供专业建议和资源支持，共同推动教师队伍建设的进步。这种合作模式有助于实现资源共享和优势互补，提高政策落实的效率和效果。

（二）地方特色政策对教师队伍建设的推动作用

1. 增强教师队伍的稳定性

地方特色政策往往针对当地教师队伍的实际情况，提供更加优厚的待遇和发展机会，从而增强教师队伍的稳定性。例如，通过提高教师的薪资待遇、改善工作环境、提供更多的职业发展机会等措施，地方政府能够吸引和留住更多的优秀教师，为当地教育事业的发展提供坚实的人才保障。

2. 提升教师队伍的整体素质

地方特色政策还经常包含针对教师队伍的培训和教育计划。这些计划旨在提升教师的专业素养和教学能力，使他们能够更好地适应教育改革和发展的需求。通过组织定期的培训、研讨会和交流活动，地方政府能够为教师提供持续学习和成长的机会，进而提升教师队伍的整体素质。

3. 激发教师的创新精神和教学热情

地方特色政策往往注重激发教师的创新精神和教学热情。通过设立教学创新奖、科研成果奖等奖项，地方政府能够肯定和鼓励教师在教学和科研方面的突出贡献和创新成果。这种激励机制不仅能够提升教师的职业荣誉感和成就感，还能激发他们的创新动力和教学热情，为当地教育事业的持续发展和进步提供源源不断的动力。

三、社会环境支持

（一）社会对高校教师职业的认同度和支持情况

1. 社会对高校教师职业的尊重与认同

在当今社会，高校教师作为知识的传承者和智慧的启蒙者，其职业身份受到了广泛的尊重与认同。随着知识经济的不断发展，人们越来越认识到知识和智慧的重要性，而高校教师正是这一领域的中坚力量。他们的教书育人工作不仅影响着学生的未来，也对社会的进步和发展起着关键作用。因此，社会对高校教师充满了敬意，对他们的辛勤付出给予了高度评价。

2. 社会对高校教师待遇的改善与支持

近年来，随着国家对教育事业的重视和投入增加，高校教师的待遇也得到了显著提升。社会各界纷纷呼吁提高教师薪资待遇，以吸引和留住更多优秀人才投身教育事业。同时，各类奖学金、研究基金等项目的设立，也为高校教师提供了更多的科研支持和职业发展机会。这些举措不仅体现了社会对高校教师职业的认同，也进一步激发了教师的工作热情和创新精神。

3. 社会对高校教师职业发展的关注与推动

除了待遇改善外，社会对高校教师的职业发展也给予了高度关注。各类教师培训计划、学术交流活动的蓬勃开展，为教师提供了广阔的学习和交流平台。同时，社会各界也积极参与到教师的职业规划和指导中，帮助他们更好地规划自己的职业生涯。这种关注和推动不仅有助于提升教师的专业素养和教学能力，也为他们的职业发展注入了新的动力。

（二）社会文化环境对教师发展的影响

1. 社会文化环境的包容性促进教师创新

在新时代，社会文化环境呈现出更加包容和开放的特点。这种包容性不仅体现在对各种文化、观念的接纳上，也体现在对教师创新行为的鼓励和支持上。在这样的环境下，高校教师能够更加自由地探索新的教学方法、研究领域和学术观点，从而推动教育教学的不断创新和发展。

2. 多元文化交融拓展教师视野

随着全球化的深入发展，多元文化的交融已经成为不可逆转的趋势。这种文化交融为教师提供了更加广阔的视野和思维方式，使他们能够接触到更多的学术资源和思想观点。这不仅有助于丰富教师的教学内容和研究方法，还能提升他们的学术素养和创新能力。

3. 社会文化环境对教师职业道德的塑造与要求

社会文化环境不仅对教师的专业素养提出了要求，也对他们的职业道德产生了深远影响。在崇尚诚信、尊重知识产权的社会氛围中，高校教师更加注重学术诚信和职业操守。他们深知自己的言行举止将对学生产生示范效应，因此更加注重自身的道德修养和行为规范。这种职业道德的塑造与要求不仅提升了教师的个人品质，也为整个教育行业的健康发展奠定了坚实基础。

第二节　制度设计与实施

随着新时代的到来，高校教师队伍建设已成为提升高等教育质量的关键环节。为了打造一支高素质、专业化、创新型的教师队伍，必须从制度层面进行精心设计与实施。

一、招聘与选拔制度

（一）设计公开、公平、公正的招聘选拔机制

1. 公开招聘信息的发布与传播

为确保招聘选拔的公开性，高校应通过多渠道公开发布招聘信息。首先，校园官网是信息发布的主要平台，其权威性和覆盖面广的特点能够确保信息的有效传播。其次，利用学术论坛和专业网站，针对特定人群进行精准投放，提高招聘信息的针对性。此外，参加各类招聘会也是直接面对潜在应聘者的有效方式，能够现场解答应聘者疑问，增强招聘的互动性。通过这些措施，高校能够确保招聘信息的透明度和广泛传播，为后续的选拔工作奠定坚实基础。

2. 公平竞争原则的贯彻与实施

在招聘选拔过程中，公平竞争原则的贯彻至关重要。高校应明确禁止任何形式的不正当干预，如内定人选、暗箱操作等，确保每位应聘者都能在同等条件下参与竞争。为实现这一目标，高校需建立完善的监督机制，对招聘选拔过程进行全程跟踪和记录，及时发现并纠正违规行为。同时，鼓励应聘者和社会公众对招聘选拔过程进行监督，对于举报的违规行为进行严肃处理，以维护公平竞争的招聘环境。

3. 规范化选拔流程的制定与执行

选拔流程的规范化是确保招聘公正性的关键。高校应制定详细的选拔流程，包括简历筛选、面试、试讲等环节，确保每位应聘者都能按照统一的标准接受评价。在简历筛选环节，应明确筛选标准，避免出现主观臆断和歧视性行为。面试和试讲环节应注重考察应聘者的实际能力和潜力，避免形式主义和评价的主观性。此外，选拔结果应及时公布，对于落选的应聘者应给予合理的解释和反馈，以增强招聘选拔的公正性和透明度。

（二）明确选拔标准和程序，确保教师队伍的整体素质

1. 明确选拔标准，全面提升教师队伍素质

为提高教师队伍的整体素质，高校需首先明确选拔标准。这些标准应涵盖学历背景、

科研能力、教学经验等多个方面，以确保选拔出的人才具备全面的专业素养和教育能力。在学历背景方面，高校可设定一定的学历门槛，如硕士研究生及以上学历，以保证教师队伍的基本学术水平。在科研能力方面，可以关注应聘者的科研成果、项目经历等，评估其在学术领域的潜力和贡献。教学经验方面，则可通过考察应聘者的教学实践、学生评价等来评估其教学能力和效果。

2. 选拔程序中注重专业素养与教学能力的考察

在选拔程序中，高校应注重对应聘者专业素养和教学能力的全面考察。这包括对应聘者专业知识的掌握程度、科研创新能力、教学设计和实施能力等方面的评估。通过面试、试讲、教学演示等环节，高校可以深入了解应聘者的实际教学水平和风格，以及其与学生互动和引导学生学习的能力。这些考察有助于选拔出既具备扎实专业素养又擅长教学的高素质人才，从而提升教师队伍的整体水平。

3. 引入外部评审与同行评价，多角度评估应聘者实力

为了更全面地评估应聘者的综合实力，高校可以引入外部专家评审和同行评价方式。外部专家评审可以从专业角度对应聘者的学术水平和发展潜力进行评估，提供更为客观和专业的意见。而同行评价则可以让应聘者接受来自同一领域其他专家的审视，从而更准确地判断其在学术界的地位和影响。通过这些多角度的评估方式，高校能够更全面地了解应聘者的实力，选拔出真正适合高校发展需求的高素质人才。

二、培训与发展制度

（一）制定教师职业技能和学术能力提升的培训计划

1. 个性化培训计划的制定

针对高校教师的特点和需求，制定个性化的培训计划是至关重要的。每位教师都有自己的专业背景、教学经验和职业发展目标，因此，培训计划应充分考虑这些因素，为教师提供量身定制的成长路径。例如，对于新入职的教师，可以提供更多关于教学方法和课堂管理的培训；而对于资深教师，则可能更需要科研能力提升和学术领导力方面的培训。

2. 多元化的培训内容设计

培训内容的设计应涵盖多个方面，以满足教师在职业技能和学术能力上的全面提升。在教学方法上，可以引入现代教育技术和创新教学理念，帮助教师提高教学效果。在课程设计方面，可以培养教师根据学科特点和学生需求，设计更具吸引力和实效性的课程。同时，科研能力的提升也是培训的重点，可以通过案例分析、实践操作等方式，提高教

师的科研素养和创新能力。

3. 搭建交流学习平台

高校应积极为教师搭建交流学习的平台，定期组织校内外专家学者进行讲座、研讨会等活动。这不仅可以让教师接触到前沿的学术思想和教育理念，还能为他们提供与同行交流学习的机会。通过互相分享经验、探讨问题，教师可以不断拓展自己的视野，提升自己的专业素养。

（二）设立教师专业发展路径和晋升机制

1. 明确各级教师职责和要求

为了设立合理的教师专业发展路径和晋升机制，首先需要明确各级教师的职责和要求。这包括助教、讲师、副教授和教授等不同级别教师的具体职责、教学科研任务以及评价标准等。通过明确这些要求，教师可以更好地规划自己的职业发展路径，高校也能更准确地评估教师的工作表现和发展潜力。

2. 制定科学的评价体系

制定科学的评价体系是确保教师专业发展路径和晋升机制公平、合理的基础。评价体系应综合考虑教师的教学水平、科研能力、学术影响力以及社会服务等多个方面。同时，评价过程应公开透明，确保每位教师都能得到公正的评价和反馈。通过科学的评价体系，可以激励教师不断提升自己的专业素养和综合能力，为晋升和职业发展奠定坚实基础。

3. 提供多样化的晋升通道

为满足教师的个性化发展需求，高校应提供多样化的晋升通道。除了传统的教学科研型晋升路径外，还可以考虑设立管理型、服务型等不同的晋升路径。这些路径可以根据教师的兴趣、特长和职业规划进行灵活选择，从而激发教师的职业发展动力。同时，高校应定期对晋升通道进行调整和优化，以适应教育行业的发展变化和教师队伍的实际需求。通过多样化的晋升通道，可以促进教师队伍的多元化和专业化发展，提高整体教育质量和学术水平。

三、激励与约束机制

（一）构建合理的薪酬体系和福利待遇，激励教师积极工作

1. 薪酬体系的差异化设计

合理的薪酬体系是激励教师积极工作的基础。高校应根据教师的岗位职责、学术水平、工作绩效以及市场薪酬水平等因素，制定差异化的薪酬政策。对于承担重要教学任

务和科研项目的教师，应给予更高的薪酬待遇，以体现其工作价值和贡献。同时，薪酬体系应具有动态调整机制，根据教师的工作表现和学术成果进行适时调整，以保持薪酬体系的公平性和激励性。

2. 福利待遇的完善与提升

除了基本薪酬外，福利待遇也是激励教师的重要手段。高校应提供具有吸引力的福利待遇，如住房补贴、医疗保险、子女教育等，以解决教师的后顾之忧，增强其归属感和满意度。此外，还可以设立一些特殊的福利待遇，如学术休假、研究经费支持等，以鼓励教师在教学和科研方面取得更好的成果。通过完善和提升福利待遇，可以进一步激发教师的工作热情和创新精神。

3. 薪酬与福利的透明化管理

为了确保薪酬体系和福利待遇的公平性和激励效果，高校应实行透明化管理。这包括公开薪酬标准和福利待遇政策，让教师了解自己的薪酬构成和福利待遇情况。同时，应建立有效的沟通机制，及时解答教师对薪酬和福利的疑问和困惑，以增强教师的信任感和满意度。通过透明化管理，可以确保薪酬体系和福利待遇的公正性，进一步激发教师的工作积极性。

（二）设立教学、科研等方面的绩效考核标准

1. 明确绩效考核的目标与原则

设立教学、科研等方面的绩效考核标准，首先要明确考核的目标和原则。绩效考核的目标应是激励教师提高教学质量和科研水平，促进教师队伍的优化和发展。在考核过程中，应遵循公平公正、客观准确、激励与约束相结合的原则，确保考核结果能够真实反映教师的工作成果和贡献。

2. 量化可行的考核指标体系

为了全面、客观地评价教师的工作绩效，高校应建立量化可行的考核指标体系。这些指标应包括教学质量、科研成果、学术影响力等方面，并根据不同学科和专业特点进行适当调整。通过量化指标，可以更加直观地反映教师的工作成果和水平，为后续的奖励与惩罚提供依据。同时，考核指标体系应具有可操作性，方便高校进行定期的绩效考核工作。

3. 绩效考核结果的运用与反馈

绩效考核结果的运用是激励机制的重要组成部分。高校应根据考核结果对教师进行奖励或惩罚，以体现绩效考核的约束与激励作用。对于表现优秀的教师，应给予相应的物质奖励和精神荣誉，如晋升机会、奖金、荣誉称号等；对于表现不佳的教师，则应及

时进行约谈和调整，帮助其改进工作方法和提高工作效率。同时，高校应建立有效的反馈机制，将考核结果及时反馈给教师本人，以便其了解自己的优势和不足，明确今后的努力方向。通过这种方式，可以激发教师的工作热情和积极性，促进教学质量和科研水平的提升。

四、保障与维权制度

（一）完善教师的社会保障体系，确保教师的基本生活和工作条件

1. 全面覆盖的社会保险制度

为了确保教师的基本生活得到保障，高校应为教师全面缴纳社会保险，包括但不限于养老保险、医疗保险、失业保险、工伤保险以及生育保险。这些保险制度的建立，不仅能为教师在面对退休、疾病、工伤等风险时提供经济支持，也能增强教师的职业安全感。高校应与相关保险机构紧密合作，确保保险费用的及时缴纳和保险待遇的顺利发放。

2. 住房公积金制度

住房是每个人生活的重要组成部分，对于教师而言更是如此。高校应为教师缴纳住房公积金，帮助他们在工作期间积累住房资金，以便在未来购买或改善住房条件。住房公积金制度的实施，不仅能够缓解教师的住房压力，也有助于提升教师的生活质量和工作满意度。

3. 改善工作环境与条件

除了基本的生活保障外，高校还应关注教师的工作环境和条件。这包括提供宽敞明亮的办公室、先进的教学设备和充足的教学资源。一个舒适、高效的工作环境有助于提升教师的教学效率和科研创新能力。同时，高校还应定期对教师工作场所进行安全检查和维护，确保教师的身心健康。

（二）建立健全教师权益保护机制，维护教师合法权益

1. 设立专门的维权机构或渠道

为了维护教师的合法权益，高校应设立专门的维权机构或渠道，如教师申诉委员会或法律咨询中心。这些机构或渠道应为教师提供便捷、高效的法律咨询和援助服务，帮助教师解决在工作中遇到的法律问题。同时，这些机构还应积极宣传法律知识，提高教师的法律意识和维权能力。

2. 制定完善的规章制度

明确的规章制度是维护教师权益的重要保障。高校应制定一系列完善的规章制度，明确教师的权利和义务，规范教师的行为准则。这些规章制度应包括教师聘任、考核、

晋升、薪酬等方面的内容，确保教师在工作中的各个环节都能得到公平公正的待遇。同时，高校还应定期对规章制度进行修订和完善，以适应教育行业的发展和变化。

3. 加强预防和打击不良行为的力度

针对校园欺凌、学术不端等不良行为，高校应加强预防和打击力度。一方面，高校应建立健全的预防和监督机制，通过定期的培训和教育活动提高师生对这些不良行为的认知和警惕性；另一方面，对于已经发生的不良行为，高校应依法依规进行严肃处理，切实维护教师的合法权益和校园的和谐稳定。同时，高校还应鼓励教师积极举报不良行为，为举报者提供必要的保护和支持。

第三节　政策与制度的评估与改进

随着新时代的到来，高校教师队伍建设的政策与制度日益受到广泛关注。为了确保这些政策和制度的有效性和适应性，必须对其进行定期的评估与改进。

一、政策实施效果评估

（一）定期对政策执行情况进行评估和反馈

1. 全面评估政策的执行情况

为了确保高校教师队伍建设政策的实施效果，必须建立定期评估机制，对政策的执行情况进行全面、深入的评估。评估工作应覆盖政策的宣传、解读、执行和监督等各个环节，从而全面了解政策在各个层面的实施情况。评估过程中，要注重收集一线教师的反馈意见，确保评估结果的客观性和准确性。

2. 量化分析与质性评价相结合

在评估政策实施效果时，应采用量化分析和质性评价相结合的方法。量化分析可以通过收集相关数据，运用统计方法对政策的实施效果进行客观、精确的度量。而质性评价则可以通过访谈、问卷调查等方式，深入了解教师对政策的认知、态度和感受，从而更全面地评价政策的实施效果。这两种方法的结合，可以确保评估结果的全面性和准确性。

3. 建立有效的反馈机制

评估结果的有效利用是政策评估的重要环节。因此，应建立有效的反馈机制，及时将评估结果反馈给政策制定者和执行者。反馈内容应包括政策执行的效果、存在的问题以及改进建议等。通过反馈，政策制定者和执行者可以了解政策执行的实际效果，发现存在的问题，为后续政策的调整和完善提供依据。同时，也可以增强政策制定和执行过程中的透明度和公信力。

（二）分析政策实施中的问题和挑战

1. 深入剖析政策设计的问题

在政策实施过程中，可能会出现政策设计本身存在的问题。这些问题可能包括政策目标不明确、政策措施不具体、政策执行难度大等。因此，在评估过程中，应深入剖析这些问题的根源，明确政策设计的不足之处。针对这些问题，可以提出具体的改进建议，如明确政策目标、细化政策措施、优化政策执行流程等，以提高政策的可操作性和实施效果。

2. 识别执行过程中的难点与瓶颈

政策执行过程中的难点和瓶颈也是评估中需要重点关注的内容。这些难点和瓶颈可能源于资源配置不足、执行力度不够、教师参与度不高等方面。为了识别和解决这些问题，评估人员应深入一线，与教师进行面对面的交流和沟通，了解他们在政策执行过程中遇到的困难和挑战。同时，还可以借鉴其他地区的成功经验，提出针对性的解决方案，以确保政策能够顺利实施。

3. 积极面对挑战并寻求解决方案

面对政策实施过程中的挑战和问题，应积极寻求解决方案。这包括加强与相关部门的沟通协调，争取更多的资源支持；加大对教师的培训力度，提高他们的政策理解和执行能力；建立完善的激励机制，激发教师参与政策执行的积极性等。通过这些措施的实施，可以有效地解决政策执行过程中的问题和挑战，确保政策能够取得预期效果。同时，也可以为未来政策的制定和实施提供有益的参考和借鉴。

二、制度运行效率评价

（一）考察制度设计的合理性和运行效率

1. 制度设计合理性的评估

制度设计的合理性关乎到其执行效率和效果。在评估制度设计的合理性时，我们首先要关注制度目标是否明确。一个明确的制度目标能够为执行者提供清晰的方向，有助于统一思想和行动。其次，要考察制度内容是否完善。完善的制度内容应涵盖各个方面，既无遗漏也无冗余，确保各项规定之间能够相互衔接、协调一致。最后，制度的操作流程是否简洁明了也是评估的重点。简洁明了的操作流程能够减少执行过程中的误解和摩擦，提高执行效率。

为了评估制度设计的合理性，我们可以采用问卷调查、专家评审等方法，收集多方意见，对制度进行全面、客观的审视。同时，还可以借鉴其他成功制度的经验，与现有制度进行对比分析，从而发现不足之处并加以改进。

2. 制度运行效率的评价

评价制度的运行效率，我们需要关注制度的执行速度、资源利用效率以及问题解决能力等方面。首先，制度的执行速度是衡量运行效率的重要指标。快速的执行速度意味着制度能够在短时间内得到有效落实，减少时间成本。其次，资源利用效率反映了制度在运行过程中对资源的合理配置和利用程度。高效的资源利用效率能够降低运行成本，提高整体效益。最后，问题解决能力体现了制度在应对突发问题和挑战时的灵活性和有效性。

为了评价制度的运行效率，我们可以采用数据分析、案例研究等方法，对制度的实际运行情况进行深入剖析。通过对比制度实施前后的数据变化，以及分析具体案例中的成功与失败因素，我们可以更准确地评价制度的运行效率，并为后续优化提供有力支持。

3. 制度优势与不足的总结

通过对制度设计合理性和运行效率的考察与评价，我们可以总结出制度的优势与不足。优势方面可能包括目标明确、内容完善、操作流程简洁明了以及高效的执行速度等；而不足则可能体现在某些规定过于笼统或繁琐、操作流程存在歧义或矛盾以及资源利用效率不高等方面。针对这些优势与不足，我们可以为后续制度的优化提供有针对性的建议和改进措施。

（二）收集教师意见，评估制度对教师发展的影响

1. 广泛收集教师意见

教师是高校教师队伍建设的核心力量，他们对制度的看法和期望至关重要。为了全面了解教师对制度的意见，我们可以采用问卷调查、座谈会、个别访谈等多种方式，广泛收集教师的意见和建议。这些意见不仅能够帮助我们发现制度存在的问题和不足，还能为我们提供改进的方向和思路。

在收集教师意见的过程中，我们要确保信息的真实性和有效性。为此，可以采取匿名调查的方式，以消除教师的顾虑，让他们更坦诚地表达自己的看法。同时，我们还要对收集到的意见进行整理和分析，提炼出有价值的信息，为后续评估和改进工作提供依据。

2. 深入分析制度对教师发展的影响

制度对教师发展的影响是多方面的，包括职业发展、教学和科研能力提升等方面。

为了深入分析这些影响，我们可以从以下几个方面入手：首先，考察制度是否有利于教师的职业发展。这包括制度是否为教师提供了清晰的晋升通道、是否鼓励教师参与培训和进修等。其次，分析制度是否提高了教师的教学能力。例如，制度是否鼓励教师创新教学方法、是否提供了丰富的教学资源等。最后，评估制度对教师科研能力的影响。这包括制度是否为教师提供了良好的科研环境和支持、是否鼓励教师参与科研项目和发表学术论文等。

通过深入分析制度对教师发展的影响，我们可以更加准确地了解制度在教师队伍建设中的实际作用。这不仅有助于我们发现制度存在的问题和不足，还能为我们提供改进的方向和目标。同时，这些分析还能为高校管理层提供有价值的决策依据，推动教师队伍建设的持续优化和发展。

3. 制度对教师发展实际作用的了解与后续改进

通过广泛收集教师意见和深入分析制度对教师发展的影响，我们可以更加全面地了解制度在促进教师发展方面的实际作用。这些了解不仅能够帮助我们发现并解决问题，还能为后续的制度改进提供重要参考。

在了解制度对教师发展的实际作用后，我们应该针对存在的问题和不足制定相应的改进措施。例如，如果制度在促进教师职业发展方面存在不足，我们可以考虑完善晋升通道、增加培训和进修机会等；如果制度在提高教师教学能力方面有待加强，我们可以优化教学方法创新机制、丰富教学资源等；如果制度在支持教师科研方面存在短板，我们可以加大科研投入、搭建学术交流平台等。

三、持续改进与优化

（一）根据评估结果，调整和完善相关政策与制度

1. 优化政策的宣传和解读方式

政策的宣传和解读是确保政策有效实施的重要环节。根据评估结果，如果发现政策的知晓率和理解度不高，我们就需要优化宣传和解读方式。首先，可以通过多种渠道进行政策宣传，如校园网、微信公众号、校内广播等，确保信息能够迅速、准确地传达给每一位教师。其次，可以组织政策解读会或培训班，邀请政策制定者或专家进行详细解读，帮助教师更好地理解政策内容和意图。此外，还可以制作简洁明了、易于理解的政策解读材料，供教师随时查阅。

2. 简化制度的操作流程

复杂的操作流程不仅会降低制度的执行效率，还可能引发教师的抵触情绪。因此，

根据评估结果，如果发现制度的操作流程过于繁琐，我们就需要及时进行简化。具体来说，可以对现有流程进行全面梳理，去除不必要的环节和步骤，合并重复或相似的流程，使操作流程更加简洁、高效。同时，还可以借助信息化手段，如开发线上办事平台或 APP，实现流程的自动化和智能化，进一步提高执行效率。

3. 完善制度的激励机制

激励机制是激发教师工作积极性和满意度的重要手段。根据评估结果，如果发现现有激励机制存在不足或不合理之处，我们就需要对其进行完善。首先，可以设立更加科学合理的绩效考核体系，将教师的绩效与薪酬、晋升等挂钩，形成有效的正向激励。其次，可以建立多样化的奖励机制，如设立教学优秀奖、科研成果奖等，鼓励教师在不同领域取得突出成绩。此外，还可以关注教师的精神需求，通过表彰、荣誉等方式给予他们精神上的满足和激励。

（二）引入新的理念和方法，不断提升教师队伍建设的水平

1. 运用大数据分析和人工智能技术

随着信息技术的不断发展，大数据分析和人工智能技术在高校教师队伍建设中的应用越来越广泛。通过运用这些技术，我们可以更加精准地分析教师队伍的现状和需求，为政策制定和制度设计提供科学依据。例如，可以利用大数据分析技术对教师的教学、科研等数据进行分析和挖掘，找出教师队伍中存在的问题和短板；同时，可以借助人工智能技术为教师提供个性化的培训和发展建议，帮助他们更好地规划自己的职业生涯。

2. 引入项目管理和团队建设理念

项目管理和团队建设是现代管理中非常重要的理念和方法。在高校教师队伍建设中引入这些理念可以帮助我们更加高效地组织和管理教师队伍。具体来说，可以将教师队伍建设作为一个项目来进行管理，明确项目目标、制定详细计划、分配资源、监控进度并确保质量；同时，可以借鉴团队建设的理念和方法来加强教师之间的沟通与协作能力培训以及团队精神培养等，从而提高整个教师队伍的凝聚力和战斗力。

3. 创新教师培训和发展模式

传统的教师培训和发展模式往往注重知识的传授和技能的训练而忽视了教师的个性化需求和创新能力的培养。因此，在持续改进和优化的过程中我们需要创新教师培训和发展模式以满足新时代下高校教育工作的要求。例如可以开展线上与线下相结合的混合式培训模式让教师能够根据自己的时间和需求进行灵活学习；同时还可以通过开展学术沙龙、教学研讨等活动为教师提供一个交流思想、分享经验的平台从而激发他们的创新思维和合作精神。

参考文献

[1]廖思敏.转设视域下广西民办高校青年教师队伍建设困境与对策研究[J].现代商贸工业,2024,45(14):93-95.

[2]周尤,窦御萌,王鑫.新时代背景下高校体育教师队伍建设的现实困囿及改革策略[J].辽宁体育科技,2024,46(03):123-128.

[3]张铃丽,谢党恩,于妍.应用型本科高校大数据专业“双师型”教师队伍建设研究[J].中国教育技术装备,2024,(10):5-7+14.

[4]司汶.教育数字化视角下高校教师队伍建设路径探析[J].公关世界,2024,(09):99-101.

[5]迟硕,黄玥.新文科背景下地方高校“双师型”大学英语教师队伍建设研究[J].通化师范学院学报,2024,45(05):113-117.

[6]杨立超,李瀚林.工匠精神引领下高校“双师型”教师队伍建设路径[J].吉林省教育学院学报,2024,40(05):91-95.

[7]张艳丽.习近平总书记关于思政课教师队伍建设重要论述的核心要义和理论逻辑[J].现代教育科学,2024,(03):82-88.

[8]陈丽娟,顾俊朴,薛杰.深化全民国防教育背景下普通高校军事课教师队伍建设情况调查研究——以 X 市 62 所高校为例[J].教师教育论坛,2024,37(05):55-61+97.

[9]肖茹.利用新媒体促进高校思政课教师队伍建设的策略与实践[J].新闻传播,2024,(09):119-120.

[10]任升.基于岗位分类管理的高校实验教师编制核定方法分析与探讨[J].实验室研究与探索,2024,43(04):199-202.

[11]徐一鑫,陈婧,陈峻圩.应用型高校“课程思政”师资队伍建设路径探究[J].武汉商学院学报,2024,38(02):94-96.

[12]王智超,栾培中.高水平高校参与教师队伍建设:政策逻辑、可能困境与推进策略[J].天津市教科院学报,2024,36(02):14-23.

[13]唐娇,吴彦,赵庆华,等.“党建+课程思政”背景下高校专业课教师队伍课程思政育人现状及建设策略[J].卫生职业教育,2024,42(08):29-32.

[14]卢佳惠,陈再生.“漳州 110”精神融入高校思政课教师队伍建设[J].厦门城市职业学院学报,2024,26(02):27-32.